邴志凯／主　编

检察文化
理论与实践

JIANCHA WENHUA LILUN YU SHIJIAN

中国检察出版社

《检察文化理论与实践》
编 写 组

主　编　郦志凯

副主编　张永会

编　者　李　超　李彦霖　孙　超
陈广鹏　侯广秀　胡　斌
张笑忱

序　一

欣闻《检察文化理论与实践》一书即将付梓，我表示由衷的祝贺！

党的十九大报告指出："文化是一个国家、一个民族的灵魂。文化兴国运兴，文化强民族强。没有高度的文化自信，没有文化的繁荣兴盛，就没有中华民族伟大复兴。"习近平总书记在中央全面依法治国委员会第一次会议上发表重要讲话指出，要推进法治社会建设，建设社会主义法治文化。检察文化作为社会主义法治文化的重要组成部分，是检察机关和检察人员在检察工作中创造、发展和凝聚起来的精神家园，是推进检察事业科学发展的内在源泉和不竭动力。

在庆祝我国改革开放40周年、庆祝检察机关恢复重建40周年之际，辽宁省盘锦市人民检察院组织编写了《检察文化理论与实践》一书，这是盘锦市人民检察院党组坚定不移地探索、创新、践行新时代中国特色社会主义检察道路、检察理论、检察制度和检察文化的具体行动，是盘锦市检察机关和检察人员不断开创和积累检察文化建设新成果的智慧结晶。

检察文化理论研究和检察文化实践，如车之两翼，相辅相成，统一于检察文化进程之中。检察文化实践，离不开检察文化理论研究和理论指导，检察文化理论研究必须根植于检察文化建设实践，并从中不断汲取营养和力量。《检察文化理论与实践》一书，把检察文化理论与实践紧密结合，既注重了检察文化理论研究，又深入归纳总结了检察文化实践，这不仅充分反映了盘锦市检察机关和检察人员对检察文化理论研究的认识，也反映了他们对检察文化实践的总结和思考。

检察文化理论研究、检察文化实践，是一个不断深化认识的过程。我在担任中国检察官文联主席期间，提出了检察文化理论研究、检察文化艺术创作、检察文化艺术活动"三位一体"的工作思路，先后举办了五届中国检察官文化论坛，形成了包括《检察文化初论》在内的一批检察文化理论研究成果，同时开展了一系列检察文化实践活动，为全国各地的检察文化建设提供了理论参考和实践借鉴。盘锦市检察院党组历来高度重视检察文化建设，该院是全国检察系统第一批检察文化建设示范院，在 2011 年 12 月就成立检察官文联，这是全国检察系统较早成立检察官文联的地市级检察院。盘锦市检察院确立的“内化于心、外化于形、固化于制”的检察文化建设定位，为盘锦检察事业创新发展注入了生机和活力。

路漫漫其修远兮！检察文化是检察事业的灵魂，检察文化肩负着“举精神旗帜、立精神支柱、建精神家园”的崇高使命，希望盘锦市检察机关和检察人员以《检察文化理论与实践》一书的出版为新起点、新契机，在习近平新时代中国特色社会主义思想的指引下，以高度的文化自觉和文化自信，充分发挥文化传承创新的重要功能，做社会主义文化的坚定信仰者、检察文化建设的忠实推动者、检察文化创新的实践者，不断推进检察文化理论研究和实践，拓宽思路、深化内涵，在推动检察文化繁荣发展的进程中，走在前列、作出贡献，为检察事业创新发展凝聚精神力量，为实现中华民族伟大复兴的中国梦不断作出新的贡献！

是为序。

最高人民检察院原党组副书记、常务副检察长

中国检察官文联原主席

张　耕

2018 年 12 月于北京

序　二

习近平总书记在党的十九大报告中指出，文化是一个国家、一个民族的灵魂。文化兴国运兴，文化强民族强。要坚定文化自信，推动社会主义文化繁荣兴盛。因而，文化建设对于检察工作创新发展尤其重要，事关检察事业兴衰成败。

检察文化是检察机关在长期法律监督工作和检察管理工作中逐步形成的，与中国特色社会主义检察制度相适应的思想观念、职业精神、道德规范、制度体系、行为方式以及物态载体的总和，是中国特色社会主义先进文化的重要组成部分，是社会主义文化大发展大繁荣的具体体现，是推动检察事业不断发展的重要力量源泉。开展检察文化建设是学习贯彻习近平新时代中国特色社会主义思想的重大举措，是弘扬社会主义核心价值观的具体实践，是检察机关队伍建设的灵魂工程，是构建检察机关共有精神家园的根本所在。

近年来，盘锦市检察机关坚持以检察文化建设和检察理论研究为抓手，坚持以“厚德、尚法、鉴衡、中和、笃行”院训立检，勇于创新，大胆实践，积极探索文化育检、素质强检之路，有力地促进了各项检察工作的开展，有力地促进了检察队伍建设，为盘锦经济社会发展提供了强有力的司法保障，检察文化建设走在了全国、全省检察机关的前列，成效卓著。盘锦市检察院先后荣获“全国检察文化建设示范院”“全国文明接待示范窗口”“争创全国综治优秀市、夺取‘长安杯’先进集体”“辽宁省文明机关”“市直机关先进党委”等荣誉称号。涌现出“辽宁省检察业务专家”、“辽宁省十大杰出检察官”、“辽宁省人民满意政法干警”、辽宁省检察机关先进个人等一批先进典型。

《检察文化理论与实践》一书的出版，既是盘锦检察人立足实践、积极探索的成果，也是专注研究、辛勤努力的结晶。这本书在理论层面上和实践层面上对检察文化建设进行了全面、深入地探讨与总结，对检察文化的概念、渊源、内涵、层次、功能作了系统思考与理性归纳，提出了检察文化建设的指导思想、一般途径、基本方法，对检察文化建设的现状与发展、问题与原因进行了反思与前瞻，对检察文化建设具有示范作用。

伴随着改革开放四十周年和检察机关恢复重建四十周年的脚步，辽宁检察机关也走过了四十年风雨历程，创造了四十年辉煌成就，检察文化的服务保障作用功不可没。如今，中国特色社会主义进入了新时代，检察机关也进入了新的历史发展时期，我们要立足全新的历史方位，把握全新的时代坐标，以全新的视角来思考和把握检察工作的时代特征和发展路径，特别是更需要强有力的检察文化建设为新时代检察工作注入新的生机和活力。希望盘锦检察人认真贯彻落实最高人民检察院张军检察长“讲政治、顾大局、谋发展、重自强”的总要求，坚定中国特色社会主义检察制度自信、文化自信，大力弘扬新时代辽宁精神和新时代辽检精神，不断开创检察工作新局面，为辽宁全面振兴、全方位振兴提供更加优质的法治产品、检察产品。祝愿盘锦检察明天更美好！

是为序！

辽宁省人民检察院党组书记、检察长

于天敏

2018年初冬于沈阳

前　言

检察文化是法律文化的一个重要组成部分，是整个法治国家建构的组成部分，它不仅体现法治的要求，同时也是一种社会控制的重要手段。检察文化的繁荣不仅对检察官具有积极的意义，对普通民众法治观念、法治意识的培养同样有着积极的意义。

盘锦市人民检察院党组深知加强检察文化建设的重要意义，制定了《盘锦检察文化建设纲要》和《盘锦检察文化建设三年规划》，确立了“外化于形、固化于制、内化于心、外显于行”的检察文化建设定位，在实践探索中，不断完善具有时代气息、富有盘锦检察特色的检察文化体系，取得了丰硕成果，成为首批全国“检察文化建设示范院”。

党的十八大以来，党中央高度重视文化建设，作出了一系列重大决策部署。最高人民检察院也先后组织召开多次文化建设工作会议并出台规划纲要，对检察文化建设作出具体安排。盘锦市人民检察院认真贯彻上级决策部署，以高度的文化自觉自信，在更高起点、更高层次上不断培育、发展、繁荣盘锦检察文化，取得了新的成效，为推动盘锦检察事业科学发展提供了强大精神动力和智力支持。

为巩固检察文化建设成果，盘锦市院党组决定编著《检察文化理论与实践》一书，在全市精挑细选七名检察理论研究骨干组成编著小组，市院党组书记、检察长邴志凯亲任组长，并先后组织召开多次会议进行研究论证，为此书编写提供了强有力的组织保障。

《检察文化理论与实践》一书，力求全面反映检察文化建设风貌，这里既有对国外检察文化建设的探究，又有对国内检察文化建设沿革的概述；既有国内先进经验的介绍，又有自身探索实践的总结；既有对当前检察文化建设存在问题的洞察，又有对未来检察文化建设发展的展望。希望读者能够通过此书对检察文化建设有一个基本的了解，对盘锦市人民检察院有一个全新的认识。

由于此书系由不同编写者共同撰写，书中用语依习惯而略有不同，我们尽力在后期编辑时保持一致。为了把它作为我国改革开放40周年、检察机关恢复重建40周年的特别礼物献给我们伟大的祖国，献给我们光荣的检察事业，献给我们可爱的人民检察官，我们在尽力保证质量的前提下，赶时间、赶进度。由于时间有限，虽细心校正，可能一些地方还会出现疏漏，同时，我们编著者并非专业从事检察理论研究人员，自身能力和水平有一定局限，望读此书者海涵。

在此，感谢为此书顺利出版给予无私帮助的领导、同事和朋友们。

《检察文化理论与实践》编写组

2018年10月30日

目　录

第一章　检察文化概述

文化是民族的血脉，是人民的精神家园，是实现国家富强、民族振兴的重要支撑。检察文化是社会主义文化的重要组成部分，是推动检察事业科学发展的动力源泉，也是体现检察人员精神风貌、展示检察机关良好形象的重要载体。检察文化，是文化的一部分，同时也是检察事业的一部分，是检察机关和检察人员在工作中创造、发展和传承地体现检察职业特征的精神成果。

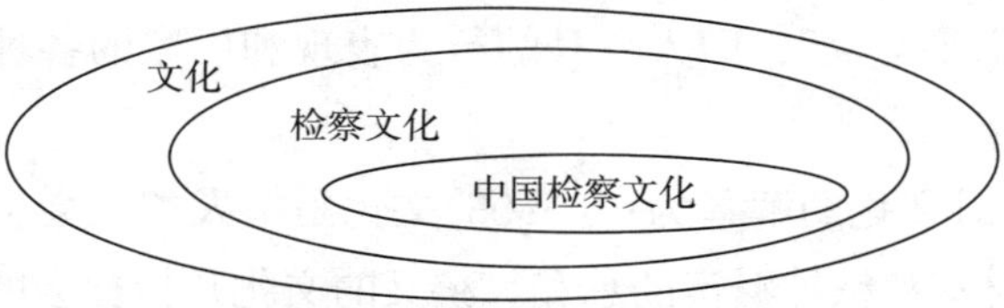

文化、检察文化和中国检察文化关系图

第一节　文化的内涵

文化是什么？这是文化研究无法避开的问题，也是一个让人深感困惑的难题，因其答案之多、差别之殊、争议之大，学术史上出现了一个独特的文化定义现象。“文化是一个重要但又含糊甚至混乱的概念。”①“每个人都可以对文化作出个人的描述。”②

① 王云五、杨恺龄:《民国李石曾先生（煜瀛）年谱》，台湾商务印书馆1970年版。

② 张楠、王忍之:《辛亥革命前十年间时论选集》，生活·读书·新知三联书店1963年版。

一、我国关于文化论述概要

在我国古代论述“文化”始自《周易》：“观乎天文以观时变；观乎人文，以化成天下”，但其中“文化”一词尚未连结在一起。在中国人此时的观念中文化的含义是，通过了解人类社会的各种现象，用教育感化的方法治理天下。

到汉朝，“文化”一词正式出现，其含义也与现在人们通常理解的不一样。刘向《说苑·指武篇》中说：“凡武之兴，谓不服也，文化不改，然后加诛”[①]，晋代束广微的《补亡诗·由仪》指出“文化内辑，武功外悠”[②]，这些都是指的与国家军事手段相对的一个概念，即国家的文教治理手段。

到唐代大学问家孔颖达则别有见地地解释《周易》中的“文化”一词，认为“圣人观察人文，则诗书礼乐之谓”，这实际上是说“文化”主要是指文学礼仪风俗等属于上层建筑的东西。

古人对文化的这种规定性从汉唐时起一直影响到清代，因此明末清初的大学问家顾炎武在《日知录》中说“自身而至于家国天下，制之为度数，发之为音容，莫非文也”，即人自身的行为表现和国家的各种制度，都属于“文化”的范畴。

《辞海》中对文化的解释为：广义的文化是指人类社会历史实践过程中所创造的物质财富和精神财富的总和。狭义的文化是指社会的意识形态，以及与之相适应的制度和组织结构。[③]

1840年我国进入近代社会以后，在西方列强入侵下，被迫向世界敞开了中国大门，大批西方文化涌入中国。东西方两国文化碰撞，使中国人的文化意识觉醒，出现了较为系统的关于文化的论述，构成了我国近代的文化。梁漱溟先生在其1920年出版的《东西文化及其哲学》一书中对文化下了这样的定义：文化乃是“人类生活的样法”。梁漱溟把人类生活的样法分为精神生活、物质生活和社会生活三大内容，他定义的“文化”涵义是很广泛的。梁启超指出：“文化者，人类心能所开释出来之有价值的工业也。”[④] 胡适

---

① （汉）刘向:《白话说苑》，岳麓书社1994年版。

② （梁）萧统:《昭明文选》，西苑出版社2003年版。

③ 《辞海》（第六版），上海辞书出版社2010年版。

④ 梁启超:《什么是文化》，《时事新报》1922年2月7日。

先生在《我们对于西洋近代文化的速度》一文中指出："文化是文明社会形成的生活的方式。"但当时陈独秀对宽泛的文化定义提出了反驳，他在《文化运动与社会运动》一文中曾批评道："有一班人并且把政治、实业、交通都拉到文化里面了，我不知道他们因为何种心理看到文化如此广泛，以至于无所不包？"他力主文化的传统理解，即文化"是文学、美术、音乐、哲学、科学这一类的事"。

随着现代社会的科学发展，人们对文化的认识更为深刻。现代学者庄孔韶指出，文化乃是人们在生活中实践和传承的思维、行为和组织的方式及其产品，作为一个有机有序而又能动变迁的复合整体，对于寻常百姓如同水之于人，是一种日用而不知的存在。①蔡俊生认为，文化是由共识符号系统载荷的社会信息及其生成和发展。②这些论述融合了现当代科学的发展，对文化的理解更加深入，视野更加开阔。

中国共产党在1921年成立以来，逐渐形成了中国特色社会主义理论体系，并在实践过程中逐步形成了自己的文化理论。毛泽东在1940年2月15日延安出版的《中国文化》创刊号上发表的《新民主主义论》这部经典性的论著中，提出了"观念形态的文化"这一完整表述的概念，并对这一概念进行了阐释："一定的文化是一定社会的政治和经济的反映，又给予伟大影响和作用于一定社会的政治和经济；而经济是基础，政治则是经济的集中表现。这是我们对于文化和政治、经济的关系及政治和经济的关系的基本观点。"在"新民主主义文化"一节中，毛泽东又进一步阐发了这一观点："一定的文化是一定社会的政治和经济在观念形态上的反映。""至于新文化，则是在观念形态上反映新政治和新经济的东西，是替新政治新经济服务的。"毛泽东同志认为，这一观点坚持了马克思关于"人们的社会存在决定人们的社会意识"以及列宁关于"能动的革命的反映论"之基本观点，并指出"我们讨论中国文化问题，不能忘记这个基本观点"。毛泽东同志的这一文化观念影响了整整几代中国人的思想，以至于成为今日中国社会占主导地位的文化观念。改革开放后，邓小平提出了精神文明建设的思想，强调物质文明和

① 庄孔韶：《人类学通论》，山西教育出版社2005年版。

② 蔡俊生：《文化论》，人民出版社2003年版。

精神文明建设“两手抓，两手都要硬”。以江泽民同志为核心的党中央领导集体提出了“三个代表”重要思想，明确指出“我们党要始终代表中国先进文化的前进方向”。以胡锦涛同志为总书记的党中央领导集体在社会主义现代化建设总体格局的发展中，更加突出文化建设的地位和作用，十七届六中全会确立了建设社会主义文化强国的战略目标，党的十八大进一步深化了对文化建设特点与规律的把握，发展了党的文化理论，习近平总书记在党的十九大报告中提出了坚持社会主义核心价值体系，推动中华优秀传统文化创造性转化、创新性发展，继承革命文化，发展社会主义文化等。

二、国外对文化的经典论述

西方人论述“文化”要比中国人晚，但比中国古文献中的论述要广泛，要科学。“文化”一词，英文、法文都写作 Culture，它是从拉丁文中演化来的，拉丁文 cultura 含有耕种、居住、练习、留心或注意等意项，在 1690 年安托万·菲雷蒂埃的《通用词典》中，其定义为“人类为使土地肥沃，种植树木和栽培植物所采取的耕耘和改良措施”，并有注释称“耕种土地是人类所从事的一切活动中最诚实、最纯洁的活动”，看来，此时西方人观念中的“文化”只是被用来隐喻人类的某种才干和能力，是表示人类某种活动形式的词汇。

19 世纪中叶，一些新的人文学科如人类学、社会学、民族学等在西方兴起，文化的概念从而发生了变化，逐步成为概括以上新兴学科的具有现代色彩的重要术语。最早把文化作为专门术语来使用的是被称为“人类学之父”的英国人泰勒（E. B. Tylor），他在 1871 年发表的《原始文化》一书中首次给文化下了一个具有里程碑意义的学术定义：文化是一个复杂的总体，包括知识、信仰、艺术、道德、法律、风俗，以及人类在社会里所得的一切能力与习惯。①

这以后，文化和文明常被看作是同一事物的两个方面。学者们从人类学和社会学的角度探讨文化现象及其历史发展，给“什么是文化”做了许多解释，其中较有影响的观点有三种：第一种是方式论，即认为文化是一定民

① ［英］泰勒：《原始文化》，上海文艺出版社 1992 年版。

族的生活方式，是一种并非由遗传而得来的生活方式。这里包括了人们的兴趣、爱好、风俗、习惯，强调了文化的继承性。譬如，美国著名文化人类学者鲁斯·本尼迪克特的“文化”定义是“文化是通过某个民族的活动而表现出来的一种思维和行动方式，一种使这个民族不同于其他任何民族的方式”。第二种是过程论，即认为是人类学习和制造工具，特别是制造定型工具的过程，这里包含了人类智力和创造能力的不断进化，强调了文化的演进性。第三种是复合论，即认为文化是作为社会的一个成员所获得的包括知识、信仰、艺术、音乐、风俗、法律以及其他种种能力的复合体，这强调了文化的熔铸性，譬如伟大的人类学家爱德华·泰勒在其《原始文化》一书中说：“文化”是人类在自身的历史经验中创造的“包罗万象的复合体”。马克思主义的理论家对文化作了一种新的解释，把文化分为广义和狭义两种。在罗森塔尔·尤金所编的《哲学小辞典》中认为文化“是人类在社会历史实践过程中造的物质财富和精神财富的总和”，这就是所谓“广义的文化”，而与之相区别的“狭义”则是专指精神文化而言，即社会意识形态以及与之相适应的典章制度、政治和社会组织、风俗习惯、学术思想、宗教信仰、文学艺术等。

除以上各种解释外，尚有符号说、限定说等各种说法。1952 年，美国文化学家克罗伯和克拉克洪发表《文化·概念和定义的批评考察》，对西方自 1871 年至 1951 年期间关于文化的 160 多种定义做了清理与评析，并在此基础上给文化下了一个综合定义：“文化由外显的和内隐的行为模式构成；这种行为模式通过象征符号而获致和传递；文化代表了人类群体的显著成就，包括他们在人造器物中的体现；文化的核心部分是传统的观念，尤其是他们所带来的价值；文化体系一方面可以看作是活动的产物，另一方面则是进一步活动的决定因素。”这一文化的综合定义基本为现代东西方的学术界所认可，有着广泛的影响。

三、文化的内涵

综上所述，什么是文化至今仍是一个相对模糊且争议较多的概念。但其中有一点是大家都明确的，即文化的核心问题是人，有人才能有文化，不同种族、不同民族的人有不同的文化。文化是人类智慧和创造力的体现。不同种族、不同民族的人创造不同的文化。人创造了文化，也享受文化，同时也受约束于文化，最终又要不断地改造文化。我们都是文化的创造者，又是文化的享受者和改造者。人虽然要受文化的约束，但人在文化中永远是主动的。没有人的主动创造，文化便失去了光彩，失去了活力，甚至失去了生命。我们了解和研究文化，其实主要是观察和研究人的创造思想、创造行为、创造心理、创造手段及其最后成果。

我们根据文化的结构和范畴可以将文化分为广义和狭义两种概念。因为文化具有的多样性和复杂性，很难将文化给出一个准确的、清晰的分类标准。因此，这些对文化的划分，只是从某一个角度来分析的，它是一种尝试。对文化的结构解剖，有两分说，即分为物质文化和精神文化；有三层次说，即分为物质、制度、精神三层次；有四层次说，即分为物质、制度、风俗习惯、思想与价值。有六大子系统说，即物质、社会关系、精神、艺术、语言符号、风俗习惯等。

那么文化的具体定义是什么呢？我们认同关于文化的三个层次的划分：一是器物层次，泛指一切由人类所创造的各种物质性产品和财富；二是制度层次，指由人们在生活中通过相互之间的行为或者通过专门的程序所创造的，用以维护人们之间利害关系、调节人们之间利害冲突、规范人们行为的各种准则；三是观念和行为层次，它反映的是人们观念中的价值偏好及由此决定的人们的感觉方式、思维方式和行为方式。概而言之，文化是指人类在生产和社会活动中不断创造和积累起来的物质财富和精神财富的总和，涵盖除自然生成物以外的一切社会事物。

第二节　法文化及司法文化的概念

纵观人类文明演进与法文化发展之历史，虽然人类文明的进程在世界各大文化区域不尽相同，但法文化在各大文化区域内的诞生与发展亦迥异。法文化作为人类文明演进的必然结果无一例外地伴随着该文化区域内人们立法、执法、司法、守法实践的发展。

一、法文化的概念

法文化之“文”，指人类社会在法律的制度、思想、观念等方面形成的种种积淀；法文化之“化”，则是将这样的积淀化育到法制建设、法律生活以至人的灵魂之中。

西方法文化的起源和发展是一个完整的、不间断的过程。正是因为有了这一过程，现代西方社会才能形成完善的民主、健全的法制和高素质的国民，这些都是发展中国家和新兴的资本主义国家所望尘莫及的。

西方法文化的起源是古希腊和古罗马法文化。在古代希腊，雅典人是因好诉讼而著称，其法律制度也十分的发达和完善，而且比现代的法律制度更为民主。希腊文明对人类的贡献就在于它在理性思维方面的创造。而古希腊晚期的斯多葛学派所提出的自然法则思想，到今天还有许多法学家在研究。苏格拉底、柏拉图和亚里士多德都对古希腊的法文化作出了重要的贡献。

古罗马法继承了古希腊的理性，并在此基础上形成了一个完整的体系，为人类的发展作出了巨大的贡献。随着商品经济的发展，在古罗马催生了《十二铜表法》《万民法》等较为完善的法典，查士丁尼的四部法律汇纂，更是把罗马的法律体系提升到了最完备的阶段。今天，罗马法真正不朽的价值，在于解释新法典方面的完美无瑕，在于它是唯一让人追溯其一千年的历史发展，因而为我们研究法律沿革的有机规律提供了最佳园地的法学。罗马法的法文化品格是商品经济的理性法典。而最能说明这一点的，还是罗马法本身——它的主体法、权利法与契约法的性质。罗马法的精神包含着理性主义、人道主义及个人主义，对今天的资本主义社会具有重要的影响。

在中世纪，虽然宗教法占支配地位，非理性主义特征在法学中占主流地位，法律生活在整个人的生活中不占主导地位，但中世纪的法文化仍然包含着法的思想。这主要表现为以下四个方面。一是中世纪的哲学家相信上帝的法律高于民族的律令条文，这就为反对或违反基督原则的暴君政治提供了理论根据；认为统治者和被统治者都受更高一级的法律约束的思想，构成以后以世俗形式出现的自由思想的一个重要因素。二是中世纪时封建理论认为，国王作为封建社会的一员，有责任遵守臣民与他所定的协约，应受到法律的约束，领主有权抵制违反或破坏协约的君主。这为议会民主制的形式，及以后对国家元首权力的限制产生了重要影响。三是中世纪哲学家将宗教信条与世俗法律联系在一起，主张遵守法律，以宗教信仰为基础，从而使法律既有以社会为基础的普遍性特征，又具有与个人内心体验相关的个体化特征，为法律的存在找到了一个更坚实的基础。四是中世纪时的宗教法、罗马法、习惯法、城市法等并存与发展，为资本主义两大法系的形成及近代法律体系的建立奠定了基础。

人们总是认为中世纪是黑暗的，但事实上中世纪的文化仍然带着法的光辉，人们应该改变他们的固有看法。在中世纪，西方的法文化中的民主和法治思想，仍然得到了很好的延续。

近现代是西方法文化发展的黄金时期。而在这一时期，不得不提的一件重大历史事件是“启蒙运动”。先是“文艺复兴”和宗教改革为“启蒙运动”奠定了思想基础，后是前启蒙思想家的推动作用，才最终爆发了“启蒙运动”，在“启蒙运动”中，自由、民主和法治始终是主旋律。法国大革命更是使这些思想得到了实践。

启蒙主义法律思想为资本主义初期的法制建设提供了理论指南，促进了资本主义民主政治的建立和发展，并保护了广大人民群众的利益。启蒙主义法律确定了法律面前人人平等、罪刑法定、三权分立、议会民主、法律人道主义等基本原则。指导了资本主义国家的建设，也改善了人们的处境。西方法文化中的民主法治思想，在近现代的一系列运动中得到了升华。保持传统、维护传统，还是反思传统、解构传统，这一矛盾和困惑，是当代西方法文化的典型特征。当代西方法律领域，主要由三个大的流派构成：分析实证主义法学、社会法学和新自然法学，除此之外，还有许多子的流派。各种流派之间存在着不少分歧和矛盾，尤其是分析实证主义法学和新自然法学之间的争论，更是有愈演愈烈的趋势。但是不同学派之间的争论再激烈，它们各自的思想都离不开民主、法治和平等。各种法律流派的思想都为当代国家制度的完善作出了应有的贡献。

中国传统法文化自成一系，历经4000余年，相对于其他文化，中国文化“惟独中国能以其自创之文化绵永其独立之民族生命”①。中国传统法文化是一个法学与史学交叉的学科，其内容涉猎更为广泛。因此，中国传统法文化的研究不仅具有重要的学术价值，而且也具有重大的理论价值和现实意义。

中国广义的法文化可以追溯人类起源时期。人们之间传播的知识、方法，依照一定的惯例和程序结成一定的社会组织，按照一定的原理形成等级秩序，以特定的方式处理生老病死等，都属于法文化。其中既有正确的，也有因为愚昧、落后、迷信等而产生的不正确的知识和方法。

狭义的法文化是农牧经济发展到一定阶段后，氏族制度逐步瓦解，大型社会组织，如部落联盟、国家、国际组织等开始形成，社会交往及商品交换活动日益频繁，为处理日益复杂的社会性关系而逐步形成的。

狭义的法文化主要目的是以强制力量规范社会关系。丁金山先生在《天道演化哲学》中认为：狭义法文化的形成有五个方面的明显标志：一是要有明确的、公开的规定或历史惯例。对必须做什么，禁止做什么；违反了规定将如何进行处罚；由谁举证，如何举证；由谁裁判，如何裁判；不服裁判如何进行上诉；由谁处罚等作出明确的规定。二是在司法过程中要求以事实为依据，以法令或惯例为准绳，不分贵贱，不分亲疏，不徇私情，公正执法。三是在法令制度制定和修订上或依照历史惯例确定，或依照必要性、审慎性原则，或由法定组织履行，并依照法令程序确定。法令制度制定和修订，既要审时度势，与时俱进，又要保持其稳定性和连续性，因此其确定过程必须有权威性、科学性、代表性、群众性。四是用强制力量保证法制的权威性和严肃性，做到有法必依，执法必严，依照法令程序对违法行为进行处罚。五是重视法制宣传教育，力图实现人人知法，诚信守法。

丁金山先生在《天道演化哲学》中认为：中国狭义的法文化在唐尧虞舜夏商周时期逐步萌芽，经春秋战国时期，到秦朝统一时正式形成。以商鞅为代表的秦法家曾明确主张“不法古，不修今”。商鞅说：“圣人不法古”，“法古则后于时，修今则塞于势”，并在秦国力行法治变革。统一的秦王朝建立后，法文化一度占据社会治理的主导地位，不徇私情，依法治国得到有效推

① 何民捷：《曾宪义教授谈传统法律文化的现代价值》，载《人民日报》2006年3月24日第15版。

行，但法治维系的时间并不长，随着秦王朝的覆灭而迅速结束。此后的两千多年间，中国就一直以儒家为代表的德文化和情文化为主导，法文化则处于辅助地位。

综上所述，我们认为法文化指的一个民族或国家在长期的共同生活过程中所认同的、相对稳定的、与法和法律现象有关的制度、意识和传统学说的总体。

二、司法文化的概念

司法文化的概念是否成立？这是研究司法文化的一个前提性问题。学者刘作翔在《法律文化理论》一书中谈到“文化能否有附加词——法律文化的概念能否成立”。他说，当今人们已经很习惯地在各种意义上大量地使用文化概念，并给文化概念加诸许多前置附加词或后缀附加词等“意群”，前置附加词如法律文化、政治文化、伦理文化、宗教文化、哲学文化、科技文化等，后缀附加词如文化事业、文化产业、文化工业、文化法规、文化宪章、文化活动等，这已成为社会生活和学术研究中的惯用术语，已成为人们习以为常能够接受而顺手拈来的概念。但是，在文化学的研究和文化概念的演进中，这一问题并不是一帆风顺的，至今仍引起一些学者的争议。法国文化学家维克多·埃尔是反对将文化概念和任何专业化概念混为一谈的一位学者，他说：“文化不应该和任何专业化概念混为一谈，不管它被称为医学文化、文学文化、哲学文化，还是科学文化或其他什么文化。所谓文化概念，就是按其本来面目对文化进行思考，而不加任何限定词。”[①] 按照维克多·埃尔的观点，文化就是文化，文化虽然同许多事务如政治、法律、宗教、道德等相关，但不应给文化附加上许多限定词。当然，他同时也捎带妥协地承认给文化附加上许多限定词“显然不单单是一种时髦的表现”，“它实际上表达了各种深刻的需要和忧虑”。[②]

司法文化的概念能够成立。经过总结主要有如下理由：一是明确概念

---

① ［法］维克多·埃尔：《文化概念》，转引自张在兴：《中西“文化”概念研究的反思》，载《长安大学学报（社会科学版）》2005 年第 3 期。

② 刘作翔：《法律文化理论》，商务印书馆 1999 年版。

的需要。正如法国另一位著名学者、历史学家费尔南·布罗代尔在分析文化和文明的词语变化时所讲到的："所有的词在使用中都有变化，而且必定会发生变化。这既由于科学术语的需要，也由于文化的潜在进步，还因为所有人文科学都面临思想和方法的危机。"这表明费尔南·布罗代尔充分肯定了维克多·埃尔所说的现象，但他同时认为给文化概念加上修饰词，可以使其含义变得比较明确。如果不加任何限定词，人们难以把握文化的概念和所指对象，"文化"前面加上"司法"两字的限定，人们就可以明确其含义为司法领域的文化问题，否则司法领域的文化问题便无从明确表达。二是文化研究的深化。对文化的研究如同任何问题的研究一样，都有一个不断演进、发展、变化的过程。文化概念的演进，反映了文化本身的演进，反映了人们对文化现象的认识的深化。早期的文化研究，学者们将注意力集中于说明文化是什么的问题上，以及文化包括哪些内容，文化史的研究也是以此为线索而逐步开展的。于是，语言、艺术、文学、诗歌、绘画、政治制度、法律、宗教、哲学、数学、道德等都成为文化史研究的对象和内容。随着科学的发展和人类认识的进一步深化，人们感到需要寻求一种新的思维和方法，需要寻求一些新的概念、术语、词汇来表达自己的思想，也即维克多·埃尔所说的一种"深刻的需要"。于是，各种各样的文化附加词便出现了。司法文化一词亦由此产生。三是司法具有独特的文化。司法文化概念的提出与运用表明人们越来越清楚地认识到，司法是一个独特的行业、职业，司法官与行政官、立法者不一样，与社会中的其他行业不一样，这种差别不仅表现在其管辖的事务上，更表现在处理事务或行使权力所运用的方式、思考和分析问题的方式、语言的风格、外部行为的特征等诸多方面。归根结底，是由于司法具有其独特的文化，从而使其区别于其他职业而独立成为一种专门职业。"司法文化"概念的成立正是司法职业独特性的体现和要求，如果司法职业没有独特性，就没有司法文化可言。四是司法文化与文化属于部分与整体的关系，二者并不矛盾。正如英国人类学家爱德华·泰勒所定义的，"所谓文化或文明乃是包括知识、信仰、艺术、道德、法律、习惯以及其他人类作为社会成员而获得的种种能力、习性在内的一个复合整体"，既然文化是一种复杂整体，整体由部分组成，司法文化无疑是其一个组成部分，是文化的子系统。事实上，人们通常并不是一般地谈论文化及其特征，而更多的是讨论它的某些方面，如文学、艺术、宗教、哲学、法律、建筑、医学、语言等，毫无疑问，离开这些具体有形的对象、领域，即无所谓文化。但在另一方面，除非人们对于作为整体的文化有所了解，否则文化的这些部分也都无从认识。这是因为，在每一种文化内部，不同的部分和方面不但彼此关联和互相渗透，而且共享和体现着文化的一般精神。所谓文化就是这样一个层层叠架而又互相包容的复杂和庞大的系统，其真实意义只能在不断地从整体到部分，再从部分到整体的循环往复中得到说明。于是，便产生了文学文化、宗教文化、法律文化、司法文化等概念。亦如英国文化人类学家马林诺夫斯基所断言的："社会制度是构成文化的真正要素"，[①]社会制度是构成文化的真正组成部分。作为一项社会制度，司法理应是构成文化的真正要素。由此可见，司法属于文化的一部分，司法体现独特的文化，进而应有"司法文化"的概念。

何谓司法文化？这是司法文化概念证成后必须回答的问题。但是目前我国研究司法文化的成果鲜见，尚未发现有学者对司法文化的概念做出系统分析论述。我们认为，所谓的司法文化，指的是司法机关及其人员在长期的司法实践中所形成并得到共同遵循的司法职业特色、精神价值体系、思维模式、行为准则，以及与之相关联的物质、意识、行为、组织、制度等表现形式。

对司法文化的概念，可从以下几个方面来理解：第一，该概念是为作为对象化的司法文化而界定的。对于司法文化，我们认为可以从两个角度来认识，即作为方法论意义上的司法文化和作为对象化的司法文化，司法文化既是一种用文化的眼光认识司法的思维方式和研究方法，也是一种具有实体内容和对象化的文化结构，并且这两个方面相互联系。前文为司法文化所下的定义，显然是针对作为对象化的司法文化而言的。第二，司法文化是人类文化系统中的一个组成部分。司法文化是整个人类文化系统中的一种文化现象，它与整个人类文化系统是个别与一般、部分与整体、子系统与系统的关系。因此，它必然具有文化现象共有的一般性质、特征和功能，而且与其他文化子系统，如宗教文化、道德文化、政治文化、艺术

① ［英］马林诺夫斯基：《文化论》，费孝通译，中国民间文艺出版社1987年版。

文化等相互作用、互为补足。第三，司法文化的范围仅限于司法领域，体现司法领域的特色。司法文化之所以被称为司法文化，是因为其形成于司法实践中，并具有司法领域的特色，包括司法实践中所形成的司法职业特色、精神价值体系、思维模式、行为准则，以及与之相关联的物质、意识、行为、组织、制度等表现形式。司法作为国家司法机关通过专业化的程序和方式适用法律解决案件纠纷的专门活动，在任何时代，它总是被认为是社会公正和正义的化身，不偏不倚，因此公正性、中立性、权威性等就自然成为司法文化的应有之义。同时，司法文化的范围仅限于司法领域并具有司法领域的特色。司法文化不仅是一种观念性文化，而且是一种实践性文化，它来源于司法实践，运用于司法实践并指导司法实践。司法文化的形成与发展，是司法机关及其人员长期的司法实践的结果，同时，它的发展又促进司法实践水平和层次的提高。第四，司法文化的表现形式包括司法职业特色、司法精神价值体系、司法思维模式、司法行为准则，以及与之相关联的物质、意识、行为、组织、制度载体。司法文化是一个具有丰富内涵的概念，既有意识形态的司法文化，也有物质形态、行为形态、组织形态、制度形态的司法文化。

第三节　检察文化的概念、定位及特征

一、检察文化的概念

（一）关于检察文化的不同定义

检察文化是伴随着检察制度的推进而逐渐产生的。现代意义上的检察制度，是清末从日本引进。1906年清政府颁布的《大理院审判编制法》中按照大陆法系的做法首次规定了检察制度。但从历史上看，我国没有出现过现代意义上的检察机关，因而检察文化自然无从谈起。1949年9月，中国人民政治协商会议第一次全体会议通过的《中华人民共和国中央人民政府组织法》明确规定设立国家的检察机关。1954年9月，第一届全国人民代表大会通过

了《人民检察院组织法》。但从1957年下半年开始，在“左”的思想和法律虚无主义思想指导下，我国社会主义检察制度受到严重阻碍，一段时间内检察机关处于名存实亡状态。1966年到1976年“文革”期间，检察机关被撤销。1978年3月，第五届全国人民代表大会第一次会议决定恢复重建各级人民检察院。此后，随着改革开放的深入，民主法治进程的加快，检察机关真正回归其宪法规定的法律监督职能，并得以迅速发展。直至此时，作为中国特色文化重要组成部分的检察文化才得到不断发展，特别是“三个代表”重要思想和科学发展观的提出，将人们对文化的认识和注意提升到一个前所未有的高度，检察文化也面临前所未有的发展机遇。2002年3月，最高人民检察院把检察文化建设作为基层检察院建设的主要内容写进《人民检察院基层建设纲要》。2003年，广东省首开先河，率先在全省范围内提出建设检察文化，下发了《关于加强检察文化建设的意见》。2007年11月，全国检察机关文化建设巡礼活动在广州市举行，此次活动对检察文化的发展起到了极其重要的推动作用。

近年来，随着我国检察文化意识的觉醒和检察文化建设的兴起，检察文化理论研究取得了可喜的成就，诸多检察文化概念的提出就是例证。

有人认为，检察文化是检察官在行使宪法和法律赋予的职权的过程中形成的价值观念、思维模式、道德准则、精神风范等一系列抽象的精神成果。有人认为:“检察文化是指在一定国体和司法体制下，检察制度、检察实践活动及其成果的总称。”有人认为:“检察文化是检察机关和检察人员在履行法律监督职责中形成的价值观念、思维模式、行为准则以及与之相关联的物质表现的总和。中国检察文化是具有中国特色的检察文化，是中国检察机关和全体检察人员在长期的工作、生活及其他社会实践中所创造的物质财富和精神财富的体现，是以强化法律监督、维护公平正义为核心的检察精神文明、制度文明、物质文明的总和，是人民检察官群体通向守卫社会正义基本价值取向的重要路径。”这些概念的立足点和基本方向都是可取的，在检察文化研究兴起的初期也发挥了积极的作用。但是，同时又各自的局限性和不足之处。批判现有的各种检察文化概念，不是要否定其历史价值和理论意义，恰恰是为了吸取其精华，克服其局限，更好地界定检察文化这一概念。

检察文化是文化属概念衍生的种概念，是文化的子类型之一，具有文化的基本属性。现有的关于“检察文化”的阐释则主要来自于一些检察实务部门，主要观点：一是认为“检察文化”是检察机关在行使检察权的过程中，所体现出的意志、行为、方法和成果，是检察机关工作方式、学习方式、生活方式和其他生存方式的集合，是法律文化的一种，是一个在社会中存在的，且与之相关的价值观念、规范制度、程序规则和行为方式的总和；二是认为“检察文化”是以公平正义为核心，以提高法律监督能力为目的，以创新管理体制为途径，以营造良好的人文环境为行使的，具有鲜明检察特色的精神财富；三是认为“检察文化”是检察机关在检察实践中创造的制度文化、精神文化乃至物质文化的综合。以上表述均有正确和可取之处，也有可以进一步丰富的空间。

综上所述，我们认为“检察文化”也分为广义和狭义。从广义上看，检察文化是中国特色社会主义先进文化的组成部分，是检察机关履行法律监督职能过程中衍生的法律文化，伴随着中国特色社会主义检察事业的发展而不断丰富完善。检察文化建设涵盖检察思想政治建设、执法理念建设、行为规范建设、职业道德建设、职业形象建设等，是一项宏大的系统工程。从狭义上看，检察文化单指精神文化，即支配检察工作人员进行检察实践活动的意识、理念、方法等精神文化，是作为管理理论而言的检察文化。我们本书的检察文化采广义论。

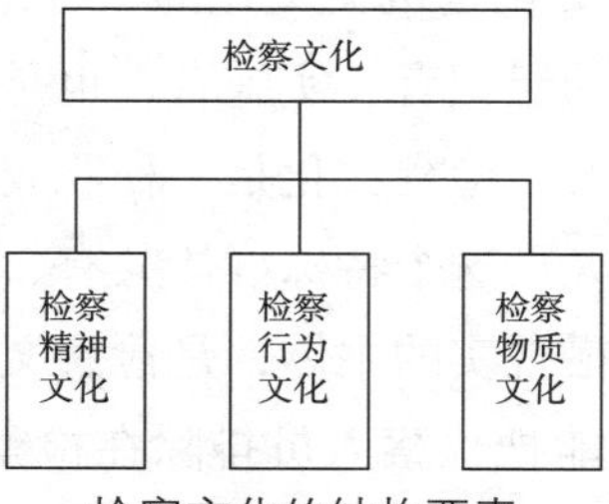

检察文化的结构要素

（二）检察文化概念的基本内涵

我们认为，检察文化是检察机关和检察人员在检察工作中创造、发展和传承的，体现检察工作职业规定性的检察观念、检察伦理和检察形象等精神成果。这一概念概括地界定了检察文化的主体、渊源、存续方式、本质和内容，是在批判和继承以往概念的基础上，结合检察文化建设的实际，强调了检察文化的精神属性，区分了检察文化与其各种载体。

要理解检察文化的概念和内涵，要把握两点：一是中国检察文化植根于中国文化的大环境中，是社会主义先进文化的组成部分。检察文化既受到社会主义文化的制约和影响，同时也要遵循社会主义文化发展的客观规律和共同准则。二是检察文化反映着检察干警这一特殊群体共同的价值标准、审美观念、思维方式和群体趋向。它既是这一群体的精神及物质文化水平的高度概括，又体现着这一群体精神和物质文明建设的成就和标准。因此，概括来说，检察文化是一个有自己特色的文化。检察文化是检察机关在履行国家法律监督职能过程中，形成的内在的和外在的行为模式，是具有检察工作特色的物质文化和精神文化的总和。因此其内涵应包括两个方面的内容：一是物质文化，其主体是“物”，包括办公楼、技术设备、车辆等；二是精神文化，包括价值观、执法理念、宗旨、工作作风以及与之相适应的组织机构、规章、制度、行为规范等。

检察文化的主体是检察机关和检察人员。首先，检察文化是一种机关文化。它既是具有机关性质和特色的文化，也是以机关为建设主体的文化。检察机关是国家的法律监督机关，是国家政权的重要组成部分。作为国家机关共性的一些文化特征，譬如组织性、纪律性较强等，在检察文化中必然占有重要地位。换言之，检察文化是机关文化的一种形态或者一个类型。同时，检察机关是检察文化建设的组织者、实施者，也是主导者、决策者，因而是检察文化的重要主体。其次，检察文化是一种职业文化，即反映检察人员职业特征的文化，也是检察人员这个特殊群体共有、共创、共享的文化。检察人员是检察文化最活跃、最现实的主体，是检察文化的具体创造者、受益者和传承者，因此，我们不能把检察人员排除在检察文化的主体之外。最后，检察机关和检察人员作为检察文化的主体，既具有内在的一致性，又各有侧重。一方面，检察机关与检察人员是一体统一的，检察机关是由检察人员构成的，检察人员是检察机关的工作人员；另一方面，检察机关与检察人员又是有角色差异的，检察机关是决策者、组织者，而检察人员是具体的执行者、创造者，检察机关是抽象的、组织性的主体，而检察人员是具体的、群体性的主体。没有检察机关的正确决策和组织实施，检察人员的文化活动就难以确定方向和形成合力；没有检察人员的具体文化活动，检察机关的决策和组织就无法实现。突出检察人员的主体性地位，有利于坚持检察文化发展的正确方向，有利于激发检察人员文化创造的活力和文化传承的自觉、自信。一般来说，检察文化为检察人员适应环境提供手段，为检察人员顺利开展检察工作提供条件；检察机关则为检察人员创造检察文化提供舞台，为检察人员的发展提供空间和保障。

二、检察文化的定位

如何定位检察文化，不仅是检察文化理论研究的重要命题，也是检察文化建设实践的重大课题。检察文化的定位首先是由检察制度和检察权所设定的，离开检察制度和检察权探讨检察文化势必沦为空谈。每个时代都有符合自身检察制度和检察权的行使以及体现自身时代特色的检察文化。

（一）根本性定位

文化从性质上讲，素来有先进和落后、精华与糟粕之分。先进文化是社会进步和文化发展的根本导向，它基于特定的经济、政治和社会的发展进步产生推动作用，具有时代性、开放性、创新性、科学性、群众性等特征。落后的文化与其时代的前进方向相悖，滞后于特定经济、政治和社会的发展，并对特定经济、政治和社会进步产生阻碍作用。特定的社会总是大力发展其先进文化，用先进文化占领其文化高地，从而破除其落后的社会文化可能产生的消极影响。

（二）专业性定位

从专业性定位角度可能，中国特色社会主义检察文化是中国特色社会主义法治文化的重要组成部分，强调了我国检察文化的法制性和职业性。其主要表现在：

1. 中国特色社会主义检察制度、检察工作制度、检察官制度及检察机关组织管理制度等相关的法律法规是其重要组成部分，是最初形成的最基础性的中国特色社会主义检察文化。这些法律、法规决定了中国特色社会主义检察文化的法治文化属性。

2. 检察机关是我国的法律监督机关，是依法治国的重要职能部门，是社会主义法治国家建设的重要组成力量。

3. 检察活动是法律规定的以履行法律监督职能为主的司法活动。中国特色社会主义检察文化体现着检察活动及其成果，构成了中国特色社会主义法治文化的一部分。

（三）社会性定位

文化属于历史范畴，是随着社会物质生产发展变化而来的。每个社会形态都有与之相适应的社会文化。中国特色社会主义检察文化的产生是立足于社会文化的大背景，它辩证地扬弃中国传统文化而发展，汲取了我国传统法律文化的精华。与此同时，它放眼世界，博采世界法律文化和检察文化之众长，形成了自己独特的体系。检察文化虽然是立足于检察人员和检察机关而形成的文化，但是，它的文化成果却是属于全社会的。所以，建设检察文化不仅仅是检察机关和检察人员的共同任务，也是需要全社会的共同参与的。因此，从社会性地位来看，中国特色社会主义检察文化是社会文化的一部分，是全社会文化财富的一部分，是人类文明的构成要素。它强调了我国检察文化的实践性与社会性。

总而言之，中国特色社会主义检察文化自身具有独特的价值和功能，其内在的质的规定性决定了它特有的性质与品格：它虽然基于一定社会的文化传统和文化心理而产生，但它必然立足于具体的检察制度和检察工作实践；[①] 它虽然基于法律的普适价值而存在，但它必须符合检察权运行的规律，受到检察工作整体性、统一性和检察官客观义务等要求的制约；它虽然与其他法治文化分支一起从属于法治文化，但它以自身的监督文化特色构成了法治文化不可或缺的一部分并区别于其他法治文化分支。这是检察文化主体性的具体体现，也是检察文化区别于其他类型的社会文化以及法治文化其他分支的关键点。

---

① 徐汉明：《检察文化建设：理念更新与实践创新》，载《法学评论》2011 年第 3 期。

三、检察文化的特征

当代美国人类学家艾尔弗雷德·克罗伯强调，文化包括各种外显的或内隐的行为模式，其核心是传统观念，尤其是价值观念。[①] 而学者 J.H.Merryman 在论述与法律文化一词极其相似的“法律传统”这一概念时，指出，一种法律传统是：关于法律的性质、关于法律在社会政治体中的地位、关于法律制度的专有组织和运行，以及关于法律实际或应该被如何制定、适用、研究、完善，及教授的一整套植根深远、并为历史条件所制约的观念。[②] 作为法律文化的一个亚概念的检察文化，在探讨其特点时，我们就必须以检察权、检察制度的历史渊源、宪政基础、核心价值取向、各国文化传统等为中核展开。

（一）世界检察文化的特征

现代检察制度是近代资产阶级革命胜利的产物，是西方社会分权的制衡宪政思想的结晶，是控审分离诉讼分工的直接结果，在西方国家近代史上，检察官是作为“革命之子”和“法的守护人”的身份登上历史舞台的。及至当代，检察权完成了从制衡到制衡与人权保障的发展。自检察制度产生伊始，脱胎于传统宪法文化和法律文化的检察文化，就在历史的碰撞与回旋中，就在对传统的汲取和对现积淀中，不断折射出个性的光芒。与政治制度相关联、与价值理念相关联，检察文化表现出一系列个性表征。

1. 当代检察文化是各国宪政文化最集中的体现，检察文化实质上是国家权力配置文化。

现代检察制度产生、确立以来，其显性层面上似乎只是一种诉讼制度，其机能似乎只是协调诉讼构架，似乎检察文化只是一种根源在诉讼制度层面上的程序工具主义文化。但是，一旦溯本及源，检察文化实际上是宪法文化的集中反映，特别突出地体现了国家权力之间，特别是行政与司法两权之间力量制衡的张弛程度。

总体而言，西方国家的检察文化，在分权的基础上，体现出了一种检

① 梁治平：《法辨——中国法的过去、现在与未来》，中国政法大学出版社 2002 年版，第 2 页。
② H.W. 埃尔曼：《比较法律文化》，贺卫方、高鸿钧译，清华大学出版社 2002 年版，第 12 页。

察权与其他国家权力之间的互为主体、互为对象的交互型制衡现象；而我国及苏联的检察文化，体现的是一种基于最高国家权力机关授权下的检察权对国家权力的单向的线性制衡。究其原因，西方国家奉行的是“三权分立”的宪政思想，强调权力之间的相互制衡，作为权利制衡重要手段的检察权必然既成为权利制衡的主体，又成为权利制衡的客体。而我国和苏联实行的是国家权力属于人民，各项国家权力由最高权力机关分别授予不同的国家机关行使，在权力配置体系中，专门分立出法律监督权，并由最高权力机关授权检察机关行使，所以，由于监督权的上位性，检察权对行政、司法等其他国家权力的制衡必然体现出单向、线性的特征。以上所述，正是体现出一国宪法思想文化在权力配置的横向方面对检察权的配置和检察文化的影响。

同时，一国的宪法文化对检察机关内部的纵向权力配置也会产生影响。举例言之，法国实行的是中央集权的政权组织形式，其检察机关上、下级之间的纵向权力配置就必然“上命下从”；美国奉行的是联邦政体，其中央与地方之间就必然存在各自独立、互不从属的两套检察系统；而日本的宪政思想充满着妥协和改良，其刑事诉讼与检察制度也就表现出东方与西方之间、大陆法与英美法之间检察传统与检察文化的冲突与融合。

所以，检察文化是各国宪政文化的缩影，检察文化本质上的一种权力配置文化，检察制度类型的选择体现了不同国家对国家权力之间张力的容忍程度。

2. 检察文化是一种价值冲突文化，冲突构成了检察权的天生的、内在的矛盾性。

一部检察文化的发展史，同时也是一部行政权与司法权的斗争史，亦是一部社会防卫与人权保障的价值冲突史。从检察制度在封建社会的法国产生伊始，其就是为了加强王权对司法权的限制而生。资产阶级取得政权后，检察制度得以保留并被富予新的内涵。检察权在三权分立的资产阶级宪政思想中涅磐，成为行政权与司法权交互制衡在刑事司法领域的调控器。

任何权力在本质上都具有扩张倾向。正是对侦查权、控诉权、审判权集于法官一身的纠问制诉讼的不满，从行政权中特别化出了单独承担控诉职能的检察权，检察官成为代表国家追诉犯罪的法定控诉人，从此，行政权在刑事诉讼程序中实现了通过“不告不理”对法官审判权的限制，完成了个人追诉主义向国家追诉主义的转变，在刑事司法领域强化了行政权调控力度和调控范围，同时也有效地遏制了往昔因司法集权造成司法黑暗；另外，司法权同样不甘心来自行政权的压迫，在司法独立的旗帜下，通过终局性裁决的宣告，以这样或那样的理由经常性地宣告政府刑事追诉活动的不当或失败，给以追求效益为价值取向的行政权予以程度不同的制约，显然，司法权对行政权进行制约的直接执行者就是检察机关，也就是说，在刑事诉讼中，审判权对行政追诉权的制约是通过检察机关进行辐射。从上面论述来看，检察权是行政权与司法权冲突与相互控制的产物、中介和载体，在制度文化中，检察文化必然是一种权力冲突文化。

价值冲突也贯穿于检察文化的整个发展进程。今天的检察权，是两种基本权能的综合统一，其一是社会防卫权能，其二是人权保障权能，而二者在价值取向上是存在本能的冲突的。在刑事诉讼中，如果检察机关注重追求社会防卫权能的实现，必然会放松对追诉活动程序正当性的严格性的要求，甚至会出现为了打击犯罪，实现社会控制而牺牲刑事诉讼中的最低限度的人权保障要求，致使国家权力过度滋扰市民社会；反之，如果检察机关注重追求人权保障机能的实现，则必然加大社会控制犯罪的成本，形成国家对犯罪控制不力或效力低下的局面，由于不能满足市民社会对社会正义有效、显性实现的诉求，同样可能导致社会情绪的失控，动摇统治。因此，检察制度中涵盖的两项基本权能之间具有本能的价值冲突，同样导致包容了上述两种价值取向的检察文化的内在冲突性。

除了前文论及的因制度设计、制度权能形成的检察文化冲突，检察文化还因检察权不断成长、壮大而形成的检察权力本身的矛盾、冲突，我们姑且将之戏称为检察文化的“成长烦恼”。

统而言之，检察文化的发展始终伴随着或制度设计、或价值取向、或权力本身内在的矛盾运动与冲突，但是，我们必须看到的是，正是这些矛盾与冲突的存在，才是检察制度乃至检察文化发展的内在推动力。

3. 检察文化是一种衡平文化，在行政与司法权力之间不断平衡与调和，是检察制度与检察文化得以存续和不断蓬勃发奋的原动力。

正如前文化所述，在法治的历史长河中，现代检察权产生和发展点点滴滴，无不回响着行政权与司法权激斗的回音。在权力争夺的旋涡中，检察权没有消亡，而是不断发展，其根本原因就是检察权本身所固有的与生俱来的衡平品格。

在刑事法制的制度层面，正是由于检察权的衡平机能的发挥，使检察官在刑事审前程序中，以上位权和裁断者的身份，对侦查官员的行动及成果，进行指挥、审查和调控，充分保正刑事审前程序的正当性，细心呵护人类社会由“警察国”向“法治国”发展的文明进程；同时，检察官在“不告不理”的刑事司法分权原则下，通过起诉权的行使限制审判权的扩张，在刑事审理程序中，以国家的名义追诉犯罪，以“法律守护人”的身份护法律的尊严，以“站着的法官”的姿态实现民众正义的诉求，以上种种，最大限度地防止法官的恣意和专权，坚守着“审判是实现社会正义的最后防线”。

在犯罪控制与人权保障两项刑事诉讼机能的协调中，公诉权通过其对于侦查权上位性的确定，使检察官成为刑事侦查活动的主导者，通过检察官群体先天所具有的法律素养和程序观念，对侦查官的侦查活动进行理性引导、指挥、控制，从而最大限度地实现犯罪控制的正当、高效；另外，通过公诉权的平等性原则的贯彻，最大限度地保证被追诉人的辩护权、知情权，实现公诉权的人权保障权能。当代刑事诉讼中，在犯罪控制与人权保障两项机能的权衡中，检察官应以实现人权优位保障为己任。

同时，在检察制度的发展进程中，检察权通过不诉权、免诉权、缓诉权、辩诉交易权等权能的创设，亦完成了刑事诉讼中效率与公正这一刑事诉讼中永恒矛盾的有效平衡。

历史的经验表明，衡平是检察文化的固有品格，也正是衡平精神的存在，使检察权有效地调节着行政权与司法权的合理张力。如果检察文化所固有的衡平性被打破，结果只能是灾难性的。纳粹德国的历史教训表明，正是由于检察权丧失了其衡平性，完全依附于行政权，结果，纳粹德国的检察文化堕落为“鹰犬文化”，最终被丢入人类历史的垃圾堆。

（二）中国检察文化的特征

对于中国传统法律文化来说，检察文化无疑是纯粹的“舶来品”。中国正式引入近代检察制度，自清末修律始。当代中国的检察制度，移植于苏联。中国现代检察文化，融合了西方检察文化核心元素和中国传统法律的部份价值观念，独具特色。

1. 渊源多元，融合西方检察制度元素和中国本土传统法律价值观念。

中国当代检察制度系中华人民共和国成立后全盘移植于苏联。就刑事侦查权、侦查指挥权、刑事公诉权等检察权的基本诉讼权能而言，苏联与法、德等大陆法系国家的上述权能内容相仿、渊源相同，均属大陆法系的传统检察权范畴。因此，虽中国的检察制度整体移植于苏联，但就检察权所固有的传统权能而言，中国检察权仍具有来源于大陆法系的遗传血统。

苏联检察制度对中国检察制度的独创性影响是其首创的“检察长法律监督”制度。基于列宁法律监督理论而创设的垂直领导、掌握有一般法律监督权的“检察长法律监督制度”呈现了与其他西方国家检察制度本质差异，曾作为无产阶级法律制度的伟大创举被我国全面移植，对我国检察制度产生着根深蒂固的影响，至今仍是我国检察制度的定位的依据。只不过，法律监督理论在中国检察制度的发展中经历着不断的调整，与苏联相比较，目前中国实行的是双重领导的检察组织领导体系和专门法律监督的检察监督权配置形式。

特别 1997 年刑事诉讼法颁行后，由于控、辩式庭审模式的确立和人权保障的强调，英美检察文化也对我国检察制度的发展开始产生影响。当前检察机关施行的人民监督员制度就具有美国大陪审团审查起诉制度和日本检察审查会制度的某些特征。

综上可以看出，中国检察制度的渊源之丰富，在世界范围内都独树一帜。

2. 监督文化与诉讼文化相结合，诉讼权能成为监督权能实现的手段，监督活动委身于诉讼程序。

现行《宪法》第 134 条规定：“中华人民共和国人民检察院是国家的法律监督机关。”这是当前我国检察权的宪法定位——法律监督权。

从国家权力性质来看，法律监督权具有上位性、单向性、实质处断性；而传统意义上以公诉权为核心的检察权是一项诉讼权力，具有对等性、双向性、程序求刑性特征，二者本不相融。

由于目前我国的检察权的宪法定位是法律监督权，一方面，检察权所包含的各项传统的诉讼权能成为实现法律监督的手段，公诉权被认为是法律监督权在刑事诉讼中的体现，权力本质属性出现模糊；另一方面，检察机关法律监督权（侦查监督权、审查监督权、执行监督权、民事行政监督权）的行使应限于诉讼程序的范围。

“虽然中国的进入现代化不得不以学习西方开始，但是中国现代化的完成，又必定是以更新固有传统结束。任何一种外来文化，都只有植根于传统才能够成活，而一种在吸收、融合外来文体过程中创新传统的能力，恰又是一种文明具有生命力的表现。”①

① 梁治平:《法辨——中国法的过去、现在与未来》，中国政法大学出版社 2002 年版，自序第 2 页。

第二章　检察文化基本内容

由于多种原因，人们对文化概念的理解有很大差异。检察文化作为文化的意识具体形态，对其概念也有很多种定义，所以对其内容的理解也有很大差异，我们为了深入剖析，统一使用了狭义的检察文化概念。与此相统一，我们认为检察文化的内容主要包括检察观念、检察伦理和检察形象。

第一节　检察观念

检察观念，即检察职业观念，包括理念、思想、理论、价值观念等，是检察文化较高层次的存在形态，包含着人们对检察机关及其职能的认识和反映，也包含着人们对检察工作的期待和要求，以及检察人员的价值追求和精神生活。检察观念是检察文化的灵魂，是在长期实践和历史沉淀中形成的相对稳固的部分，同时，它要不断地反映时代精神和检察工作的新要求，所以也是检察文化中最活跃的成分，时常处于创新和变化之中。

一、检察观念的结构类型

检察观念是检察人员对检察职业规定性和社会现象的主观把握方式和反映，属于一种特殊的社会系统。在这一系统中，检察观念的内容或构成因素就是其构成要素，而检察观念各个构成要素之间的相互联系、相互制约和彼此互动的关系及其所形成的检察观念的有机系统则是检察观念的结构。

在不同国家和不同历史发展阶段，检察观念有很大不同。检察观念是检察文化的灵魂，是历史的积淀又是与时俱进，相对稳定而又随着发展不断变化的。可以说，检察观念是由多样性与统一性、传承性与创新性相结合的。

首先，检察观念属于意识形态范畴，根据其形成和依存的国家社会制度的不同，可以讲检察观念区分为资本主义检察观念和社会主义检察观念。前者实在资本主义生产方式基础上形成的、反映资产阶级统治意志的关于检察机关和检察官的功能、价值等一系列观念。后者是社会主义国家和民主政治关于检察机关和检察官功能、价值等基本观念。

其次，检察观念与检察制度密切相关，秉持不同检察观念所建立的检察制度各有不同，而建立在不同检察制度之上并反映不同检察制度形态的检察观念也呈现出不同形态。据此，可以讲检察观念分为英美法系检察观念、大陆法系检察观念和社会主义法系检察观念等。

最后，检察观念类型的区分是相对的、变化的，特别是关于检察功能价值的基本理念和认识，它是着历史变迁而不断沉淀累积、不断趋向理性、趋于统一的，同时它是随着区域交流不断交锋融合、不断求同存异、不断学习借鉴，形成的关于检察价值功能的更多的共同认识。

我国检察观念以中国特色社会主义理论体系为指导，总结我国检察工作及理论研究成果，概况新时期关于检察工作发展和执法工作的一系列新认识、新思想、新观点而建立的，与社会主义法治理念在根本性质上是完全一致的。同时，它以包容开放的态度和开拓创新的精神，积极吸收、借鉴了现代法治理念、政法干警核心价值观以及其他国家和地区检察观念的有益成分。

二、检察观念的思想精髓

检察观念的思想精髓，是检察观念中最精要、最深刻反映检察职业内在规定性的思想认识和价值理念。当前，我国检察观念的思想精髓体现在“讲政治、顾大局、谋发展、重自强”。

讲政治，就是把思想统一到贯彻党的十九大精神和全国两会精神上来，把党的绝对领导落实到检察工作的方方面面。旗帜鲜明讲政治，是我们党的优良传统和突出优势，也是我们党取得成功的基本保证，更是我们党实现中华民族伟大复兴中国梦的必然要求。检察机关是党领导下的国家法律监督机关和司法机关，讲政治是第一位要求，在这个问题上，来不得半点含糊和犹豫，一定要实实在在。讲政治，就必须始终坚持党对检察工作的绝对领导，深入学习贯彻习近平新时代中国特色社会主义思想，坚决维护习近平总书记党中央的核心、全党的核心地位，坚决维护党中央权威和集中统一领导，在政治立场、政治方向、政治原则、政治道路上同以习近平同志为核心的党中央保持高度一致。

顾大局，就是坚持以人民为中心，找准检察工作服务大局的结合点，以法律监督的高质量保障经济社会发展的高质量。顾大局是职责使命，必须一以贯之。检察机关是中国特色社会主义事业的建设者和捍卫者，围绕中心、服务大局是检察机关肩负的职责使命，只有把检察工作放到经济社会发展大局中谋划和推进，为经济社会发展提供有力法治保障，才能更好地彰显检察工作的司法价值。顾大局，就必须牢固树立大局意识，紧紧围绕统筹推进“五位一体”总体布局、协调推进“四个全面”战略布局，履行好维护国家政治安全、确保社会大局稳定、促进社会公平正义、保障人民安居乐业的主要任务，努力创造安全的政治环境、稳定的社会环境、公正的法治环境、优质的服务环境。积极投入扫黑除恶专项斗争，按照党中央要求破除“关系网”、打掉“保护伞”，铲除黑恶势力滋生土壤，同时依法惩治影响人民群众安全感的刑事犯罪。主动融入共建共治共享社会治理新格局，践行新时代“枫桥经验”，完善检察机关预防和化解矛盾纠纷的机制和检察官以案释法制度，强化未成年人检察工作，坚决惩治严重危害中小学生身心健康的欺凌和暴力犯罪，特别是加强农村留守儿童、农民工等特殊群体的权益保护，确实把保障和改善民生、增进民生福祉的要求落到实处，营造安全稳定的社会环境。

谋发展，就是善于观大势、谋大事，紧抓改革发展机遇，紧紧围绕法律监督推进各项检察工作。谋发展是必由之路，必须勇于创新。进入新时代，我国社会主要矛盾已经转化为人民日益增长的美好生活需要和不平衡不充分的发展之间的矛盾，特别是司法体制改革、国家监察体制改革、诉讼制度改革等多重改革叠加，以互联网、大数据、人工智能为代表的新一轮科技变革迅猛发展，人民群众的法治意识、法治需求空前增长，这既给检察工作带来前所未有的发展机遇和发展空间，又使检察工作面临诸多方面的严峻挑战和重大考验。我们要始终坚持把习近平新时代中国特色社会主义思想作为新时代检察工作的思想旗帜和行动纲领，贯穿到谋发展各方面、全过程，坚定中国特色社会主义检察制度自信，牢牢把握检察机关作为国家法律监督机关的宪法定位不动摇，加强对新时代检察工作发展重大问题的专题研究，坚定不移探索、创新、践行新时代中国特色社会主义检察道路。要贯彻落实好党中央对检察工作的新部署新要求，紧紧围绕法律监督主责主业推进各项检察工作，突出强化刑事诉讼监督、民行检察、公益诉讼、未成年人检察等工作，切实维护宪法和法律权威，切实维护国家利益和社会公共利益，努力让人民群众在每一个司法案件中感受到公平正义。把司法体制改革和现代科技应用深度融合，把智慧检务建设摆在更加重要的位置，统筹研发运用智能辅助办案系统，积极参与和推进跨部门大数据办案平台建设，推动新时代检察工作质量效率新提高。

重自强，就是重视学习、深化调研、勇于改革、从严治检，以过硬本领迎接新时代新挑战。重自强是固本之举，必须敢于担当。重自强关键是队伍，重点在基层，核心在担当，要始终坚持把政治建设摆在首位，牢固树立“四个意识”，坚定“四个自信”，确保在思想上政治上行动上同以习近平同志为核心的党中央保持高度一致。进一步加强党组自身建设和领导班子建设，带头严格执行新形势下党内政治生活若干准则，自觉尊崇党章，严格执行重大问题请示报告制度，进一步密切联系群众，大兴调查研究之风，坚持正确选人用人导向，建设高素质干部队伍。坚持法治与德治相互促进，带头讲政德，做到明大德、守公德、严私德，始终牢记严管就是厚爱，严格约束自身操守和行为。要切实履行全面从严治党、全面从严治检的主体责任，严格落实“一岗双责”，坚持司法规范化建设永远在路上的理念，持之以恒正风肃纪，把全面从严治党、全面从严治检贯彻落实到检察工作全过程。进一步加强基层基础建设，认真落实领导干部定点联系、业务部门对口指导等分类指导制度，完善基层院建设抽样评估指标体系和运行机制，广泛开展基层院建设示范创建活动，大力支持革命老区、边境地区、贫困地区检察工作加快发展。

三、检察观念的实践要求

作为意识形态的人的观念不是从天上掉下来的，而是在一定的生产生活实践中产生的；同时，人的观念对实践具有能动作用，特别是那些被实践检验正确的观念对新的时间具有直接和重要的指导与推动作用。同样，产生于检察工作的检察观念不仅本身具有很多反映检察工作特性的内容，而且对实践具有很多思想理念上的要求。

（一）牢固树立旗帜鲜明讲政治的理念

检察机关作为人民民主专政的国家政权机关，首先是政治机关，必须把旗帜鲜明讲政治作为根本要求。

讲政治首要的是坚持政治原则和政治方向。始终坚持党对检察工作的绝对领导，检察工作中的重大事项、办理的重大案件要及时向党委请示报告。深刻认识中国特色社会主义司法制度的独特优势，毫不动摇地走中国特色社会主义法治道路、检察道路。

讲政治关键是要强化思想引领。深刻学习领会习近平新时代中国特色社会主义思想特别是政法思想，全面掌握其中的核心要义和基本内涵，切实用以武装头脑、指导工作。讲政治必须增强大局意识。更加自觉地将检察工作放到大局中谋划部署，不断提高检察机关服务保障中心工作的针对性、有效性和精准性。

讲政治最终要落实到业务工作中。检察工作是政治性极强的业务工作，也是业务性极强的政治工作。讲政治必须与抓业务有机结合，否则就是空头政治。同样，抓业务必须以讲政治来统领，才能保证检察工作最大限度地发挥出积极作用。

（二）牢固树立以人民为中心的理念

以习近平同志为核心的党中央一再强调，要坚持人民立场，坚持人民主体地位，坚持以人民为中心的发展思想，在一切工作中都要以人民的根本利益为出发点和落脚点。大家表示，树立新时代检察理念，必须坚持反映人民愿望、保护人民权益、增进人民福祉。

新时代我国社会主要矛盾已经转化为人民日益增长的美好生活需要和

不平衡不充分的发展之间的矛盾。大家认为，人民群众对美好生活的新需求，无论是民主法治、公平正义，还是安全环境，每一项都与检察工作息息相关。

目前法律监督供给与人民群众对检察工作、对美好生活的新需求还很不相适应，供给的法治产品不足、供给的产品质量不高的问题还比较突出。检察机关要精准把握新时代人民群众司法需求的转变，深入查找当前检察工作与人民的司法需求不相适应的突出问题，包括在机构设置、力量配备、精力投入等方面的问题，深入分析问题背后反映的认识局限、理念偏差，坚决纠正、彻底摒弃，并以人民群众的新需求为导向引领加强和改进检察工作，重新审视调整检察机关内设机构设置，科学调配人力资源，切实把传统职能做优，把短板职能补强，把新增职能做好；同时紧紧围绕民生需求，聚焦民生焦点，加强民生检察工作，深入推进检察产品供给侧结构性改革，为人民群众提供更加丰富、更为优质的法治产品、检察产品。

（三）牢固树立以办案为中心强化法律监督的理念

法律监督是中国特色社会主义检察制度最鲜明的特色，也是最显著的优势。办案既是检察机关履行法律监督职责的基本手段，也是彰显法律监督效用的重要途径。离开了办案，法律监督就失去了存在基础，失去了应有权威。

检察机关要以办案为中心，要在办案中监督，在监督中办案。办案和监督是什么关系？检察机关的法律监督职能、法律监督价值、法律监督效果，都要通过办案来实现。从两者关系讲，监督是目的，办案是手段；监督是内容，办案是形式，两者是一个问题的两个方面。离开监督，检察机关的办案就没有意义；离开办案，检察监督就无法实现。

因此，以办案为中心，就要求各项检察工作都要围绕办案来思考、谋划、论证、开展，各项检察工作的成效都要以是否有利于加强办案，是否有利于实现以办案为中心来评价、衡量，检察工作的质量效果就体现在办案的数量、质量、效率、效果的有机统一上。

（四）牢固树立法律监督要实现双赢多赢共赢的理念

法律监督的目的是确保宪法法律的统一正确实施。检察机关开展法律监督工作，要实现监督者与被监督者良性互动，达到“双赢多赢共赢”的目标。如何理解“双赢多赢共赢”这一新理念？

首先，正确认识法律监督的价值和功能。法律监督不是你错我对的零和博弈，也不是我高你低的居高临下，而是共存共赢，共同进步。所以，在检察监督工作中，要贯彻理性、平和、文明、规范的执法观，遵循司法活动规律，按照司法谦抑原则谨慎行使监督权，使被监督一方对检察机关的专业素养心服信服，从而达到共同自觉维护司法公正的目的。

其次，自觉树立“双赢多赢共赢”理念。要认识到这一理念贯穿法律监督全部领域全部环节的总体要求。各项法律监督工作都要努力寻找“双赢多赢共赢”的基点，多做共享共赢的工作。

最后，推动树立统一的执法司法理念。检察机关要主动作为，推动各政法机关和行政执法机关树立适应新时代要求的共同的执法司法理念。

（五）牢固树立司法办案要实现“三个效果”有机统一的理念

“三个效果”的有机统一是司法办案必须坚持的价值取向，也是衡量办案质量的根本尺度。新时代的司法办案工作，必须正确认识和处理好“三个效果”之间的关系，努力提升“三个效果”的有机统一。

具体而言，法律效果是司法办案的基本要求，司法办案应以事实为根据，以法律为准绳，首先保证案件的法律效果，不能以牺牲法律效果为代价去追求社会效果和政治效果。政治效果是司法办案的政治方向问题，是法律效果和社会效果的根本保障，必须立足政治效果去追求法律效果和社会效果。社会效果是司法办案的落脚点，要摒弃孤立办案、就案办案、机械办案的理念，从是否有利于维护广大人民的根本利益，是否有利于维护社会和谐稳定出发，实现法理情的有机统一。

在当前强调推进国家治理体系和治理能力现代化的进程中，检察机关司法办案应当追求更高的境界：办案工作绝不能仅仅止步于作出法律处断，而要通过多种法律措施和手段修复社会关系；努力做到“一案双查”，帮助发案单位堵漏建制，督促有关行业防范风险；贯彻谁执法谁普法的要求，通过典型案例以案释法，以案件是非评判引领社会风尚。

（六）牢固树立注重培养专业能力专业精神的理念

检察工作是专业性很强的工作，新时代新任务对检察队伍的素质和能力提出了新的更高的要求。

检察队伍建设要把注重培养专业能力和专业精神作为一种理念，以此为引领去推进检察改革，努力把检察队伍建设成一支高素质专业化的过硬队伍，不仅培养办案“工匠”，而且培养法治“大师”。

第二节　检察伦理

检察伦理，即检察职业伦理，包括职业道德、职业精神、职业礼仪等规范性要求，作为一种内化的规范，它是检察文化的中坚和相对稳定的成分。培养检察职业道德锻造检察职业伦理，对于塑造检察人员职业精神，促进检察文化建设，具有不可或缺的重要作用。

一、检察伦理的范畴

检察伦理，属于职业伦理范畴，也是法律职业伦理在检察职业领域的具体化，是检察人员在职业活动中应当遵循的伦理规范和道德准则，也可以成为检察职业伦理、检察官职业道德，具体地说，就是检察官及检察机关其他工作人员在行使检察权、履行检察职责过程中，或者从事与之相应的活动及相关社会生活中应遵循的内心信念和行为规范的总和。检察伦理是检察官的职业操守、职业观念、职业态度、职业技能、职业纪律和职业作风的集中体现，是社会伦理体系的重要组成部分，是社会道德在检察职业领域中的具体体现和升华。检察伦理或检察职业道德作为一种意识形态，既反映了社会对检察官群体的道德期许和价值判断，也反映了检察官群体的自我定位和自我认知。

检察伦理是既不同于普通的伦理规范，也不同于其他法律职业规范的特殊道德规范，检察职业道德与其他职业道德相比具有更强的象征意义和感召作用，因为法律在人们心目中是公平与正义的体现，是规范社会、惩恶扬善的最后手段。而作为法律实施者、执行者、监督者的检察官在社会中具有更加特殊的地位和作用，他应该具有的道德品行也必然要高于其他职业的道德要求。同时，检察职业具有严格的法定性、明确的规范性、特定的专门性、严谨的操作性，并带有国家强制性和权威性，也要求检察官遵循更高的伦理规范和道德准则。正是因为检察伦理与检察职业有着密切的关系，所以有学者认为，检察职业道德是以“权、责、利”的统一为基础，以协调个人、集体与社会关系为核心的职业行为准则和规范系统，没有相应的道德规范，检察职业就不能承担起社会职能。

检察伦理是世界各国检察界共同关注的问题，但中外检察官名称相同、职责有异、性质有别，这就决定了中外检察官的职业伦理内容和特征上都有差别。我国检察机关是国家法律监督机关，检察官不仅行使一般的司法权力，而且对其他司法活动进行监督，具有更大的职权，因此作为检察官行为规范的检察伦理具有更大的责任性、更特殊的示范性和更大的强制性。这是由我国检察机关的性质和检察官的职业特点所决定的。

检察伦理对于检察文化建设具有重要作用。其一，培育检察官群体的职业道德，能够直接对检察工作的推进产生助力；其二，检察伦理的基本规范和价值要求赋予了检察职业以实质内涵，能够满足检察官群体的精神文化需求，促进其全面发展；其三，培育检察官群体的职业道德，同时就是提升其政治素养、法律素能、法治意识、廉洁品格的过程，这必然全面提升检察官群体的职业素质；其四，检察伦理内在地要求检察职业道德不能一成不变、僵化保守，应根据党和国家的需要、人民群众的需求，适时发掘新的道德价值，以便与时俱进，从而促进检察文化的改革创新。综上，检察伦理直接关涉检察文化建设的成效和成败，应将检察职业伦理的培育作为检察文化建设的重要任务来抓。

二、检察伦理的定位

职业伦理是社会对从事某种职业的群体和个人的规范价值要求，它是把从业者视为按照职业来加以区分的特定的社会角色，并在此基础上对其权利与义务作出规定。从这个意义上说，职业伦理其实就是角色伦理。只有准确把握某种职业的社会角色定位，才能“量身定做”其职业伦理规范。

因此，认识某种职业伦理的定位，其实就是要从这种职业形成发展的历史实践过程中，分析把握这种职业的社会角色和功能价值。检察职业伦理体现了检察职业规定性，既是对检察人员在职业活动中思想和行为的要求，又是检察职业身份对社会所负的道德责任与义务。检察职业伦理融合了国家、社会和公众对检察机关和检察官职业活动的道德期许，是检察机关社会角色和检察制度社会功能的伦理规范和价值要求。因此，检察伦理的基本定位，需要在考察检察机关的社会角色和制度功能的形成与发展过程中来把握。根据检察制度基本类型，选取典型国家检察制度作为考察对象，分析其形成发展的历史过程，可以得出检察机关包括检察官的社会角色定位，从而得到检察伦理的三个基本定位，以此为基础可以准确把握检察伦理的价值取向和规范要求。

三、检察伦理规范

（一）检察伦理的一般规范

世界各法治国家都有丰富而完善、成文或不成文的检察伦理规范。特别是 1990 年 9 月第八届联合国预防犯罪和罪犯待遇大会通过了《关于检察官作用的准则》，这是第一个关于检察官的国际性法律文件，也是检察官在刑事司法中发挥作用的基本行动指南，其中有很多关于检察官履行职责的义务的规定，形成了国际上关于检察官的基本伦理规范。

（二）我国检察伦理规范的依据和发展

在我国，检察伦理规范的依据主要包括：（1）法律，如检察官法以及三大诉讼法中关于检察官回避、保密等规定，国家公务员法有关记录规定等；（2）法规，如国家有关廉洁从政的法规等；（3）司法解释，如《人民检察院刑事诉讼规则（试行）》中的有关规定；（4）行业规范，如最高人民检察院发布的《检察机关执法工作基本规范》中提出的有关规定；（5）国际公约，如《关于检察官作用的基本准则》中的有关规定；（6）其他道德规范，如《公民道德建设实施纲要》中关于职业道德的内容，对于检察职业道德也具有指导作用。

（三）我国检察伦理的基本原则

根据目前我国法律法规、司法解释以及检察职业惯例等成文或不成文的规范，我国检察伦理的基本原则可以概括为以下几个方面：

1. 忠诚履行职责

忠诚是检察官伦理道德基础。从我国检察官制度的前身御史监察制度来看，御史监察人员代表皇帝监督百官，必须对皇帝绝对忠诚；从近现代检察官的起源看，检察官最早是国王的御用法律顾问，被称为“国王的眼睛”，也需要具有忠诚的品质。受这些历史文化传统的影响，在我国检察官也必须首先具备忠诚的优良道德。特别是司法权是至关重要的执政权，必须掌握在对党和人民绝对忠诚的人的手中。因此，在我国，检察人员必须忠诚履行职责，始终做到忠于党、忠于国家、忠于人民、忠于宪法和法律，勤勉敬业、尽心竭力，真正成为党、国家、人民和法律的忠诚卫士。

2. 维护公平正义

公正是检察官的价值追求。法是社会公平正义的承载，司法是社会公平正义的最后一道防线。法官、检察官都必须始终做到秉持公正之心，这是司法职业者的价值追求。与法官居中裁判“给予”公平正义不同，检察官更多的是要做好社会公平正义“守护者”，要手持正义之剑，除尽天下不公之事，使被蒙蔽的社会正义得以伸张，使已实现的社会公平不被侵扰。因此，恪守公正的道德底线，是检察官的最基本角色要求和资格条件。

3. 坚持客观理性

客观理性是检察官的基本行为准则和风格。从检察制度产生的缘起和最初目的看，在法官和警察之间设立一个专门负责刑事案件起诉的检察官，就是要通过程序分割和制度设计，避免法官的恣意妄为和警察的专横行为。因此，从一定意义上说，检察官从其产生之时起，就是作为狂热追诉、感情用事、任意行事、专横独断、主观臆断、先入为主、虚妄不实、野蛮粗俗等现象的对立者身份和面貌出现的。这就要求检察官始终保持客观理性，以事实为依据，以法律为准绳，做到有罪追究、无罪保护，客观公正、不偏不倚，严守程序、保障人权，理性平和、规范文明，在探索事实真相、实现法律真实、尊重保障人权、彰显司法文明中发挥独特作用。

4. 保持清正廉洁

检察官作为执法者和社会公平正义的守护者，在社会大众看来，就是法律和正义的化身，必须保持清正廉洁，才能维护自身形象和增强全社会对法律的信心和说服力。检察机关作为法律监督机关和反腐倡廉重要职能部门，自身是否清正廉洁，不仅关乎检察机关整体形象和检察公信力，而且影响案件公平公正，影响社会公平正义。因此，保持清正廉洁是检察官的道德底线。

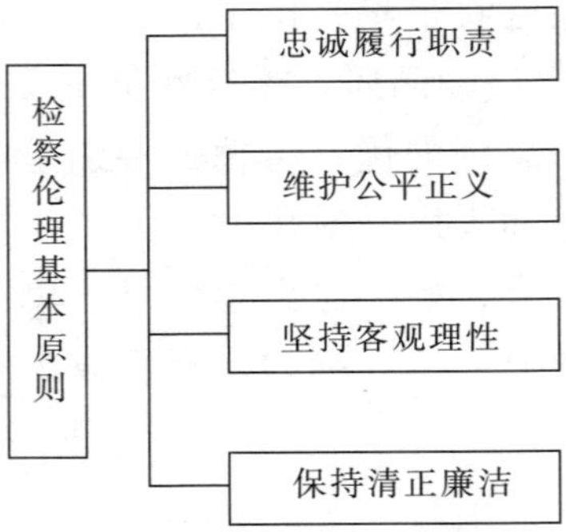

我国检察伦理的基本原则

第三节　检察形象

检察形象是社会公众对检察机关和检察人员总体表现与客观效应所作的相对稳定与公认的主观评价和反映，是检察职业规定性的综合性体现。作为一种客观实在的主观反映形式，检察机关的执法公正性是检察形象的客观基础，而检察机关的执法公信力则是其核心。检察形象一般由理念层次、行为层次和视觉层次的形象构成，既有有形、可视的物化要素，又有表现为价值理念的精神要素；既是检察文化的外在表现，也是检察文化的实在内容。

一、检察形象概述

（一）检察形象的基本内涵

“形象”这个词有多种含义，单从字面上看，“形”是事物的外形呈现，

“象”是事物的象征意义，“形象”就是事物的“呈现”及其“意义”。从心理学上讲，形象指的是过去感知过的外界刺激物在人们头脑中的再现，以及人们对具体事物形状、特征和性质等的总体印象，是人们的一种主观反映形式。检察形象的“形象”一词属于这种含义。检察形象即检察职业形象，是社会公众对检察机关和检察人员总体表现与客观效应所作的相对稳定与公认的评价和反映，是检察人员思维方式、行为方式和职业能力、检察业绩等客观实在作用于社会公众的思想感情而获得一种主观认知。检察形象是检察人员、检察机关在社会公众心目中相对稳定的整体印象，从本质意义上看，它是检察机关生存的社会呈现及其意义，是人民群众对检察机关和检察人员的满意度，其核心是检察机关公信力。

（二）检察形象的特征

检察形象具有以下几个方面的特征：

1. 主观性与客观性相统一

形象是一种观念，是人的主观意识，但观念的反映对象确是客观的。检察形象是实际存在的检察活动各种要素作用于公众而形成的一种反映，这种反映以检察活动客观实在为基础，受到客观实在的制约。检察活动的各种客观实在要素变化了，检察形象也会随之改变。因此，检察形象具有一定的客观性。同时，检察形象的形成是社会公众的主观认识，社会公众从自身经验出发对直接或间接感受到的检察活动作出评价判断，从而形成对政府的印象，这种印象具有主观性。这就要求我们，既要扎实做好各项检察工作，提高执法能力、水平，打牢检察形象的客观实在基础，又要注重加强与社会公众的交流与沟通，引导形成对检察机关有利的价值判断，形成良好印象。

2. 稳定性与动态性相统一

检察形象是在一段历史时期内公众对检察机关总的看法和评价的积淀，是在与检察机关和检察人员大量的接触中不断地对积累起来的感受加以分析、综合、修正、补充后形成的。因此检察形象一旦形成，就具有一定的稳定性。但是，随着社会环境的变化，检察活动会有调适，同时社会公众本身以及他们对检察机关的看法也会不断发生变化，因此，检察形象也呈现动态发展，是可变的。

3. 整体性与个体性相统一

检察形象是一个有机的整体，是由内部诸多因素共同作用的结果；同时检察形象是大多数社会公众对检察活动的总体印象和评价，因而它具有整体性。在实践中，每一个公众都可能形成对检察活动的不同印象，而每一个检察人员或每一起案件都可能代表了检察形象。正是这种个别形象的总和构成了整个检察形象。因此，检察形象是整体性与个体性的有机统一。

（三）检察形象的类型

根据不同的标准和特征，检察形象可以划分为不同的类型：

1. 检察局部形象和检察总体形象

检察局部形象，是检察机关和检察人员在某一个或几个方面留给公众的印象。检察总体形象是检察机关和检察队伍总体呈现在公众面前的、全面的形象，是由检察局部形象构成的形象总和。

2. 检察实际形象和检察期望形象

检察实际形象就是检察机关真实展现出来的为社会大众普遍认同的组织形象。它是通过检察人员的努力而达到的实际效果，是一种形象现实。检察期望形象是检察机关期望在社会公众心目中所树立的形象，是检察形象的目标。检察期望形象是检察工作发展和检察队伍建设的内在动力，是检察机关和检察人员自身的形象要求。检察期望形象起着明确努力方向的作用，而检察实际形象是制定新的自我期望形象的重要根据。

3. 有形检察形象和无形检察形象

社会公众通过感觉器官直接感觉到的实在的检察形象就是有形的检察形象；人们通过抽象思维和逻辑思维而形成的观念形象就是无形的检察形象。一个完整的检察形象是有形检察形象和无形检察形象的综合。

4. 检察执法形象、检察队伍形象和检察管理形象

执法形象就是检察机关和检察人员通过自身的执法办案等活动为社会提供服务，社会公众对检察机关执法办案工作是否满意、对检察人员的执法态度、办案质量等方面的评价和看法。队伍形象就是社会公众对检察队伍的整体印象和基本评价。

二、检察形象管理

社会公众对检察机关的检察人员的整体印象和主观评价所形成的社会舆论，是检察工作发展的“软环境”，良好的舆论促进检察工作开展，反之则会起阻碍作用。而且，良好的公众评价和社会声誉能增强检察人员的职业荣誉感和自豪感，不仅有利于吸引优秀人才，而且有利于充分调动检察人员齐心协力去完成检察工作目标。因此，检察形象既是社会公众对检察工作及其效果的基本评价，又是检察活动所依赖或凭借的精神力量，必须高度重视公众舆论，采取可行措施加强检察形象管理。

（一）检察形象管理的含义

所谓形象管理，就是组织等主体对自身形象构成要素进行管理，以影响公众对主体的认知，提升或维护自身形象的活动。检察形象管理就是检察机关包括检察人员认识到自身的形象资源，根据自身特点对自身形象的构成要素进行管理，提高检察机关在社会公众心目中形象的活动。

检察形象虽然是抽象的，但是它也可以作为管理对象。这是因为检察机关虽然无法直接干预公众的具体心理活动过程，但公众的心理活动以一定事实为基础，并受外界因素的影响，检察机关可以借助各种措施、方法、途径来改变公众心理活动产生的基础——检察活动的客观实在，调整公众感知，从而影响公众对检察机关及其活动的价值判断，形成检察形象。

（二）检察形象管理的内容

检察形象的构成要素是多方面的，各种形象因素相互联系，构成一个完整的检察形象系统。借助组织形象管理的基本理论，检察形象可以划分为三大系统进行管理。

1. 理念层次的检察形象管理

理念层次的检察形象主要是指检察机关和检察人员的价值观念、职能定位、组织哲学、道德观念、职业认同、执法理念等内容在社会公众中的总体反映。理念是对一个组织存在的意义、运行哲学和活动准则的整体概况，反映了组织的基本价值观念，是驱动组织成员的精神力量。因此，理念层次的检察形象是检察形象的灵魂和核心，它不仅决定着检察机关不同于其他类型组织的特征，而且决定着一个地方检察机关不同于其他地方检察机关的形象风格和形象个性。

2. 行为层次的检察形象管理

行为层次的检察形象是检察机关和检察人员不同于其他社会组织及其成员的行为特征，即检察活动的公共性、法律专业性、司法性和公众利益导向性等行为表现及其结果，是检察形象塑造和传播的关键。加强行为层次的检察形象管理，是最根本的以执法办案为中心，依法律按程序行使检察权，严格规范检察行为，做到严格公正规范文明执法，强化法律监督，维护公平正义，为社会公众提供有力的司法保障和优质的法律服务。

3. 视觉层次的检察形象管理

视觉层次的检察形象主要是指检察机关和检察人员借助特定的名称、标志、图案、文案标识、服饰着装等视觉要素，利用检察机关的建筑物、办公环境、办公用品、人员服饰、规范文件和出版物等作为载体向公众传达的信息，是检察形象的外显标志。加强视觉层次的检察形象管理，不仅要注重统一规范检察机关建筑风格、办公环境等，使之与检察理念层次的期望检察形象相适合，而且要以检察官地位、职责要求和行为准则为依据，注重规范检察人员文明礼仪，从一言一行体现和塑造良好的检察形象。

（三）检察形象管理的途径和策略

检察形象管理属于组织形象管理范畴，借鉴现代政府等公共组织形象管理基本理论，可选择以下途径和策略：

1. 明确检察形象定位

形象定位，是指组织根据环境变化的要求、公众的期望以及自身职能特性、功能价值、基本理念等，为自己设计出一个理想的独具个性的形象位置。

2. 提炼检察核心理念

组织形象是以组织理念为内涵而建立的，提炼和创造出最能体现组织精神、组织价值观、组织目标的组织观念，是组织形象管理的重要内容。组织观念不仅是驱动组织成员的精神力量，也是感召社会公众、树立组织形象的有效方式。

3. 增强检察社会认同

社会认同是社会成员共同拥有的信仰、价值和行为取向的集中体现，具有不同社会认同的社会成员对同一社会现象会有不同的主观反映和评价。检察形象是社会公众依据对检察机关及其实践活动的感受而做出的价值评判，其形成带有浓厚的主观色彩。

第三章　检察文化比较

检察文化既具有鲜明的国家性和地域性，发展传承同样存在时间性。从世界范围来看，主要可以分为两大法系体系，即大陆法系、英美法系。我们对法系的划分本身就具有很强烈的文化理念色彩，体现了不同的文化底蕴、历史传承，法系的划分从一定意义上说就是法律文化的划分。检察文化基本上从属于法律文化，因此，关于法系的划分大致适用于世界范围内对检察文化所做的地域划分或者类型化区分。

第一节　大陆法系检察文化概述

现代意义上的检察制度诞生于1789年的法国大革命，正式奠立于1808年的拿破仑《治罪法》，该法典全面规定了检察官侦查和追诉犯罪的职能。随后，在拿破仑战争的影响下，德国、芬兰、意大利、俄罗斯等欧陆国家相继建立了检察制度，由此汇聚而形成了具有大陆法系传统和特色的检察制度体系。

大陆法系检察文化饱含大陆法系“契约制度”、“正义观”以及“人性恶理论”中的思想文化精髓，在检察文化中传承了权利保障和权力节制的法治观念，形成了防止法官擅断和警察恣意的“国家权力之双重控制”理念，同时，还明确了检察官“法律守护人”的角色定位，其遵循的客观公正义务成为大陆法系检察文化鲜明的职业伦理特征。

大陆法系检察文化特质最为明显的外在表现形式就是今天大陆法系检察制度中控审分离、检诉警辅、检察机关主动提前介入的权力配置，检察机关在侦查、审判中收集和评断证据客观公正、忠于事实的诉讼义务和办案立场。这些特征有利于持续改善检察官在民众心目中的职业形象。

1789 年 7 月 14 日在法国爆发的资产阶级革命

一、大陆法系的检察观念

大陆法系是由数个有着不同历史起源以及在不同历史阶段发展起来的支法构成。其中最古老也最为显著的组成部分来源于公元 6 世纪查士丁尼皇帝统治时期所编纂的罗马法。在大陆法系文化中，人与人之间的权利义务关系常常被解读为一种契约关系。随着历史的推移，以罗马法为源头的大陆法系逐渐与教会法、商法以及 1776 年革命下的法律文化思潮相融合，形成了复杂且内涵丰富的大陆法系文化。

（一）自由、平等的个人本位观和权利观

由于古罗马法是以契约为中心形成和发展的，因此产生契约的前提条件，即“意思自由”与“契约主体地位平等”也被大陆法系的法权文化所

吸纳和发展，为自由、平等以及权利等观念的生长提供了社会条件。具体而言，大陆法系文化认同人与人之间的契约关系，承认人的利己性，重视个体权益的保护，相应地便有了“自然权利”“天赋人权”“平等博爱”“权利本位”等一系列提倡以人为中心、一切为了人的权利观和个人本位观。在这一文化体系中，强调在社会、在法律面前人人平等的思想，反对专制主义的特权等级观；主张用法律治理来代替封建的人治观，排斥立法随意、司法擅断。罗马法所倡导的个人本位和权利本位的价值观后来随着启蒙思想家的大力宣扬而成为大陆法系文化的主流，并进一步上升为法律观念。

（二）限权观念

到了近代，传统的大陆法系文化与革命思想相互借鉴、融合。人与人之间的“契约关系”被启蒙思想家演绎发展为人与国家之间的“社会契约关系”。启蒙思想家卢梭在《社会契约论》中指出：“我设想，人类曾达到过这样一种境地，当自然状态中不利于人类生存的种种障碍，在阻力上已超过了每个个人在那种状态中为了自我生存所能运用的力量，那种原始状态便不能继续维持，并且人类如果不改变其生存方式，就会被消灭。”① 为了提高生存能力和生活质量，人们改变了交往方式，通过相互尊重彼此的利益，让与并且集合个体权利形成公共权力，克服人类生存的阻力。随着公共权力的产生，人类社会由自然状态转变成了政治状态，国家形成，权力诞生。

在社会契约关系下，国家权力只能来源于公民权利的赋予，权力为了更好地追求公民的自由和利益而存在，权力是手段，权利是目的，除此之外，权力没有任何自身的利益追求。正如洛克所言：“政治权力就是为了确定和保护财产而制定法律的权利，判处死刑和一切较轻处分的权利，并从而使用这种共同体的力量来执行这些法律和保卫国家不受外来侵害的权利；而这一切都只是为了公众福利。”② 然而，权力本身具有天然的扩张属性，“自古以来的经验表明，所有拥有权力的人，都倾向于滥用权力，而且不用到极限绝不罢休”③。因而在行使权力时必须有所节制，否则就会形成专制，这使得在欧

---

① ［法］卢梭：《社会契约论》，何兆武译，商务印书馆1982年版，第22页。

② ［英］洛克：《政府论》（下），叶启芳、瞿菊农译，商务印书馆1997年版，第3页。

③ ［法］孟德斯鸠：《论法的精神》（上），许明龙译，商务印书馆2009年版，第166页。

洲大陆法系文化中反对专制，节制权力的思想开始被普遍认同，经典的“三权分立”学说被提出，立法权、行政权和司法权的三足鼎立，将集中的权力分散，同时通过权力配置，使分散的权力彼此制约，分权制衡成了经典的限权构造，这一观念一直影响到今天的大陆法系国家，并始终蕴含在大陆法系的检察文化脉络中。

《社会契约论》作者法国思想家让 – 雅克 · 卢梭

（三）法治观念

古希腊文化中以柏拉图为代表的人性恶的思想，在罗马时代与基督教的原罪观念紧密结合在一起，成为大陆法系文化中一个根深蒂固的传统观念，以至于圣 · 奥古斯丁、托马斯 · 阿奎那以及近代的洛克、孟德斯鸠等为代表的大陆法系国家的启蒙思想家都是性恶论者或倾向于性恶论者。[①]

正是由于人性本恶，所以如果权力掌握在专制皇帝或专制君主个人手里常常会形成最终的恶果——人治下的专制统治，对这一点美国学者尼古拉斯 · 泰玛什弗（Nicholas S. Timasheff）有过经典描述，他指出：“在专制权力结构中的国民，无法期望统治者的行为同一般性命令相一致，而对于这些国民

① ［美］E. 博登海默：《法理学——法治学及其方法》，华夏出版社 1987 年版，第 22~25 页。

的行为来讲是具有决定意义的——因为这些命令并不拘束制定者，而且严格遵守昨天发布的一般命令，则会在今天或明天引起统治者的恼恨与报复欲望。每个个人都必须意识到统治者瞬时即变的念头，并力求使自己的行为适应于统治者的某种怪念头。在这种政权结构中的国民的通常精神状况，肯定是忧虑不安的。”① 要从现实社会中彻底消除人性中的恶和它在权力上无节制的扩张常常难以做到。因此，只有最大限度地从其他途径去遏制，方法就是以法（权）制约权力，由法治代替人治，而这一文化理念的实践就是 1789 年的法国大革命以及其后欧洲诸国针对封建制度而进行的各种社会运动与政治制度改革。应当说法治的建立不仅推动了欧洲大陆法系国家挣脱中世纪君主的权威和桎梏，而且通过对市场经济的保护，促进了整个西方社会现代化的进程，法治观念一直延续到今天，成为大陆法系检察文化显著的观念特征。

（四）正义观念

由于不同分支法系的影响和融合，大陆法系法律文化一直处于开放多元的状态，但“正义观”在大陆法系法律文化中却始终是最基本最稳定的部分。早在大陆法系的源头——罗马法典《国法大全》之一的《学说汇纂》第一编第一章“正义和法”中就辑录了乌尔比安的经典名言：对于学习罗马法的人来说，必须首先了解“法”（jus）的称谓从何而来。它来自于正义（justita）。承继这一朴素的法律思想，大陆法系的法律文化中始终贯穿着正义这一基本要素。特别是从 16 世纪到 18 世纪的几百年间，在古典自然法运动的影响下，正义几乎与当时的“法”（自然法）成了同义词。这一时代的斯宾诺莎、洛克、孟德斯鸠、伏尔泰、卢梭等都共同把自然法看成是与人性相一致的人类至高无上的准则和道德；认为正义是自然法的基本准则，人权也应以正义为基础；没有正义也就没有自然法意义上的自由、平等、安全、财产、权利和幸福，法律必须以正义为价值取向。即使是在 19 世纪，历史法学和分析法学成为欧洲法学舞台上的主角，当时的代表人物萨维尼也认为，“在每个民族中，都逐渐形成了一些传统和习惯，人们通过不断地运用这些传统和习惯，使它们逐渐演变成法律规则。后人只要对这些传统和习惯进行认真研究，就

① ［美］E. 博登海默：《法理学——法治学及其方法》，华夏出版社 1987 年版，第 223 页。

能发现法律的真正内容是同人民关于公平和正义的看法相一致的”。[①]

雅克·马里旦

自然法的现代复归

第二次世界大战后，大陆法系重新侧重于“价值法学”，其代表人物马里旦认为“不正义的法律不是法律”。对正义的追求和探究已经成为大陆法系检察文化乃至法律文化重要的思想基础和发展主线。随着将“正义”这一美好事物转化为现实的愿望愈发强烈，人们对如何施行法律、畅行法治、以法治促社序定邦本，以实现正义的探索也愈发深入。在大陆法系家，正义观念最重要的表现就是严格依照法律作出裁决，即“法无明文规定不为罪、法无明文规定不处罚”，因为在大陆法系国家，法律是以法典的形成而存在的成文法、制定法，这些法律通过立法者的精耕细作、精雕细琢已尽可能地体现了正义，所以“遵守法律，是谓正义”。[②]

二、大陆法系的检察伦理

任何一种文化的形成和发展都可以追溯到一定的思想渊源。文化的孕育

① ［德］弗里德里希·卡尔·冯·萨维尼:《论立法与法学的当代使命》，许章润译，中国法制出版社 2001 年版。

② ［荷兰］格老秀斯:《战争与和平法》，转引自《西方法律思想史资料选编》，北京大学出版社 1983 年版，第 140 页。

只有经过思想的启迪、滋养和培植才能生根发芽，茁壮成长，结出硕果累累的文化果实。大陆法系的检察文化也概莫能外，其坚实的思想土壤主要来源于古希腊、古罗马时代发达的契约制度、性恶论学说以及朴素的“正义观”。

检察文化的职业观念体现在职业伦理之中，两者具有思想观念的一致性。恪守权力的分界是大陆法系检察文化的伦理要求，这种职业伦理与三权分立思想有着密不可分的关系。大陆法系检察制度的设立就是在纠问制诉讼向职权主义诉讼改造中，对司法权的合理分权、限权。这一分权、限权的结果就是形成大陆法系检察文化中如下职业伦理特征：坚守司法体系中控审角色的分离，警察服从检察机关对侦查的主导，检察机关在追究犯罪的立场上与警察一致但相对于警察来说处于优势地位。

（一）控审角色的分界与检察文化中的分权思想

大陆法系检察文化是职权主义色彩的检察文化，检察权从审判权分离出来，两者有着不容混淆的清晰界限，尊重权力的分界是大陆法系的检察伦理要求。中世纪盛行于大陆法系国家的是纠问制诉讼模式，纠问法官包办刑事追诉与审判工作，由于法官独揽控审大权，欠缺外部的监督与制约，罪刑擅断、枉法裁判恣意盛行。同时，由于法官自行侦查追诉，心理上对于被追诉之人早已主观入罪，公正裁判往往很难实现。面对强大且不公正的纠问法官，被告成为刑事诉讼的客体，根本没有诉讼权利可言，以致冤假错案层出不穷。

为了杜绝流弊，改革的刑事诉讼制度遵循了控审分离的原则，将刑事程序拆解为控诉（侦查）和审判两个阶段，原来纠问法官的权力被削弱为单纯的审判官，其自行侦查控诉的权力由新创制的检察官主掌。如此一来，既往法官独揽的控审大权被一分为二。同时，新刑事诉讼改采“控诉原则”，即检察官作为控诉方，决定是否提起公诉。由于控审分离原则之下，“无控方之起诉，即无法官之裁判”，法院须恪守“不告不理”原则，因而，检察机关理所当然地成为控制法院裁判入口的把关者，法院、法官被限定为被动消极的角色。

由此可见，大陆法系司法体系下，检察制度创设的重要目的沿袭了大陆法系文化中分权制衡的思想，即“透过诉讼分权模式，以法官与检察官彼此监督制约的方法，保障刑事司法权限行使的客观性和正确性”[①]。

（二）检警关系与检察文化中的限权思想

除了分权制衡，大陆法系检警一体化的司法构造还蕴含着通过检察权控制侦查权的“限权”文化思想。在大陆法系国家，受大陆法治之控诉原则与检察官制度所导向，以检察官为侦查程序之主导者，负责发动、进行以及终结侦查程序[②]。具体而言，只有检察官才有权决定是否对某一嫌疑行为展开正式侦查。同时，在大陆法系国家，侦查程序能否终结的权力也同样掌握在检察官手中。之所以在大陆法系的司法制度中选择此种“检主警辅”的权力配置格局，原因就在于“警察官署的行动自始蕴藏侵害民权的危险，而经验告诉我们，警察人员经常不利关系人，犯下侵害民权的错误”[③]。通过训练一批严格遵循法律、坚持法律规范的公正客观的官署——检察官，就可以最大限度地实现在侦查活动中控制、规范警察的侦查活动，引导其走向合法化并最终实现合理性；警察要服从检察机关的指挥和监督，扮演检察机关的辅助机关的角色。可见，大陆法系检警一体、检主警辅的司法制度设计体现了检察文化中的“限权”。

三、大陆法系的检察形象

承继大陆法系优良的“法治”传统，大陆法系的检察文化中同样流淌着“法治”的血液。守护法律，使客观的法义贯通整个刑事诉讼程序是大陆法系检察制度设立的一项重要功能。

具体而言，这一文化因子促成了今天大陆法系检察官“法律守护人”的角色定位，具体包含在两个方面：

（一）客观公正的检察官

检察官客观义务是对检察官的伦理要求，这一伦理要求有力地塑造了大陆法系的检察形象。检察机关以客观义务自我塑造，最早出现在19世纪中

① 林钰雄：《检察官论》，法律出版社2008年版，第7页。
② 林钰雄：《刑事诉讼法》（上），元照出版有限公司2004年版，第137页。
③ 林钰雄：《检察官论》，法律出版社2008年版，第8页。

叶的德国，随后由德国传播至其他大陆法系国家。比利时、丹麦、希腊、意大利、荷兰、西班牙、葡萄牙等国家的现行刑事司法构造中，都能或多或少找到德国法“客观义务”的制度痕迹。[①]大陆法系的检察文化认为，检察机关乃世界上最客观公正之官署，检察官乃国家法意志的代表人，而非“政府的传声筒”“君王的耳目”。具体言之，检察机关不单单是诉讼一方的当事人、片面追求打击犯罪的追诉狂，而是依法言法，客观公正的守护人，既要收集有罪、罪重等对犯罪嫌疑人、被告人不利的证据材料，更要收集无罪、罪轻等有利犯罪嫌疑人、被告人的资料，并注意其诉讼上应有的程序权利，一切以“法”为准则。检察文化中检察官的客观义务在具体的法律制度设计上体现在三个诉讼阶段。

首先，侦查阶段检察官具有客观收集证据的义务和职责。如德国《刑事诉讼法》第160条第2款规定:“检察院不仅要侦查证明有罪的，而且还要侦查证明无罪的情况，并且负责提取有丧失之虞的证据。”同法第160条规定:“被指控人请求收集对他有利的证据时，如果他们具有重要性，应当收集。”

其次，审判程序中检察官具有客观评断证据、提出指控和量刑建议的义务和职责。在审判程序中检察官同样要秉承客观义务和自我心证主张被告是否有罪和科以何种刑罚。法国《刑事诉讼法》第33条规定，检察官可以自由地发表自己认为有益于司法审判的口头意见。在德国，检察官申请无罪判决的客观义务19世纪已经确立，如果审理时检察官对被告无罪已形成心证，可请求法院作无罪判决不受起诉书的拘束。除了定罪请求权外，在刑法的裁量方面，检察官亦可提出从轻、减轻处罚的申请，正如德国刑事司法改革的倡行者米德迈尔所言:“检察官应仅力求真实与正义，因为他知晓，显露他（片面打击被告）的狂热将减损他的效用和威信，他也知晓，只有公正合宜的刑罚才符合国家的利益。”

最后，审判程序后检察官具有客观评价裁判结论的义务和职责。在德国，检察机关可以同被告一样“在相同范围内亦具有提起法律救济之权利，并且一如其中之立场，其所提出之法律救济亦得为有利被告者”[②]。在意大利，

① 参见程雷:《检察官的客观义务比较研究》，载《国家检察官学院学报》2005年第4期。

② ［德］克劳思·罗科信:《刑事诉讼法》，吴丽琪译，法律出版社2003年版，第490页。

检察官可以在庭审中请求无罪判决和为被告人利益提出上诉。

（二）谨守法制的检察官

大陆法系的检察官谨守法制，严格以法制为圭臬。大陆法系国家也较为重视以明确的法律规定约束检察官的诉讼行为，近几十年才放宽对检察官自由裁量权的严格限制。过去对于检察官的法律限制典型的表现是实行法定原则，该原则强调检察官依照取得的线索或证据，若足以认定被告人有犯罪嫌疑的，必须开始侦查或提起公诉。一般认为，法定原则包括侦查法定主义、起诉法定主义以及不起诉法定主义等内容。具体而言，在德国《刑事诉讼法》第160条第1项中就规定了侦查法定主义，其是指："通过告发或者其他途径，检察院一旦了解到有犯罪行为嫌疑时，应当对事实情况进行审查，以决定是否提起公诉。"德国《刑事诉讼法》第152条第2项规定了起诉法定原则，要求"除法律另有规定外，在有足够的事实根据时，检察院负有对所有可予追究的犯罪行为进行追究的义务"。至于不起诉法定主义，其在《刑事诉讼法》第153条中也作了明确规定。大陆法系国家之所以设置法定主义，除了担心检察裁量权过大，滋生检察恣意外，还有一个非常重要的原因：在大陆法系国家，检察官在组织上归属于司法部长管辖，司法部设立在政府之下，司法部长的顶头上司又为行政首长。为了防止检察官在是否发动侦查、起诉上顾虑政治背景，屈服于行政指令，成为行政干预刑事司法的枢纽，故法律规定，检察官决定是否发动侦查、提起公诉时，必须严格依照法律规定行事。如此一来，检察官不再成为统治者的传声筒，无论被告是叱咤风云的政客还是底层民众，检察官皆负有相同的追诉义务。正如德国学者彼得所说，检察官作为执行者，并非朝向合目的性或维护公共安全秩序的行政工作；检察官所做的事情，是法的贯彻与实现[①]。检察机关严格守法的形象，有利于赢得民众对于检察机关的支持，形成民众鼓励、支持、配合检察工作的文化土壤。

---

① 陈卫东、陆而启:《检察官的角色——从组织法和诉讼法角度分析》，载《法学论坛》2005年第4期。

第二节 英美法系检察文化概述

受民主与法治传统以及文化背景的影响，英美法系的司法过程体现出鲜明的对抗色彩，以至于“对抗制”“当事人主义”逐渐成为这一法系的代名词。出于保护个人自由不受国家强权恣意危害之目的，同时也为了查明案件真实情况，英美法系的诉讼过程鼓励对抗，这种在法律规范之下的对抗成了一种具有英美特色的诉讼制度，这种诉讼制度就是英美法系检察文化的司法基础，可以说，对抗是英美法系的最大特点。

对抗不仅使英美法系检察文化独具特点，也赋予了这一法系之下的检察官特有的意识结构。对抗制这种具有强烈规则色彩的诉讼模式使得英美法系的检察官有很强的程序意识，他们崇尚程序正义，尊重辩护权，注重公平竞争，将司法过程视为一种在法律框架内进行的控辩之间的对抗游戏，并坚信真相只有在对抗的过程中才能显露出来。

对抗的法律文化和平等竞争的意识塑造的英美法系国家的检察官，与大陆法系的同行相比，检察官之“官”的色彩较淡，他们扮演着控方律师或者政府律师的角色。

一、英美法系的检察观念

考察英美法系检察文化，将英美法系视为一个整体看待，能够找到它们在文化特质与民族性格中的共性。然而，如果深入探究，英美法系不同国家的文化特质及民族性格也存在一定差异。

在英美法系检察文化的共性中，有一项不可忽视，那就是其文化特质中的自由主义与个人主义倾向，以及因此而形成的英美国家民族性格中的守法、对抗、包容及平等观念。

（一）自由主义文化特质与守法观念及对抗意识

英美法系爱好自由的传统既不是简单地从英美人的嘴里喊出的口号推导出的，也不是从那些外化于行动上的表现——如美国独立战争——得出的，真正体现英美国家爱好自由传统的，是英美人对“自由”一词的理解。英美法系文化特质的“自由主义”是一种宽泛意义上的自由主义，其核心在于尊重个人自由，对国家权力给个人自由带来的威胁和造成的损害抱有警惕。可见，这种“自由主义”是建立在对法律的遵守以及对国家权力的约束之基础上的。由此，英美法系也形成了崇尚自由、守法与对抗的民族性格。

从表面上看，崇尚自由与遵守法律、遵守法律与对抗国家似乎存在矛盾，实际上这两者都是在“自由主义”文化特质下发展出的具有内在联系的民族性格。首先，自由依赖于法治，只有存在有效的保障自由、维护自由的方法，才能有普遍的个人自由的实现。保障个人自由的责任应当由政府承担，而政府应当通过立法及执法使得全民自由最大化，所以在英美法系，守法精神体现在方方面面。其次，自由必须避免强权。对个人自由最大的侵害来自于国家强权，故而必须对国家权力始终抱有高度的警惕。英美法系的刑事诉讼体现出强烈的“个人对抗国家”之特点。

（二）个人主义文化特质与包容观念及平等意识

作为英美文化特质的“个人主义”是与“自由主义”紧密相连的，是强调个人自由的必然结果，它是指这样一种观念：即“应当允许人们按照他们认为理想的方向去努力"；“任何个人都不可能知道谁知道得最清楚；并且我们能够找到的唯一途径就是通过一个社会过程使得每个人在其中都能够尝试和发现他能够做的事情”。[①] 可见，“个人主义”并不排斥政府、法律以及约束，也并不等于自私自利。“个人主义”仅仅意味着每一个人都有选择的自由。

“自由主义”的文化传统必然使生活在其下的人们具有包容及平等的意识。首先，选择的自由意味着对于他人的选择应当给予尊重，无论我们是否同意他人的选择。与东方文化中的“己所不欲，勿施于人”相比较，这种“个人主义”的要求更高，其意味着“己所甚欲”也要“勿施于人”。没有相互尊重，也就没有自由可言，没有自由，就谈不上个人。其次，尊重个人选择隐含着平等的观念，因为正是因为人与人是不同的，人与人的选择也是不同的，所以我们才能平等地对待他们，如果人与人是相同的或者选择是相同

① ［奥］F.A. 冯 · 哈耶克：《个人主义与经济秩序》，贾湛、文跃然等译，北京经济学院出版社1989年版，第15~16页。

的，我们就必须区别地对待他们以形成一种社会组织。[①]

英美法系的司法之所以体现出强烈的竞技色彩，很大程度上取决于其文化中的自由主义与个人主义特质。这种文化传统保护个人自由，尊重个人选择，鼓励自由竞争。

（三）“法律的正当程序”观念

“法律的正当程序”作为一种观念，最早体现于英国1215年颁布的旨在限制国王权力的《自由大宪章》中。该宪章规定：“任何自由人，如未经其同等的人之依法裁判，或经国法判决，皆不得被逮捕、监禁、没收财产、剥夺法律保护权、流放，或加以任何其他损害。”[②] 其中的“国法”就是“法律的正当过程和程序”。

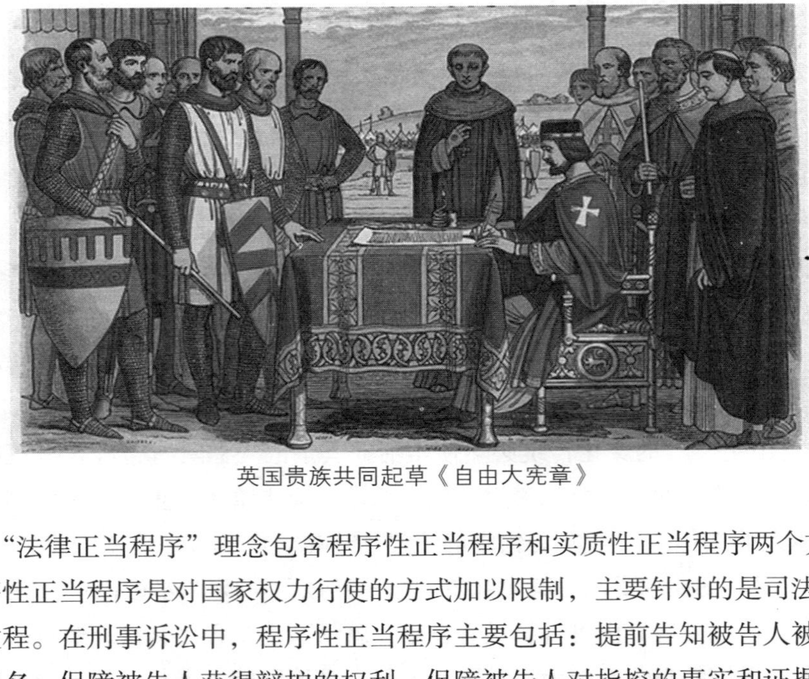

英国贵族共同起草《自由大宪章》

“法律正当程序”理念包含程序性正当程序和实质性正当程序两个方面。程序性正当程序是对国家权力行使的方式加以限制，主要针对的是司法和行政过程。在刑事诉讼中，程序性正当程序主要包括：提前告知被告人被指控的罪名；保障被告人获得辩护的权利；保障被告人对指控的事实和证据提出

① ［奥］F.A. 冯·哈耶克：《个人主义与经济秩序》，贾湛、文跃然等译，北京经济学院出版社1989年版，第16页。

② 《世界人权约法总揽》，四川人民出版社1990年版，第231页。

意见的权利；由合适的审判组织对案件进行审判；保障被告人上诉的权利，等等。违反程序性正当程序的后果最突出的表现就是非法证据的排除，即宣告以违反法定程序的方法取得的证据为非法证据，不得作为认定犯罪事实的依据。有时，这种消极结果甚至还包括对以非法手段间接获得的证据加以排除。比如美国的“反对强迫自证其罪”规则，还要求排除侵犯公民宪法权利而间接获得的证据。实质性正当程序是对国家权力的内容加以限制，主要针对的是立法过程，即立法机关通过立法程序所确定的国家权力的内容应当具有合理性和正当性，否则即使通过了适当的程序获得了通过，甚至已经得到了有效的实施，其仍然具有违反宪法的性质。违反实质性正当程序的结果就是被法院裁定违宪，从而丧失其作为法律的有效性。

在英美法系，诸多程序性（尤其是证据规则）的规定体现着其程序性正当程序理念，而违宪审查制度的确立则体现着实质性正当程序理念。需要说明的是，尽管“法律的正当程序理念”已经对全世界很多国家产生了影响，但违宪审查制度则仍然以英美法系最为发达，这体现着英美法系国家正当程序理念的根深蒂固。

二、英美法系的检察伦理

英美法系自由主义、个人主义的文化特质渗透于检察制度中，民主与法治的传统让检察官对公民自由权利抱有敬畏的态度，尊重个人的人格尊严和价值成为英美法系检察官的重要伦理要求。

（一）检察权受到民主机制的制约

英美法系有着源远流长的民主传统。一般认为，英国民主制的历程自1688年“光荣革命”开始，通过1689年的《权利法案》初步确立起君主立宪制。此后，又通过1689年的《叛乱法案》、1694年的《三年法案》以及1701年的《王位继承法》逐步限制王权，巩固了民主政体。而美国的民主制历程则自1776年北美殖民地宣布独立开始，通过l787年《宪法》确立了联邦制，并采用行政、立法、司法三权分立、相互制衡的原则肯定了民主共和政体。尽管英美在政体上有所不同，但都体现了分权、有限政府以及代议制的民主原则。时至今日，英美法系的民主传统均已有两百余年的历史。

1688 年，英国资产阶级和新贵族发动的推翻詹姆斯二世的统治，被称之为光荣革命，1689 年威廉和玛丽即位，议会通过权利法案。

英美法系民主制度的建立与其自由主义、个人主义的文化特质是分不开的。个人主义的拥护者不仅相信民主制，而且坚信民主的思想来源于个人主义的基本原则。正如阿克顿勋爵指出的："真正的民主原则是谁也没有权力来支配人民，采取这一原则意味着谁也不能够限制或者取消人民的权利。真正的民主原则保证人民将不会被强迫去做他们不喜欢的事情，也意味着永远不会去强迫人民容忍他们不喜欢的事情。真正的民主原则，是每个人的愿望都将是尽可能地自由发展，它意味着作为一种集体的人民的自由愿望将不受任何束缚。"① 由此可见，民主的传统与保障自由、尊重个人选择的自由主义、个人主义观念是一脉相承的。检察官在民主机制中不但要认识到自己的权力是受到限制的，而且具有尊重民主机制对于自己权力限制的义务，他们必须慎重行使手中的权力，不能恣意妄为，在履行追究犯罪义务的同时小心翼翼不要滥用手中的权力。

（二）英美法系检察官对法律的尊崇

尽管民主与法治经常被相提并论，但法治传统在英美法系（尤其是英国）的历史是早于民主传统的。因为民主作为一种政治体制，其形成和发展

① ［英］阿克顿：《国民性》（1862 年），重印于《自由史》中，第 270~300 页。

需要社会发展到一定的阶段，但作为法治的关键要素——法律，其产生的时间则远远早于民主制的诞生。以英国为例，其能够率先实现现代意义上的法治（ruleoflaw），并不是偶然的。

首先，英国从来没有过高度集中的中央集权。英国国王从来没有像其他一些国家的国王或皇帝那样获得过恣意的专制大权，其始终受到法律的约束。即使在封建时代，英国国王也没有凌驾于法律之上的权力。

其次，英国人崇尚法律。英国人是古斯堪地纳维亚人中的一支，曾经从法国迁至英国的罗洛部落，这是一个崇尚法律和命令的部落。英国的诺曼人天生地习惯于在所有方面都遵从法律。早在12世纪，整个英格兰都沉浸在对法律的学习中。在诺曼征服后，几乎每座修道院都拥有自己的法律顾问。许多修道士把自己的一生都用于在法院、修道院以及法律学校研究罗马法、普通法。正因为如此，当时流行着这样一句话："没有一个牧师不是抗辩士。"诺曼民族对法律热爱的最明显的结果，就是英国比德国、荷兰和斯堪地纳维亚半岛上的完全日尔曼化国家提前两个世纪产生了一个法律职业者阶层。崇尚法律的传统在很大程度上促进了英美法系的形成，并最终使得英美法系诉讼过程中呈现出极为强烈的抗辩色彩。

最后，英美法系具有对法律的信仰。孟德斯鸠曾经说过："在英国，一个人所有之仇敌，即使多到像他的头发一样，也不至于对他有什么伤害。"因为他们均受到法律的保障，没有受人非法侵害的忧虑。[①]这段话说明，在英国，人们建立起了对法律的信仰。需要说明的是，对法律的信仰并不等于相信法律能够毫无闪失地保护自己的合法权益，而是意味着相信法律是解决纠纷的最好的方式。在这种信仰之下，人们通过法律限制征服的权力，通过法律解决个人之间的纠纷，并且通过法律维护良好的社会秩序。法治的传统正是这样被建立起来的。

检察官作为从事司法活动的一支主要力量，在伦理上具有严格遵守法制的义务。他们起诉犯罪，接受对抗法律文化的法官、对手和社会民众的严格检视，在遵守法制方面必须无所懈怠才能赢得社会的广泛尊重。

---

① 储安平:《英国采风录》，岳麓书社1986年版，第87页。

（三）在司法竞争过程中尊重对手、公平诉讼

对抗制的本质体现为公平竞争。在刑事诉讼中，由于检察机关代表国家对犯罪行为进行指控，国家拥有的强大的追诉权有可能因被滥用而侵害个人权利，因此，这种公平竞争就体现为辩护权与国家追诉权的对抗，这是公民权利对国家权力的抵制，即个人对抗国家。

对抗制诉讼的主要特征包括以下几个方面：第一，法官恪守“自我克制”原则。与职权主义诉讼模式不同的是，对抗制诉讼下的法官不会主动依职权调查取证，他们在法庭审理过程中注重倾听，很少发言，甚至不对证人进行询问。第二，检察官作为国家之律师，与被告人委托的律师地位平等，权利对等，双方在法官的主持下，在法律的框架下运用证据激烈对抗。对抗制诉讼有时也会使诉讼过程走向对抗的反面。高强度的对抗使得英美法系检察官办案压力增大，其直接结果就是检察官对某些案件倾向于与被告方达成辩诉交易，“交易”一词隐含了双方地位的平等性。第三，案件事实的查明依赖于控辩双方的举证及辩论。法庭在调查阶段允许使用交叉询问。然而如果被告人自愿承认指控的事实，则就该事实无须再举证，法官可以径行作出有罪判决，即所谓的“起诉认否程序”。第四，实行陪审团制度，由一定数量的非专业人士组成陪审团，负责对整个案件事实存在与否进行裁决。

对抗制诉讼模式在英国已实行三百余年，其优点是显而易见的。比如，该模式非常灵活，容易为人们所理解；再如，其注重对人权的保护，能够有效防止国家权力对个人合法权益的侵害。

但是，我们也应当看到，这种诉讼模式也有诸多不足之处。比如，对抗制诉讼模式过多地依赖于法律专业人士（律师），可能导致实质上的不公平。再如，对抗制诉讼模式对个人权利的保护有矫枉过正之嫌。尤其是许多复杂的证据规则有时意味着对案件审理起着重要作用的证据无法进入法庭审理，进而可能使犯罪嫌疑人逍遥法外。另外，诉讼规则可能被当事人滥用，进而导致拖延审判、使法庭无所适从的情况发生。此外，辩诉交易制度还容易导致审判不公正现象发生，即使在英美法系，辩诉交易也经常受到质疑，有些人认为检察官在此情况下违背了自己的职责。当然，随着两大法系的不断融

合与借鉴，对抗制诉讼模式也在不断地调整，以弥补其自身存在的缺陷。

英美法系对抗制诉讼模式的形成及发展有着深厚的文化、社会基础。尽管其在某些方面有不足之处，但有一点可以肯定，那就是在程序的表面公正方面，其显然优于以法官主导调查为主要特征的审问之诉讼模式。或许，这就是该种诉讼模式中最值得我们学习借鉴的地方。

我国有学者认为，“公平竞赛”精神是代表英国人精神气质的字眼。一种竞技比赛的精神融入司法过程中，意味着人们对法律的信仰并不是相信法定程序一定能够给其公正，而仅仅意味着相信法定程序是解决问题的最好手段。因此，“公平竞赛”精神在司法活动尤其是刑事司法活动中的体现，是检察官、法官、辩护人真诚地相信法律的正当程序是解决社会纠纷最理想的方式。在这种相信之下，双方遵循法律允许的方式追求胜诉，并在这一过程中相互尊重，公平竞争。法院裁决是在控辩双方公平竞争的推动下形成的，对这一结果，无论胜负，都应当尊重。

可见，“公平竞赛”精神是与“正当程序”理念紧密相连的。英美法系检察官的“公平竞赛”意识是其所具有的“正当程序”理念的必然结果。

三、英美法系的检察形象

与欧陆国家相比，英美法系检察制度并不发达，检察官的职权也不如欧陆国家那样占据强势。对于英国，其属于两大法系检察制度“双轨运行”的典型国家，苏格兰保留了大陆法系检察制度的独特传统，而英格兰是英美法系检察制度的典型代表；而美国，早期其检察文化也带有浓厚的殖民主义色彩，深受其宗主国英国等国家的影响，随着发展也开创了具有特色的检察形象。

（一）辩诉交易的盛行

英美法系中的检察官在对抗体制下有妥协的一面，也有抵抗辩护的正义特质。英美法系对抗制诉讼中，强调控辩双方地位平等、权利对等，检察官被称为“控方律师”，这一称谓，当然减弱了检察官之“官”的色彩。这一特点，与司法竞技主义抑官扶民的基本精神相一致。

在对抗制度中，检察官常常被认定是出于保护公众抵御来自被告人的某种形式的威胁的目的而站在人民一边的，更容易被看作是“正义的化身”。但是检察官在对抗制本身的特性和案件数量的双重压力之下，会产生寻求妥协的愿望。这样的结果就是，容易导致在美国检察官和其诉讼对手之间辩诉交易的盛行。当然，从另一角度来看，也体现了充分的自由裁量权限。美国检察官在辩诉交易、污点证人处理、相对不起诉等方面，同时在行使对轻罪、违警罪等起诉职权时，可以充分行使自由裁量权。他可以决定何时、对何人、采取何种方法进行调查，何种信息可以被认定为证据，起诉何种行为，何人可以担任证人，是否进行辩诉交易以及辩诉交易的具体条件，是否作出假释决定，是否作出量刑建议决定，行为人是否可以得到豁免等。这些重要的自由裁量行为都是在法院、陪审团与制度范围之外的。因此，检察官被认为是美国刑事司法中权限最大的人物。[①]

（二）公共利益的代表

英美法系的检察官像他们在大陆的同行一样，属于公共利益的代表。英国重视通过检察活动、履行检察职能维护全体社会成员的共同利益或福利。英国皇家检察官审查案件、决定是否起诉时需要进行两项检验，重要的检验之一就是公共利益检验。所谓公共利益检验，即考虑案件的起诉是否有利于维护公共利益。在每一个案件中，在拥有足以定罪的证据时必须考虑公共利益。现行的第六版《皇家检察官法》进一步规定，评估公共利益并不是对所列举的因素进行简单累加并就对立的两个方面的因素比较大小轻重进行权衡，而是应当具体案件具体分析。检察官必须根据具体案件中涉及的公共利益的分量作出总体的评估结论，然后决定起诉或者不起诉。[②]公共利益原则使检察官不同于民事诉讼中的律师，而单单考虑单方面或者个体的损益。此外，在公共利益检验中检察官还会考虑到青少年犯罪的特殊性而开展检察活动。[③]在美国，检察机关集民事、刑事、公诉职能于一身，代表国家和社会公众开展检察活动，能够与强势垄断企业抗衡，维护公共利益。

---

① 樊崇义、吴宏耀、种松志:《域外检察制度研究》，中国人民公安大学出版社 2008 年版。

② 苏琳伟:《英国皇家检察署诉前公益审查的启示》，载《检察日报》2011 年 8 月 15 日。

③ 何家弘:《检察制度比较研究》，中国检察出版社 2008 年版，第 36~37 页。

（三）检察官的独立

英美法系按照个人本位原则强调检察官行权的独立性，并采取了有效的措施保障检察权行使的独立。英国皇家检察院实行自上而下的垂直领导，统一行使公诉权，不向地方政府负责。其经费独立预算，不受地方政府和行政机关节制。具有较高的司法独立性。在《1879 年犯罪起诉法》制定之前，英格兰和威尔士并没有真正意义上的检察官，人们必须自己或聘请律师起诉犯罪。现在的英国皇家检察署（the Crown Prosecution Service，CPS）是根据英国《1985 年犯罪起诉法》创立的，正式挂牌工作时间是 1986 年。皇家检察署的设立标志着英国对犯罪的起诉从过去主要依靠私诉转变为主要依靠公诉，是英国检察制度史上的里程碑事件，也是英国刑事司法体制的一项重大改革。

英国皇家检察署标志　　全美地区检察官协会标识

在美国，刑事诉讼总体上实行的是“侦控分离”模式。但是，对于政府官员、警察、公司高管涉嫌腐败犯罪的案件，检察官有权行使侦查权，还设立了敢于公开调查总统违法行为的独立检察官制度。同时，在司法行政事务方面，美国检察机关属于典型的行政机关，作为政府的一个下属部门承担法律服务功能。英国和美国在检察官制度设置上虽然有所差异，但是英国和美国在检察标识上都采用了“天平”这一元素，象征对法律公平正义的维护和坚守，也体现了检察官对法律公平正义的信仰，表明独立的检察官要有严肃的态度和公正之心。

第三节　检察文化同其他文化的交流融合

一、检察文化交流与融合的意义

现代社会，特别是第二次世界大战以后，世界的政治、经济、文化的交往日益密切和频繁。伴随着这种交往的加强和一些区域性组织的建立，法律文化的频繁交流也成为现代法治发展中的潮流。此外，对联合国宪章和其他国际组织章程的共同承认，对国际条约和惯例的共同遵循，也为各国法治的相互接近、交流与融合架起了一座桥梁。检察文化的交流也在这一大背景下开始相互吸纳和渗透，风格迥异的大陆法系、英美法系和我们的检察文化出现携手而行、不断交合的历史前进画面，有其重要的原因。

虽然不同法系的检察文化有很大的差别，但透过各个法系检察制度、检察文化的发展轨迹，我们仍然可以看到检察制度和检察文化的萌芽、生成时期在不同法系间的趋同性。检察文化的交流与融合有着明显的现实意义。

（一）有助于不同法系的检察制度相互借鉴，取长补短

检察文化的交流是一种双向互动，由于参与交流的检察文化在量和质上必然有所区别，不同的文化内容必然会引起交流者的新鲜感和好奇心，在这一潜在动力的驱使下，检察理论和实践的研究人才会通过比较研究的方法，探寻文化差异背后的深层原因，并通过两相比较的方式作出优劣的评判，进而探寻如何将对方文化中的精髓找寻接口，进行移植、借鉴和吸收，取长补短来为我所用。这样借鉴融合的检察制度将逐步走向更好的发展。

（二）有助于不同法系国家检察业务的司法合作

由于国家意识形态、政治制度以及法律文化的不同，不同法系检察文化的内涵和价值取向必然有所区别。然而，随着当今全球经济一体化趋势的逐步明显，国际间的交流特别是司法领域内的交流与合作日益加深。这种合作的重要基础就在于要有一定的文化认同感和信任度，检察文化的交流与合作也概莫能外。通过检察文化的交流可以使不同法系的国家了解对方的检察制度、检察理念，增进彼此在司法制度层面的互信，并以此为基础，增强双方

在相关制度与程序上的协调与磋商，为国际间的检察事务合作创造良好的基础和环境。

（三）有助于检察官个人文化素养的提升

检察文化滋养着检察机关中从事检察事务的检察官们，潜移默化地影响着检察工作的一言一行。无论如何，一国乃至一个法系的检察文化总有其缺憾或不尽如人意的地方，而这些负面因素直接影响着检察官文化素质的养成。通过加强检察文化的交流，选派优秀的检察官到对方国家访问学习，可以使不同国家的检察官了解各方检察文化的不同之处，增加对自身检察文化的认同感。同时，他国检察文化中所呈现出的一些正面的精神、思想和观念也能够给参加交流的检察官以启发，在多重检察文化中找到提升其自身文化素养的最佳契合点，而这一文化素养的提升可以由交流访问的检察官带回本国，通过消化和传播，循序渐进地融入自己的检察文化。

二、检察文化交流与融合的表现

在法律文化大交流、大融合的大背景下，检察文化的发展、壮大和繁荣也离不开不同法域文化的启发和学习，检察文化的交流与融合不可避免。

（一）大陆法系与英美法系检察文化的相互学习和借鉴

1. 公诉文化的传播与借鉴

大陆法系与英美法系检察文化在不断借鉴、吸收和融合中创新和发展，其中交流和融合的突出表现首推公诉文化。无论是大陆法系国家还是英美法系国家，最初检察制度都萌生于国王的代理人，其代表国家行使权力的同根性不言而喻，也正是由于这种同源性，英国才最终将刑事案件放权于民的“私诉”收归到代表国家的皇家检察署手里，最终建立起了类似大陆法系的检察官起诉制度。在美国，虽然目前保留了大陪审团制度，但其适用范围极其有限，大部分的案件中检察官享有独立的起诉权。

庭审中律师正在向陪审团成员阐述意见

反观大陆法系国家，其也吸收了英美法系的“私诉”理念，规定“私诉”在合理范围内可适度存在。除了日本的控诉权由检察官独占、不存在任何私诉形式外（诉讼理论上称为“起诉一元制”），大多数大陆法系国家都采取了公诉与私诉（主要是自诉）相结合的起诉制度，即“起诉二元制”。这一运作模式，在我们的中国也有体现，即刑事诉讼中实行公诉为主、自诉为辅的犯罪追诉机制。

如前所述，大陆法系国家实行检察官独占公诉，而且对案件决定起诉和不起诉也完全由检察官决定。英美法系国家提起公诉的权力则是检察机关与其他机构分享的模式，检察官只能出现在处理轻罪的治安法院中，刑事法院的出庭则由高级的专职律师代理。即使检察官提起公诉之后，决定是否交付审判的权力也并不在于检察官，而通常由专门的具有司法性质的起诉审查机关控制。换言之，英美法系的检察机关只享有起诉请求权，但这种请求权并不能直接导致开庭审判，只有通过司法性质的审查程序，才可能启动审判。

随着不同法系文化的交流和借鉴，上述的区分也不再那么泾渭分明，在不断学习与借鉴中，公诉制度和公诉文化发生了融合。大陆法系国家有感于检察官独占公诉权带来的弊端，在限权文化的影响下，开始通过引进司法审查进一步控制公诉的提起，甚至连不起诉案件也开始审查。而英美法系国家则是基于公诉文化中公正与效率理念的平衡思考，逐渐赋予检察官对诉讼案件的决定权。例如，英美法系国家在刑事诉讼制度上的变化，即英国从警察和大陪审团起诉到1985年《犯罪起诉法》后普遍建立的检察机关起诉就是受到欧陆大陆法系检察先进文化的影响。而大陆法系吸收的英美法系国家发达的证据规则，如证据可采性规则、非法证据排除规则、传闻证据规则等也为大陆法系检察机关如何正确、公允地评判证据给予了规则和方法上的支持，对其进一步体现检察机关的客观公正性起到了强化作用。

英国议会通过《犯罪起诉法》

2. 有关检察机关行使或控制侦查权的学习与借鉴

除了两大法系在公诉权上的交流与融合外，两大法系间的检警关系也由传统的检警分立和检警合一的截然不同开始走向目标的趋同，即都强调检察机关对侦查权的控制。在大陆法系检警关系中，检察机关掌握着立案决定权，指挥警察的侦查活动，控制着侦查的走向，“检主警辅”的权力配置模式是其主要特色。英美法系国家在对刑事案件进行侦查的过程中，由于其刑事诉讼模式实行的是当事人主义，检察机关和警察机关处于检警分立的权力配置模式，因此，在很长的一段时间内，刑事案件的侦查活动主要被定位为一种行政活动。随着两大法系文化的融合，特别是对侦查权规范的文化趋同性，英美法系逐渐把侦查活动作为刑事诉讼的一个重要阶段，将其纳入刑事诉讼范围，这也给检察机关提供了对侦查权实行权力监督的条件。如英国于1986年正式颁布了《犯罪检控法》之后，检察机关获得了一定的对警察侦查行为的监督和建议权。虽然此种侦查监督权的行使具有一定的限度，但是确实加强了检察机关在刑事诉讼案件侦查过程中对侦查权的监督和控制。在美国，检察机关被赋予了一定范围内的侦查权，如各州的检察机关对某些重大刑事案件和部分一般的刑事案件负责侦查。此外，当检察官认为由警察机关侦查的刑事案件的犯罪证据不充分时，检察官可以对此案进行补充侦查。因此，检察机关在侦查过程中也起到了一定的监督作用和必要的辅助作用。

反观大陆法系，由于一直以来在法律框架下倡导检察机关对侦查权的指挥控制，然而这一构想实践中却常常发生偏离。例如德国《刑事诉讼法》第163条规定，在侦查刑事犯罪行为范围内，警察只担负着辅助检察院的责任，只能作“不允许延误的决定”，对自己的侦查结果应当“不迟延地”送交检察院，由检察院进行进一步侦查。“可实际情况却是警察常常自主地将侦查程序进行到底，然后才向检察院移送侦查结果。而对于检察院来讲，如果没有足够的人员，它也根本不可能执行刑事诉讼法所规定的程序模式。”同时，如果警检一体过于紧密，以致两者合二为一，那么检察官就成了承担警察职能的“高级司法警察”，并将因此深陷于侦查事务而带上浓厚的行政机关的色彩，丧失了司法机关的非偏倚品格和独立性，其“过滤”与制约的功能实际上也就此丧失。正是意识到这一问题，大陆法系的检察文化也考虑在检警一体的模式下，适当保持两机关一定的距离，对实践中警察机关是侦查活动的主体保持默认，而且由于人员、专业技能等因素的限制，检察机关对侦查权的指挥控制实际上更多地具有象征意义。

3. 大陆法系与英美法系检察文化的相互学习和借鉴的其他表现

近两个世纪以来大陆法系刑事诉讼程序的发展演变，已经脱离了对纠问制度的极端滥用。与此同时，普通法系刑事诉讼程序的改革，也已不再过分迷信控诉制度，并抛弃了它的某些陈规。换言之，两种制度正在从不同方向融汇成为一种大体相当的混合的刑事诉讼程序。在这一混合法律模式和诉讼程序的形成过程中，英美法系和大陆法系的法律文化出现了相互借鉴、彼此学习的发展态势，例如基于对正义理念的不同理解，英美法系国家实行判例制度，认为司法裁判更能直接体现出对正义价值的追求；大陆法系国家则强调按照事先已经创制出的“良法”——制定法，依法判决就是正义。随着不同法系的借鉴与融合，判例和成文法都因其固有缺陷，不同法系的国家认识到这一问题之后力图加以改进——英美法系国家加强了成文法的制定工作，大陆法系国家的判例制度也吸收了判例法国家的先进文化理念。除此之外，大陆法系国家逐渐注意吸收和借鉴英美当事人主义诉讼形式下比较发达的证据规则以及人权保障的先进理念，被告人的辩护权扩大，强制措施的规范性越来越强。

（二）社会主义国家检察文化对其他法系检察文化的学习与借鉴

1. 中华法系检察文化的基础是大陆法系的检察文化

以苏联为代表，“十月革命”前的沙皇俄国的法律文化，深受法国、德国的法律文化影响，同时也间接受到英国法律文化的影响。沙俄时期的法律制度原本是大陆法系的组成部分，其在法国检察文化影响下形成的检察制度，将检察官置于相当高的地位，沙俄时期的检察官在政治和司法体系中不但属于控诉机关，同时也担负着监察官的角色，形成俄国检察制度的文化特色。由于法国在大革命前后受到英国政治和法律文化的吸引，一度引入英国式陪审团制度，该制度对其他一些欧陆国家也一度产生影响，如沙俄时期就实行陪审团制度，使沙俄时期的法律文化在欧陆文化的主基调之外也带有一点英美法律文化的影响。在沙俄废墟上建立的苏维埃俄国及其后来的苏联，都以大陆法系法律制度和法律文化为基础，纳入社会主义法律制度和文化的内容，形成我们自身的法律文化特色，包括检察文化特色。但无论观察苏联法理论还是法律制度乃至更宽意义上的法律文化，都很容易与大陆法系相联系，有一种难以割断的连续性。俄国“十月革命”之后，对于沙俄的法律制度并没有采取简单摈弃的态度，相反，在社会主义法律体系建立之前曾一度研习沙俄时期的法律，后来建立的社会主义法律制度也不是凭空产生，还是保留了许多旧日法律制度的技术性的内容并有所发展。尽管苏联极力表明其制度的阶级性和创新性，但不可否认，苏联检察机关的法律监督职能就是在沙俄检察官扮演着“君主的眼睛”的基础上纳入列宁的“统一法制”思想发展而来的。

不仅苏联如此，构成该法系的国家历史上大都拥有大陆法系的传统，如民主德国建国前本来就是大陆法系代表国家之一的德国的一部分，第二次世界大战终结之前东西德是统一的国家，德国法律制度对一些欧陆国家也有着重要影响，第二次世界大战德国战败后才分裂成社会主义和资本主义两个德国。保加利亚、罗马尼亚、波兰、阿尔巴尼亚等东欧国家在实行社会主义制度之前也都属于大陆法系的一部分，这些国家与苏联一样都有着欧陆国家的老根底，其建立的社会主义法律制度和社会主义法学乃至包含检察文化在内的法律文化，都可以清晰看出大陆法系的影响。撇开我们检察文化有意识形态特色的内容，依大陆法系国家检察文化观察我们国家检察文化，或者反过来，依我们国家检察文化观察大陆法系国家检察文化，都有一种似曾相识的感觉。

古代中国属于中华法系的核心国家，中华法系是中华民族数千年法律实践的结晶，自原始社会末期至近代，源远流长，独树一帜。以中国传统思想为理论基础，糅合了法家、道家、阴阳家学说的精华。总体精神和宏观样式上呈现出多元的特征，尤其表现在支配法律实践活动价值基础上的双元格局、法律规范内部的多层结构和法律规范与非法律规范互依互补的实施渠道。这些特征是中国古代社会农耕生产、宗法家族、集权政体三合一的社会存在所决定的。中华法系的司法特点是纠问主义和职权主义的诉讼模式；晚清法律改革“远师法德，近仿东瀛”，走的是大陆法系的思路；1949 年新中国建立社会主义制度之前，中国实行的是大陆法系的法律制度，其检察文化受法国、德国和日本影响很大。在建设社会主义法治国家的进程中，中华法系的多元性格仍然具有重要的现实意义。在中华法系不但对古代中国产生了深远影响，而且对古代日本、朝鲜和越南等中华文明圈国家的法制文明也产生了重要影响。越南曾经是中华法系的一部分，近代越南成为法国的殖民地，法国是现代检察制度起源国之一，越南检察制度明显受到法国影响，建立社会主义制度之后，越南又受到苏联法律制度的影响，其检察文化带有鲜明的社会主义特色，但与英美法系相比，越南检察文化与大陆法系检察文化更为接近。同样，朝鲜曾经也是中华法系的一部分，朝鲜被日本强占之后，日本推行殖民文化，其检察文化也带有日本检察文化的特点，日本检察文化又源自法国和德国，因此朝鲜在日据时期的检察文化间接受到法国和德国的影响。第二次世界大战之后，日本败，朝鲜获得独立，但分裂成为南北两个朝鲜，北朝鲜建立起社会主义制度，其检察制度转而仿效苏联，其检察文化也受到苏联检察文化的影响。可见，东亚的三个国家还有我们国家的检察文化虽受到苏联检察文化影响而重新塑造，但其基础仍然不外乎大陆法系的文化根底。

2. 当代社会主义国家检察文化的借鉴与创新

苏联与东欧社会制度解体之后，中国、朝鲜、越南、古巴等国家继续自己的发展道路，在坚持社会主义制度的前提下，社会主义阵营初步建立，它们吸取国际共产主义运动的经验和教训，也在探索自身的社会主义道路，改革政治和司法体制，完善社会主义法律制度，社会主义法系开始形成。苏联及新中国法律为社会主义法系的典型代表，除却法律观念上的差异外，与西方大陆法系相比，社会主义法系坚持马克思主义法律观，坚持法的物质规定性及其对经济基础的反作用，在具体制度方面与大陆法系接近。检察制度仍然保持苏联检察制度的总体框架，它与传统法系划分标准的主要区别在于以意识形态为依据。但检察文化也不是一成不变，尤其是中国的改革开放和越南的革新开放使检察文化有所发展和进步。中国和越南都意识到作为世界的一员，闭关锁国只会使自己被时代抛弃，要发展进步就必须勇于和善于借鉴其他国家的先进制度与文化，包括检察制度和文化。我国和越南都向世界敞开了大门，与西方国家检察机关的交流和司法互助由此展开，大陆法系检察文化、英美法系检察文化与我国检察文化有了更多的沟通与对话机会，我国和越南检察制度也从大陆法系和英美法系检察制度中获得有益的借鉴和启发，为完善我们自身的检察制度提供了外来资源，使检察文化得以发展和寻求创新的机会。我国和越南的政治制度和司法制度改革，清楚地表明社会主义国家的文化创新能力，社会主义制度并不意味着固步自封，只要肯借鉴和吸收世界上其他国家的成功模式和经验，社会主义制度也会更新和完善，不断取得进步。我们检察文化也是如此，将文化作为一个开放的体系，可以使文化的融合更加便利，也使文化的发展进步成为可能。在调整中有所发展的检察文化，必然是在勇于借鉴其他国家的经验并努力将自身纳入国际社会的过程中形成的。不能忽视的因素是，第二次世界大战之后，人权受到国际社会的高度重视，国际社会制定了一系列刑事司法的国际准则，对于检察制度和检察文化都有着直接影响；另外，有组织犯罪和腐败日趋严重，需要国际合作来共同抵御，催生了《联合国反腐败公约》之类国际合约、协定的产生。

《联合国反腐败公约》——全球反腐败的法律基石

就国际社会制定的刑事司法准则来说，它们并不限于某一法律的具体实施，而是普遍适用于全球各个国家和地区。显然，这些准则不是凭空产生的，英美法系和大陆法系的长期司法经验及其取得的成果是它们的重要来源，这些法系的国家有着丰富的实践资源可供社会主义国家在确立和落实这些准则时加以借鉴、吸收。很明显，对于人权的重视，以及为共同抵御腐败和有组织犯罪而越来越多的国际合作，都为中国特色检察文化注入了新的活力，使中国特色检察文化为顺应国际化和世界潮流而自我更新，进而迈上一个新台阶。在这个过程中，大陆法系和英美法系的国家与我们国家自己中华法系内部之间产生了相当多的互动，其检察文化也因这种互动而产生影响，或多或少地发生了变化。这使我们看到检察文化是流动的活水，其发展方向必然是向人类的共同理想的实现而不断迈进。

第四章　检察精神文化

检察文化的内容主要包括检察观念、检察伦理和检察形象三个方面。与此相对应的检察文化建设由检察精神文化建设、行为文化建设、物质文化建设三大部分组成。

检察文化作为人类社会实践的产物，是不会自动形成的，其重点在于建设。检察文化建设的基本内容及其要素应从以下几个方面理解：

第一，检察文化是检察权赖以存在的形态，是检察权的灵魂。它直接影响着检察人员的执法思想和执法行为，检察权的正确行使在很大程度上取决于检察人员对检察工作持有什么样的态度、价值、信念、心理、感情和习惯等。检察文化具有启迪思想、净化灵魂、陶冶情操、传授知识、凝聚力量、鼓舞士气的功能。

第二，检察文化建设是为了形成检察人员群体共同、共享的价值观，打造统一的行为模式，建设丰富的物质载体。其目的在于通过贯彻党和国家文化强国的战略部署，推动中国特色社会主义检察文化大发展大繁荣，进而提高素质，推进工作，优化行为，树立形象，既满足检察人员的文化需求，又满足社会公众对检察文化的需求。

第三，检察文化是时代精神与检察精神、行为方式、行为模式的有机统一。一方面，检察文化建设把检察人员共享的、群体性的精神理念思维方式、行为方式，通过检察实践内化为检察人员个体的世界观、人生观与价值观，并通过物质载体建设不断强化，从而形成检察人员自觉的精神追求与行为取向，成为他们稳定的行为方式。另一方面，检察文化建设结合时代精神和检察实践，培育适合时代发展要求、新型的检察精神理念、思维模式与行为方式，并积极开展相应的物质载体建设促使检察人员自觉开展检察活动，提高检察工作的积极性、自觉性、指向性与创造性，推动检察事业科学发展。这两个方面统一于检察文化建设全过程。前者是继承与延续检察文化稳定的特质，构筑检察文化稳固的内涵；后者是检察文化的创新发展。两者构成了检察文化历史与现实、理论与实践的辩证统一。

开展检察文化建设，核心价值观是关键。检察文化的核心价值体系，就是要用中国特色社会主义理论体系武装队伍，坚持用先进检察理念文化直接引领执法工作实践，才能适应形势的发展，引导检察人员转变执法观念，把公平正义、保障人权、平等保护、无罪推定、关注民生、宽严相济、和谐执法、检务公开、有理推定等理念自觉运用到执法办案之中，使其内化为检察人员的共同愿景和价值取向，外化为全体人员的追求和自觉行动。

第一节　检察精神文化概述

检察精神文化是检察文化的观念形态，也是检察文化的本体。

一、检察精神文化的概念

（一）精神、检察精神与精神文化概念辨析

在讨论检察精神文化之前，首先要对精神、检察精神、精神文化的概念做一番考察。

1. 精神的概念

精神是与意识具有同等内涵的一个概念，是物质发展到一定阶段的查无，是对物质世界的反映，是人脑的产物。人类的思维、情感、意志、理想、观念、学说、计划、方针等思想活动及其结晶，都属于精神的范畴。

2. 检察精神的概念

一个民族只有受其民族精神的指引才能强健地立于世界民族之林，一项事业只有受其事业精神的指引才能持续地科学发展，一个团队只有受其团队精神的指引才能和谐地协作奋进。检察事业作为党和人民的伟大事业，它离不开检察精神的指引。

检察精神具有丰富的内涵，它指的是检察机关在长期的检察工作实践

中，由其特有的执法理念、行为规范、价值观念、行业习惯等在全体检察人员中潜移默化而形成的一种意识和个性。检察精神反映了检察人员的价值取向、思想观念与道德规范。它一经形成，便会在检察机关内部产生强大的凝聚力和推动力。

3. 精神文化的概念

精神文化又被称为“狭义文化”，在一般意义上是指人类在社会历史实践过程中所创作的精神财富，主要是指科学、文艺、宗教、习俗以及政治、法律、军事等各种社会意识形态及其物化的制度与组织等。具体说来，精神文化是指属于精神、思想、观念范畴的文化，包括思维方式、价值取向、伦理观念、心理状态、理想人格、审美情趣等。

（二）检察精神文化的概念界定

检察精神文化，是指检察人员群体在检察活动中体现的思维方式和价值观念，是支配检察人员进行检察实践活动的意识、理念、方法（主要指的是思维方式）等。检察精神文化在检察文化“三位一体”结构中具有重要地位，是“三位一体”结构体系的核心，是检察文化建设的重中之重。它主要通过向自我转化（即向更加完备的、更高层次的精神理念发展）、向行为文化转化、向物质文化转化等方式发挥作用。

二、检察精神文化的特征

（一）公平正义性

公平正义是检察精神文化的核心价值取向，它决定了检察精神文化具有公平正义性。公平正义性是检察精神文化的灵魂，体现了检察精神的精髓，是检察文化区别于其他文化类型的重要表征；是检察精神文化的价值目标，是检察人员共同的价值追求。

（二）历史传承性

历史传承性是指检察精神文化是历史积累、沉淀与现实发展、创新相结合的产物，兼具历时性与当下性。其历时性是指它继承与弘扬了特定的传统文化的精华性要素。其当下性是指它立足当下的检察实践，体现时代特色而不断创新发展。

检察精神文化的历史传承性要求检察精神文化建设处理好历时性和当下性的关系。（1）历时性方面，需要厘清传统文化对当前检察精神文化建设的各种影响，继承精华因素，摒弃消极因素。（2）当下性方面，需要解决好检察文化创新发展问题，推动检察文化大发展大繁荣。

（三）物质附属性

上层建筑与经济基础的辩证统一关系揭示，意识形态、政治思想、法律思想等上层建筑具有物质附属性。作为上层建筑组成部分的检察精神文化也不例外。

上层建筑的物质附属性是指上层建筑实有物质基础（经济基础）所决定的，是物质的产物，物质是第一性的，上层建筑是第二性的。检察精神文化的物质附属性指的是，一定的检察精神理念是由特定的经济基础所决定的，是特定的物质基础的产物，不可能超越特定的经济基础而发展。我国当代检察精神理念是由社会主义初级阶段的物质基础所决定的，是与社会主义初级阶段的物质基础相适应的。

检察精神文化的物质附属性表面，抽象的检察精神文化需要通过特定的具象化的物质载体（检察物质文化）、人的活动（检察行为文化）来体现、表征和表达，停留在抽象层面的检察精神文化难以被人们所接受、理解和记忆，难以充分发挥其社会功能。

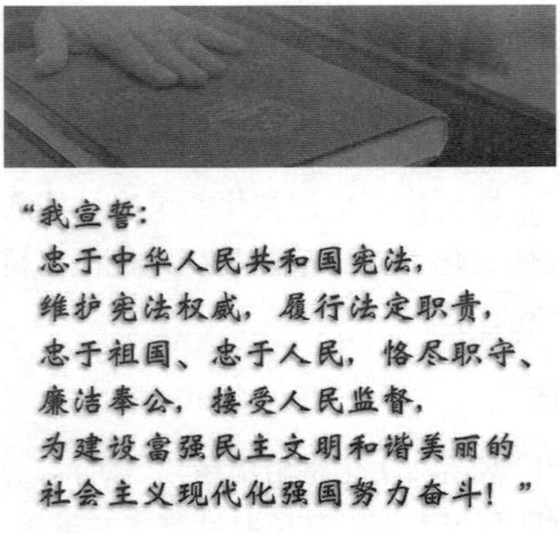

三、检察精神文化的功能

（一）导向功能

导向即引导事物朝着某个方向发展。导向功能是指检察精神文化对于引导检察人员的行为、理顺检察机关内部关系所发挥的作用，它通过价值整合来实现。价值整合是检察文化中最基本最重要的功能，是检察文化对检察人员行动产生的共同价值认同。任何社会中的人都会有价值观的差异，从而导致行动的差异，但经由统一文化的熏陶，会使社会或群体成员形成价值观的一致，只有价值观一致，行动的价值才会得到人们的普遍认可，人们之间才会发生交互作用与共同行动。[①] 检察精神文化的价值整合功能主要体现在政治信仰和执法观念上。检察机关是中国共产党领导下的法律监督机关，检察队伍是以共产党员为主体的执法队伍，必须毫不动摇地坚持共产主义信念。检察精神文化通过对检察人员个体检察理念、价值观念、行为模式的正确引导，能使检察官站在更高层次上认知检察工作的实质与发展前景，更有效地把检察人员的思想和行动统一到检察工作所确立的总体目标上来，按照共同价值追求、执法理念和职业道德准则的要求调整自己的思想，摆正自己的位置，努力和经济社会发展大局保持一致，努力和检察事业发展与检察工作大局保持一致，努力和检察人员群体行为规范保持一致，做出合情合理的行为决策，正确行使检察权，为检察事业发展作出贡献。

（二）凝聚功能

作为检察队伍的精神血脉，检察精神文化是凝聚检察团队履行职责使命的无形力量。检察精神文化的凝聚功能是导向功能的延伸。检察文化可使检察“团队”在同一文化环境中得到熏陶，为“团队”的思维方式、值观念涂上基本相同的“底色”形成稳定的群体认同，而紧紧团结在一起，并产生巨大的认同抗异力量。[②] 检察精神文化的凝聚功能主要体现在检察权力的基本定位和检察机关团队精神上。中国的检察权是以法律监督为核心的由一系列具体职能组成的，具有崇高而神圣的法治使命，具有彻底的人民性，需要遵

① 于绍军：《论社会主义初级阶段的文化功能》，载《光明日报》1999 年 11 月 19 日。

② 张仪：《文化及其功能》，载 http://class.htu.cn/basiclaw/walk/text/ch05/01/s1-1.html。

从严格的行使原则和程序规则，自觉探索建立和完善监督制约机制，确保依法独立行使检察权；深刻认识法律监督是检察机关在国家政治体制和司法体制中的功能定位，是各项检察职能的综合和本质特点。强化法律监督不是简单地加强检察机关某一个方面的职能或权力，而是要加强各项检察职能；提高法律监督能力也不是要简单地扩展各项检察权力，而是要从整体上提高法律监督的效能，通过提升检察机关执法能力、优化机制改革和专业化素质建设以及科学管理等措施，落实宪法和法律赋予的各项法律监督职能；围绕强化法律监督、维护公平正义的检察工作主题，弘扬政治坚定、业务精通、纪律严明、作风优良的团队精神，使检察机关在国家政治体制和司法体制中发挥应有的职能作用。

当一种检察精神理念得到检察人员共同体的认可和接受后，它就成了一种强大的黏合剂，能鼓舞士气和增强团队凝聚力意识，从检察官的认识、期望、信念等各个方面进行整合沟通，使检察人员产生强烈的信赖感、安全感、归属感和自豪感，从而使之组成一个团结协作、荣辱与共的有机整体，去追求共同的目标和价值，促进检察工作开展，推动检察事业科学发展。

（三）约束功能

检察精神文化的约束功能主要靠制度规范和制度精神来实现。任何一个社会，为了生存和发展，都会在实际运作中，要求其成员必须遵守某些行为准则和道德标准，形成一定的制度精神，使人们明是非善恶，共同趋向某种社会价值观，以保证社会在秩序规范中正常发展。检察精神文化对检察人员个体的思想、心理和行为具有规范作用，这种自我约束规范源于检察机关内部的文化氛围、群体意识、行为准则、道德规范、共同习俗、思想品德、职业要求和荣辱观念等无形的精神力量。检察文化蕴含的制度精神是与制度规范紧密联系，而又独立于制度规范的一种观念形态及精神状况，是指检察人员规范执法的制度意识、责任态度和执法水准。执法实践中少数检察人员搞违法取证、刑讯逼供或变相刑讯逼供，侵犯案件当事人人身权利，甚至把法律规范当成办理案件的羁绊等，都是制度精神缺乏的反映。[①]实践证明，只有具备了良好的制度精神，制度才有灵魂和生命。良好的制度文化能促使检

---

① 龚佳禾:《把服务大局作为检察履职的根本出发点》，载《人民检察》（湖南版）2009年第4期。

察人员从思想深处摒弃过时的执法偏见，强化依法履职的责任感，并通过改进执法办案的评价标准，完善检察人员行为规范，强化检察人员违反行为规范的惩戒等措施，坚决杜绝乱作为，有效防止不作为，切实规范执法行为，确保严格公正文明执法。准确把握并充分履行宪法和法律赋予检察机关的各项职权，真正做到敢于监督、善于监督、依法监督、规范监督，维护和促进司法公正。

（四）激励功能

检察精神文化还能够发掘检察人员个体的潜力，激发他们的主动性和创造性，助推他们自我发展。检察精神文化把尊重人作为中心内容，崇尚以人为本，进而在检察人员内心产生一种高昂情绪和奋发进取精神。它不是靠外在的推动，而是一种内在的正确引导；它不是被动消极地满足检察官对实现自身价值的心理需求，而是通过检察精神文化的培育，以及团队和谐力量的影响，使每位检察官的内心深处自觉形成强烈的使命感，从而焕发出甘心情愿为检察事业拼搏、奉献的精神。因此，检察精神文化对巩固检察体制、维护检察机关的统一与稳定、促进检察职能的发挥具有重要意义，不可或缺。

检察精神文化是检察工作的灵魂，也是检察工作发展的内在驱动力，它赋予检察人理想、信念、价值目标，赋予检察人坚强意志和奋斗精神；赋予检察人学习的榜样，激发无穷力量；推动检察人不断超越自我，追求至善至美，自强不息，不断前行。检察精神文化的激励功能主要体现在：一是典型示范。通过弘扬具有时代精神的先进典型，让检察人员感到先进人物可亲、可敬、可信、可学。二是人文关怀。强调把解决思想问题和解决实际问题结合起来。做到既讲道理，又办实事，注意倾听检察人员的呼声，了解检察人员的情绪，关心检察人员的困难，千方百计把好事办实，把实事办好。三是因势利导。既注重理论灌输、系统教育，又充分利用社会大舞台，学习教育与精神文明创建等活动相结合，陶冶检察人员的精神情操。四是刚柔相济。把思想政治工作的柔韧性导向融于制度、法律、法制的硬性规定中，使自律和他律有机结合，软管理和硬管理有机统一。

第二节　检察精神文化的内容

检察精神文化的基本内容是指检察精神文化具有的总括性体现、纲领性反映、全局性方面的内容。具体包括思想政治文化、党的建设文化、廉政文化和道德文化。

一、思想政治文化

检察精神文化建设，必须始终坚持以党的十九大精神和习近平新时代中国特色社会主义思想为指导，把牢意识形态，把检察精神文化建设作为引领检察人员坚定“四个自信”、坚守“四个坚持”、做到“四个服从”和“四个看齐”；坚决维护以习近平同志为核心的党中央权威和集中统一领导的灵魂工程。

（一）坚持正确的方向

1. 四个自信。习近平总书记在党的十九大报告中强调，“全党要更加自觉地增强道路自信、理论自信、制度自信、文化自信”。“四个自信”是中国特色社会主义的重大理论创新，也是实现中华民族伟大复兴中国梦的精神动力。

道路自信是对发展方向和未来命运的自信。坚持道路自信就是要坚定走中国特色社会主义道路，这是实现社会主义现代化的必由之路，是为近代历史反复证明的客观真理，是党领导人民从胜利走向胜利的根本保证，也是中华民族走向繁荣富强、中国人民幸福生活的根本保证。理论自信是对马克思主义理论特别是中国特色社会主义理论体系的科学性、真理性的自信。坚持理论自信就是要坚定对共产党执政规律、社会主义建设规律、人类社会发展规律认识的自信，就是要坚定实现中华民族伟大复兴、创造人民美好生活的自信。制度自信是对中国特色社会主义制度具有制度优势的自信。坚持制度自信就是要相信社会主义制度具有巨大优越性，相信社会主义制度能够推动发展、维护稳定，能够保障人民群众的自由平等权利和人身财产权利。文化自信是对中国特色社会主义文化先进性的自信。坚持文化自信就是要激发党和人民对中华优秀传统文化的历史自豪感，在全社会形成对社会主义核心价值观的普遍共识和价值认同。

2. 四个坚持。坚持党的领导，贯彻党的基本路线，不走封闭僵化的老路，不走改旗易帜的邪路，坚定走中国特色社会主义道路，始终确保改革正确方向。坚持解放思想、实事求是、与时俱进、求真务实，一切从实际出发，总结国内成功做法，借鉴国外有益经验，勇于推进理论和实践创新。坚持以人为本，尊重人民主体地位，发挥群众首创精神，紧紧依靠人民推动改革，促进人的全面发展。坚持正确处理改革发展稳定关系，胆子要大、步子要稳，加强顶层设计和摸着石头过河相结合，整体推进和重点突破相促进，提高改革决策科学性，广泛凝聚共识，形成改革合力。

3. 四个服从。指党员个人服从党的组织，少数服从多数，下级组织服从上级组织，全党各个组织和全体党员服从党的全国代表大会和中央委员会。

（二）新时代必须把政治建设摆在首位

把党的政治建设摆在首位，是中国特色社会主义进入新时代，服务于党的中心任务的需要。旗帜鲜明讲政治，是我们党作为马克思主义政党的根本要求。讲政治的目的在于统一全党意志、凝聚全党力量，为实现党的纲领和目标而共同奋斗。中国特色社会主义新时代，是承前启后、继往开来、在新的历史条件下继续夺取中国特色社会主义伟大胜利的时代，是决胜全面建成小康社会、进入全面建设社会主义现代化强国的新时代，是全国各族人民团结奋斗、不断创造美好生活、逐步实现全体人民共同富裕的时代，是全体中华儿女勠力同心、奋力实现中华民族伟大复兴中国梦的时代，是我国日益走近世界舞台中央、不断为人类作出更大贡献的时代。我国社会主要矛盾转化为人民日益增长的美好生活需要和不平衡不充分的发展之间的矛盾。这决定了实现伟大梦想必须建设伟大工程；建设伟大工程就必须把党的政治建设摆在首位。

把党的政治建设摆在首位，是不断提高党的执政能力和领导水平的需要。政治建设是党的根本性建设，决定党的建设方向和效果，事关举什么旗，走什么路，朝着什么方向前进的重大问题。把党的政治建设抓好了，政治立场、政治方向、政治原则、政治道路把握住了，党的政治能力提高了，党的建设就铸了魂、扎了根。同时，党的政治建设抓好了，对于党的思想建设、组织建设、作风建设、纪律建设就可以起到纲举目张的作用。党政军民学，东西南北中，党是领导一切的。必须坚持问题导向，保持战略定力，把党的政治建设摆在首位，推动全面从严管党治党向纵深发展，不断夯实党的执政基础。

把党的政治建设摆在首位，是党的十八大以来全面从严治党卓有成效的重要经验。党的十八大以来，以习近平同志为核心的党中央把党的政治建设作为主要抓手，不断强化管党治党政治责任，严肃党内政治生活，严明党的政治纪律和政治规矩，推动各级党组织和广大党员增强政治意识，各级党的组织和广大党员的政治觉悟明显提高，党内政治生活气象更新、党内政治生态明显好转。这为党和国家各项事业发展提供了良好政治氛围和有力政治保证。把党的政治建设摆在首位，这是全面从严治党的一条成功经验，是习近平总书记关于党的建设思想的鲜明特色，是对马克思主义党建学说的创新发展，必须长期坚持并一以贯之。

（三）做到两个维护

坚决维护习近平总书记党中央的核心、全党的核心地位，坚决维护党中央权威和集中统一领导。关乎党和国家前途命运，关乎最广大人民根本利益，对于凝聚全党意志和全国各族人民力量，为实现党的十九大确定的各项任务目标而不懈奋斗，具有十分重要的意义。

旗帜鲜明讲政治，进一步增强“四个意识”、坚定“四个自信”，更加自觉地维护习近平总书记作为党中央的核心、全党的核心地位，更加自觉地维护以习近平同志为核心的党中央权威和集中统一领导，更加自觉地用习近平新时代中国特色社会主义思想武装头脑、指导实践、推动工作，始终在政治立场、政治方向、政治原则、政治道路上同以习近平同志为核心的党中央保持高度一致。

二、党的建设文化

（一）坚持和加强党的全面领导

坚持和加强党的全面领导是新时代的基本政治经验。党的十八大以来，以习近平同志为核心的党中央旗帜鲜明加强对党和国家事业各个领域的领导，着力解决了一段时期以来存在的党的领导弱化、党的建设缺失问题，真正发挥了党总揽全局、协调各方的领导核心作用，统揽伟大斗争、伟大工程、伟大事业、伟大梦想，统筹推进“五位一体”总体布局，协调推进“四个全面”战略布局，推动中国特色社会主义进入了新时代。同时，党在革命性锻造中更加坚强，焕发出新的强大生机活力。党的十九大报告在新时代党的建设总要求中明确提出，要“坚持和加强党的全面领导”，这体现了我们党对自身建设规律、长期执政规律的深刻认识，体现了对党的领导的历史逻辑、政治逻辑和实践逻辑的深刻把握。只有把加强党对一切工作的领导贯穿改革各方面和全过程，优化党的组织体系，确保党的领导的全覆盖，才能不断提高党把方向、谋大局、定政策、促改革的能力和定力。

坚持和加强党的全面领导具有明确而深刻的原则要求。党政军民学，东西南北中，党是领导一切的。习近平总书记强调，在国家治理体系的大棋局中，党中央是坐镇中军帐的“帅”，车马炮各展其长，一盘棋大局分明。坚持和加强党的全面领导，就是要把党的领导具体贯彻到治国理政的全过程和各方面，充分发挥党的领导核心作用。

（二）党对检察工作的绝对领导

党对检察工作的领导是政治领导、思想领导、组织领导的有机统一。其中，政治领导是核心，思想领导是基础，组织领导是保证，三者相辅相成、密不可分。

坚持和维护党对检察工作的政治领导。党对检察工作的政治领导，主要是政治方向、政治原则、重大决策的领导。检察机关坚持和维护党的政治领导，就是要通过执法司法活动，贯彻落实党的决策部署，为党和国家中心工作提供司法保障。坚定正确的政治立场、政治方向和政治观点，始终保持政治上的清醒和坚定，对检察机关至关重要。中央和各级党委的重大决策部署，必须在检察工作中得到不折不扣的贯彻落实；检察工作的重要安排和重要事项，必须及时向党委请示报告。要自觉把检察事业放到全局工作中来思考、谋划和推进，紧紧围绕“四个全面”战略布局，主动适应经济发展新常态，切实找准履职尽责的切入点和着力点，更好地维护社会大局稳定、促进社会公平正义、保障人民安居乐业。要正确处理依法履职与服务大局的关系，正确把握法律政策界限，切实运用法治方法，努力实现执法办案、法律效果、政治效果和社会效果的有机统一。

坚持和维护党对检察工作的思想领导。党对检察工作的思想领导，就是以党的理论为指导，坚持实事求是、解放思想、与时俱进的思想路线，加强对检察机关和检察人员的思想教育，把思想统一到党的理论上来，在思想上行动上始终与党中央保持高度一致。要加强科学理论武装，用马克思主义理论、中国特色社会主义理论体系特别是习近平新时代中国特色社会主义思想武装头脑，旗帜鲜明地反对各种错误政治观点、法学观点，在原则性、根本性问题上形成价值共识与思想认同。要坚持党的思想路线，运用科学理论、法治思维和法治方法，正确认识和解决检察工作的新情况、新问题。

坚持和维护党对检察工作的组织领导。党对检察工作的组织领导，就是在检察机关贯彻党的组织路线，坚持党管干部原则。检察机关选什么样的人，用什么样的人，建设什么样的队伍和班子，关系检察事业的科学发展。习近平总书记指出，政法战线选干部必须把好政治关，特别是要防止西方敌对势力及其代理人向政法队伍渗透。检察机关要自觉贯彻党的组织路线，坚持党管干部和德才兼备的原则，把好政治关，真正把政治上靠得住、工作上有本事、作风上过得硬、人民群众信得过，善于运用法治思维和法治方式开展工作的干部选拔到领导岗位上来，努力打造一支正规化、专业化、职业化，政治过硬、业务过硬、责任过硬、纪律过硬、作风过硬的检察队伍。

（三）全面落实党要管党、从严治党的主体责任

落实检察机关各级党组织主体责任是推进全面从严治党的必然要求。坚决贯彻全面从严治党要求，必须从严从实落实主体责任，真正把机关党建工作放在更加重要的位置来抓。各级检察机关要真正落实层层传导、全面从严治党的主体责任，强化抓党建的主体意识和主动精神，把加强和改进机关党的建设作为重大政治责任，坚持思想教育从严、干部管理从严、作风要求从严、组织建设从严、制度执行从严，真正把党建工作深度融合进各项检察工作，为检察工作健康发展提供坚强组织保证。

全面落实党要管党、从严治党责任是确保检察机关始终处于党的绝对领导的重要举措。检察机关是党领导下的法律监督机关，旗帜鲜明地坚持党对检察工作的绝对领导，是检察机关必须始终遵循的政治立场和牢牢把握的政治方向。必须把从严治党的要求，落实到当前的从严治检的工作中去，保证党的路线、方针、政策在检察工作中得以贯彻落实，自觉做到重大问题和重大案件积极向党委请示报告，始终在思想上政治上行动上同党中央保持高度一致。

全面落实党要管党、从严治党责任是确保检察机关公正廉洁执法的重要保障。检察机关作为法律监督机关，在公正廉洁执法上必须有更高标准和要求。检察机关必须要从严治党，切实加强对检察队伍的严格教育、严格管理、严格监督，牢固树立正人先正己、监督者须接受监督的意识。

（四）开展主题实践活动，加强党的建设

近年来，检察机关持续深入开展社会主义核心价值体系，扎实推进“增强党性、严守纪律、廉洁从政”、党的群众路线、“三严三实”、“两学一做”、“不忘初心，牢记使命”等主题学习教育和实践活动，坚持以问题为导向，紧密结合规范司法行为专项整治，紧贴司法改革和检察人员思想实际开展思

想教育，有力提升检察机关思想政治建设的针对性和实效性。

三、检察廉政文化

（一）检察廉政文化的内涵及特点分析

检察廉政文化是检察文化的重要组成部分，也是社会廉政文化的有机组成部分，兼具检察工作的个性和廉政文化的共性。

廉政文化的内涵主要包括：从政思想和道德、从政的社会文化氛围、从政人员的职业道德和社会公德。今天的廉政文化，是关于廉洁从政先进思想道德观念及其指导影响下形成的，主要用来规范和制约执掌公共权力的组织和个人行为的廉政制度、组织、体制、机制、社会风气、社会意识形态，包括相关的法律规范在内的总和，是以廉洁从政为主题、反对腐朽思想观念的文化形态，是我们党立党为公、执政为民的执政理念在文化形态上的反映，是社会主义先进文化的重要内容。[①] 综合检察理论与实务界的研究成果，比较一致的观点认为，检察廉政文化是人民检察院以党的重要理论为指导，在检察执法工作和检察管理活动中创造的、符合时代发展要求、具有鲜明检察特色的关于廉政价值、观念、知识、原则规范、职业道德及其行为模式等物质和精神财富的总称。[②]

检察廉政文化的主要特点。当今的检察廉政文化，应该是兼具检察文化的鲜明特点和廉政文化的一般特征。一是体现廉政特色。检察廉政文化建设与检察权行使密切相关，检察权是检察机关的根本权能，检察制度和检察工作为检察廉政文化提供了发展的土壤和环境，促进检察权廉洁公正行使是检察廉政建设的重要目的。检察廉政文化植根于检察工作实践，服务检察工作实践，以检察机关和检察人员为参与主体和承载主体，体现于实践检察工作主题之中，体现于履行检察职责全过程。二是突出廉政主题。检察廉政文化始终围绕廉政主题展开，以廉洁司法为理念和目标，以倡导廉洁奉公、弘扬清风正气为主要内容，以检察廉政理论、廉政思想、廉政制度、廉政纪律、廉政文化为表现形式，以廉洁从检和增强法律监督能力为目的。三是具有内

① 参见中纪委、中宣部等六部委2010年联合下发的《关于加强廉政文化建设的意见》。

② 张国臣，《检察机关廉政文化建设及其机制创新》，《中国刑事法杂志》2012年第1期。

外双重职能。主要围绕职务、围绕犯罪、围绕检察职能展开，既承担着自身反腐倡廉，也承担着促进廉政建设的双重职能。四是具有广泛参与性。它是吸引检察人员和社会大众广泛参与的群众文化，不断提高和纯洁全体检察人员的思想道德素质，纯洁党风、检风、民风。也可以认为，检察廉政文化是人民检察院在履职活动中长期积淀形成的一种法律文化意识形态，是以反映检察官工作生活清正廉洁风貌为主要内容的一种文化艺术形式，是一种丰富检察人员业余文化生活、陶冶个人修养情操、预防队伍腐败、确保队伍公正廉洁的法治文化思想。

（二）推动党风廉政建设和反腐败工作

党风廉政建设和反腐败斗争是一项长期、艰巨、光荣的任务。习近平总书记在中纪委历次全会上多次指出，要切实把以人为本、执政为民贯彻落实到党风廉政建设和反腐败斗争之中，并要求各级纪检监察机关和广大纪检监察干部认真贯彻落实以人为本、执政为民。检察机关要更好地发挥在反腐倡廉建设中的重要作用，按照习近平总书记的要求，坚持以人为本、执法为民，全面加强检察机关党风廉政建设和反腐败工作，确保检察事业健康发展。

1. 抓教育，构筑拒腐防变的思想道德防线

教育是构建惩治和预防腐败的基础。完善和形成反腐倡廉宣传教育工作新格局，必须切实加强廉政文化教育。第一，进一步加强共产党员先进性、理想信念、宗旨意识、从政道德、党的优良传统和作风、党纪条规和国家法律法规教育，树立社会主义荣辱观，筑牢思想道德防线。第二，把法纪教育、廉政教育和警示教育纳入检察人员培训计划，积极开展警示教育，自觉争做新时期的合格党员。第三，高度重视提高干部学习能力，突出抓好各级班子和机关干部的学习，通过抓班子、带队伍，抓机关、带基层，确保干部队伍素质有效提高，增强拒腐防变的意识和能力。第四，谈话教育戒勉人。在党风廉政建设工作中，要特别注意发现苗头，采取个别谈心与集体谈话等方式，预防提前，防患于未然。领导干部更加注重“一岗双责”的同部署、同检查、同落实，提前为检察人员打好“预防针”，以便及时提醒检察人员在思想上时刻绷紧廉政这根弦。

2. 抓制度，铲除腐败滋生蔓延的土壤和条件

要坚持以人、财、物和案件管理为重点，积极从源头抓起，进一步强化检察业务和检察事务的管理。一是强化人员管理。在推行检务督察，对检察人员作风纪律、检容风纪、执行制度、落实工作的情况加强平时管理的同时，注重结合行业特点，为每个部门和每名办案检察官建立执法档案，每季度进行一次全方位考评，作为年终考核兑现考评和选拔作用的重要依据。二是强化财物管理。在经费保障收归省级统管以后，要严格执行财务管理制度，坚持大宗物品政府统一采购，实行“阳光作业”。定期开展固定资产清理，每季度对财务收支进行一次公开，主动接受检察人员监督。与此同时，修订完善制度，规范公务接待，严格公务接待审批制度，规范公务接待行为，使接待工作做到既热情大方，又厉行节约。三是强化案件管理。以贯彻落实司法责任制为契机，从受理、初查、立案、批捕、起诉各环节进行控制管理，严格案件审批程序，结案后组织专班进行案件质量考评和深入发案单位进行回访等措施，加强对办案全过程的管理。通过严格制度，规范检察人员司法行为，保证检察队伍清正廉洁。

3. 抓监督，制约腐败行为的发生

当前我国反腐倡廉建设已进入由“权力反腐”转向“制度反腐”的新阶段，“制度反腐”是进行党风廉政建设的关键。[①] 作为反腐倡廉的重要前沿阵地，检察机关要始终以比监督别人更高的标准来严格要求自己，以内部监督为基础，以外部监督为保障，内外并重，共同推动廉政文化建设的发展。一方面，要始终坚持以领导干部和执法办案为重点，进一步健全完善内部监督制约机制。坚持把强化自身监督放在与强化法律监督同等重要的位置，加强对领导班子和领导干部的监督、加强对执法办案活动的监督、加强对干部选拔任用工作的的监督，用比监督别人更严的要求来监督自己。另一方面，要强化外部监督机制，进一步畅通检察权外部监督渠道。推行检务公开和廉政公开。采取电子公开、公开栏公开、通过报纸公开等多种方式，将检察机关职责任务公开、执法依据公开、办事程序公开、检察纪律公开，使司法办案工作时刻处于社会各界群众的有效监督之下，真正把

① 于喜廷:《对党风廉政建设的哲学思考》，载《中国党政干部论坛》2011 年第 5 期。

权力关进制度的“笼子”。

4. 抓预防，加强廉政责任体系建设

一要切实加强对党风廉政建设工作的领导。在检察人员分类定岗工作完成后，要结合班子分工调整，及时调整和充实党风廉政建设工作领导小组，由一把手任组长，党组副书记、副检察长为副组长，其他党组成员为成员。在党组成员兼任各部门负责人的体制下，要强化全体党组成员的主体责任意识，通过履行第一责任，以上率下，形成齐抓共管的党风廉政建设责任制管理格局。二要制定年度工作计划。根据《中国共产党廉洁自律准则》《中国共产党党内监督条例》和上级检察机关的要求，结合落实司法责任制和检察机关司法办案工作的内容、流程等，将检察机关党风廉政建设的任务、要求、责任和义务层层进行分解，制定责任明确、要求具体、可操作性强的党风廉政建设责任书，形成“千斤重担众人挑，人人身上有目标”的格局，进一步压实廉政责任。三要硬化措施，严格考核。制定科学管用的工作目标管理办法，对检察人员实行考学、考勤、考纪、考绩，以精细化管理来标明检察人员的学习、工作、作风、纪律等情况，使全体检察人员都能准确定位，起到激励先进、鞭策后进、自我加压、奋力争先的作用。

（三）派驻纪检监察机构工作职责和权限

党的中央纪律检查委员会和地方各级纪律检查委员会派出的纪律检查工作委员会，按照有关规定履行监督职责。纪检监察机关派驻机构是纪委监察委的组成部分，业务工作、干部工作和后勤保障由纪委监察委统一管理，对所驻单位主要履行党的纪律检查和政府行政监察职能。

加强派驻监督是推进全面从严治党、强化党内监督的必然要求，派驻监督是党内监督的重要形式，是上级纪委向下级党组织延伸监督触角、实现全面监督的重要途径；加强派驻监督是发挥纪检监察机关职能作用、深入正风反腐的现实需要，派驻纪检监察机构作为党风廉政建设和反腐败斗争的重要力量，承担着监督执纪问责的重要职责。设立纪检监察机构，纪委监察委对派驻纪检监察机构实行统一管理，有利于派驻机构履行职能的独立性，同时又让派驻机构更具权威性，是新形势下全面推进党的建设新的伟大工程、加强党内监督的一项重大举措，是改革和完善党的纪律检查体制的重要内容，是建立健全与社会主义市场经济体制相适应的惩治和预防腐败体系的重要组成部分。设立派驻纪检监察机构，对切实加强派驻部门领导班子及其成员的监督，强化派驻机构的监督检查职能，逐步完善对权力的监督制约机制，对深入推进党风廉政建设和反腐败工作，具有十分重要的意义。

派驻纪检监察机构履行下列职责：

1. 督促驻在部门领导班子落实全面从严治党的主体责任，履行对驻在部门的监督责任。检查驻在部门领导班子及其成员遵守党规党纪、执行党的路线方针政策决议、推进党风廉政建设和反腐败斗争等情况，发现重要问题及时向纪委监察委报告。

2. 派驻纪检监察组发现或者收到反映驻在部门领导班子及领导干部的问题线索，应及时向纪委监察委报告。

3. 受理对驻在部门党组织、党员和行使公权力的公职人员的检举、控告，实施对驻在部门上述组织和人员监督监察。

4. 对驻在部门各级领导班子履行全面从严治党主体责任不力、造成严重后果的，提出问责建议。

5. 对驻在单位党组（党委）、党员干部及行使公权力人员违反中央八项规定精神和存在的“四风”问题，立即报告纪委监察委，先行查处，快查快处。

6. 派驻纪检监察机构要定期向纪委监察委汇报工作，至少每半年会同被监督单位党组（党委）专题研究一次党风廉政建设和反腐败工作。

7. 承办纪委监察委交办的其他事项；配合巡察办做好对驻在部门的巡察工作；落实打铁还需自身硬的要求，加大自我监督力度，做好本派驻纪检监察机构干部日常管理和监督。

派驻纪检监察机构在履行职责期间有以下监督权限：

1. 派驻纪检监察机构负责人参加或者列席驻在部门党组（党委）会议、有关行政领导会议以及研究“三重一大”等事项的其他专题会议，派驻纪检监察成员通过列席重要会议行使监督权。

2. 派驻纪检监察机构根据工作需要，经批准可以查阅或者复制驻在部门的有关文件、资料、财务账目等材料。

3. 派驻纪检监察机构按照干部管理权限，经批准可以对驻在部门科级及以下干部报告个人事项的材料进行查阅和调查核实。

4. 派驻纪检监察机构应当就驻在部门管理的领导干部和后备干部考察人选的廉政情况提出书面意见。

5. 派驻纪检监察机构负责人可以约谈驻在部门管理的干部。需要函询、诫勉谈话的，按照有关规定办理。

6. 派驻纪检监察组审查驻在部门管理的干部违反党纪、政务的案件，立案前应当征求驻在部门主要负责人意见，经纪委监察委批准，也可以立案后予以通报。

7. 派驻纪检监察机构可以针对驻在部门党风廉政建设方面的问题，向驻在部门党组（党委）提出书面意见和建议，驻在部门无正当理由的应当采纳，并将整改情况及时向派驻机构反馈。

8. 派驻纪检监察机构有权采用党内法规规定的履行纪律检查职能的其他措施。

（四）创新文化主题内容，开展廉政文化活动

检察廉政文化建设的最终目的就是要把廉政文化的内容进行多样化渗透，营造充满人情味的廉政文化氛围，使人在潜移默化中接受教育，得到启迪，努力让廉政文化深入人心，使清正廉洁成为一种社会习惯，成为一种文化自觉。因此，我们要特别重视廉政文化建设内容的创新与探索。

一方面，我们要进一步丰富检察廉政文化建设的内容。比如，要紧贴检察机关工作实际，把检察职业道德行为规范作为检察廉政文化建设的主题，使廉政文化与检察文化建设、规范化建设、队伍思想建设有机结合，通过广泛开展廉政教育活动，充分发挥机关工青妇等组织的平台作用，开展丰富多彩、寓教于乐的教育活动，支持和鼓励检察人员广泛开展关于检察廉政建设方面的理论调研、文学写作、书画摄影创作等活动，同时要运用革命先烈事迹、身边模范典型，引领检察人员牢固树立正确的世界观、人生观和价值观。

另一方面，我们也要进一步完善检察廉政文化建设的载体。通过完善机关文化的硬件设施配置，充实和更新各类关于廉政文化的理论书籍和报纸杂志，确保方便快捷地为干警了解、提升廉政文化的相关知识提供服务，并可以运用检察内网等载体，增设读书栏目和宣传专栏，全方位、多角度地宣

传和展示廉政警示教育的相关内容，并在机关文化墙、走廊贴挂廉政名言警句，大屏幕滚动播放廉政箴言等多种方式，打造廉政文化宣传与展示的平台，用贴近检察人员、贴近工作、贴近实际的载体形式，传播廉政观念，真正使廉政观念内化于心、外践于行，以此打造严谨务实的机关廉政文化氛围。此外，我们还可以通过社会实践活动，丰富检察廉政文化建设的实现途径。结合开展访贫问苦、送温暖等社会实践活动，通过与普通群众的交流接触，增进检察人员对民情、社情的了解，深化检检民感情，净化道德品质，同步引导检察人员在工作中强化为民宗旨，始终把自己的执法言行放到人民群众的角度去考量，强化队伍的群众观念和服务意识。

四、道德文化

（一）社会公德

社会公德（socialethics；socialmorals）简称“公德”，是指存在于社会群体中间的道德，是生活与社会中的人们为了我们群体的利益而约定俗成的我们应该做什么和不应该做什么的行为规范。在本质上是一个国家、一个民族或者一个群体，在历史长河中、在社会实践活动中积淀下来的道德准则，文化观念和思想传统。它对维系社会公共生活和调整人与人之间的关系具有重要作用。与“私德”相对，这里的“公德”是指与国家、组织、集体、民族、社会等有关的道德；而“私德”则指个人品德、作风、习惯以及个人私生活中的道德。

社会公德的内容是对公共生活中的方方面面提出的基本规范和要求。在我国现代社会中，社会公德的主要内容为：

1. 文明礼貌。社会公共生活中人与人之间应该和谐相处，举止文明以礼相待。自觉杜绝说脏话、随便猜疑、欺骗他人等恶习。这是处世做人最起码的要求。

2. 助人为乐。助人为乐、见义勇为是社会成员在公共生活交往中用以调整相互关系的最一般的行为规范之一。在公共生活中，人与人之间应该团结友爱、相互关心、相互帮助。爱人者人恒爱之，信人者人恒信之。现实生活中不可能人人都时时快乐、事事顺心，难免会遇到这样和那样的困难问题，总有需要人帮助、救济的时候。这就需要人们之间互相帮助，扶危济困，乐善好施，以助人为乐。对不法行为，每个公民都应当分清是非，挺身而出，智斗勇斗，见义勇为，都有责任和义务自觉维护社会治安。

3. 爱护公物。爱护公共财物是社会公德极其重要的内容，尤其在公共场合更要注意这一点，要爱护国家及公共财产不受侵犯。

4. 保护环境。为了保持社会公共生活的环境整洁、舒适和干净，保障社会成员的身体健康，每个公民都应当讲究公共卫生、保护生活环境，这也是社会公共生活中人们应当遵循的最基本的行为规范。讲究公共卫生，造成优美环境，是人身心健康的重要保证，是社会风尚的一个重要方面，体现出一个民族的文明程度和精神面貌。

5. 遵纪守法。法律是对公民行为的必要约束及规范，是对道德的补充。自觉遵守法律法规、纪律，是社会公德最基本的要求。公共生活中人们要能顺利地进行社会活动，就必须要有规矩可循，就必须遵循一定的行为规范。每个社会成员既要遵守国家颁布的有关法律、法规，也要遵守特定公共场所的有关规定。人们只有依照法律、法规及纪律的有关规定行事，才不妨碍他人的正常活动，也保障自己所要从事的某项活动；才不会给社会和他人造成损失和伤害，保持社会公共生活相对稳定和和谐，并保证社会的健康发展。遵纪守法反映了人们的共同要求，体现了人们共同的利益。每个社会成员都应自觉提高法律意识、增强法纪观念，自觉用法纪来指导和约束自己的行为，自觉履行法纪规定的义务，敢于并善于运用法律武器同各种违法乱纪现象作斗争，并能正确运用法纪手段保护自己的合法权益不受侵犯，真正做到知纪懂法，遵纪守法。

（二）检察职业道德

道德是中国伦理思想史的一个范畴，是社会意识形态之一，是反映和调整人们现实生活中的利益关系，用善恶标准评价，依靠人们内心的信念、传统习惯和社会舆论维系的价值观念和行为规范的总和。道德是社会关系的反映，只要发生个人利益和整体利益的关系，只要人们意识到这种关系并需要调整这种关系，就会出现道德。

职业道德是社会道德的表现形式之一，属于意识形态和上层建筑的范畴，是指在一定职业活动中应遵循的、体现的一定职业特征、调整一定职业关系的职业行为准则和规范。它体现了特定职业的特征及其特殊要求，对该行业的从业人员具有特殊的约束力。有无职业道德是职业发展程度的重要指标之一，也是衡量个人道德品质的重要标准之一。社会主义职业道德是社会道德建设的重要着力点，各个行业都应有自身的职业道德。检察官职业道德是检察人员在从事检察活动中应遵循的行为规范和应具备的道德品质以及调整检察人员各种社会关系的道德规范的总和。2016年修订印发的《中华人民共和国检察官职业道德基本准则》，要求全体检察官遵照执行，检察辅助人员参照执行。

1. 忠诚，即坚持忠诚品格，永葆政治本色。忠诚是对检察官政治品行方面的要求，彰显了我国检察官的政治本色。（1）忠于党、忠于国家。检察官要做中国特色社会主义事业的建设者、捍卫者和社会公平正义的守护者。忠于人民。（2）忠实执行宪法和法律，全心全意为人民服务。坚持“立检为公、执法为民”的宗旨，维护最广大人民的根本利益，保障民生，服务群众，亲民、为民、利民、便民。（3）忠于宪法和法律。尊崇宪法和法律，严格执行宪法和法律的规定，自觉维护宪法和法律的统一、权威和尊严。在履行职务过程中，检察官应当坚持“以事实为依据，以法律为准绳”的原则，实事求是，依法办案。（4）忠于检察事业。热爱检察事业，珍惜检察官荣誉，忠实履行法律监督职责，自觉接受监督制约，维护检察机关的形象和检察权的公信力。

2. 为民，即坚持为民宗旨，保障人民权益。“为民”突出强调让人民群众在每一个司法案件中都感受到公平正义。坚持以人民利益为重的理念，检察机关的法律监督权源于人民、属于人民、服务人民、受人民监督。司法的人民性要求我们必须把“以人为本、司法为民”贯穿于执法办案全过程，甘做人民的公仆，正确认识和对待手中的权力，把维护人民群众的根本利益作为检察工作的出发点和落脚点，真正带着对人民群众的深厚感情执法，本着对人民群众高度负责的精神办案，切实体现司法为民、司法便民、司法护民。正如习近平总书记提出的“全国政法机关要顺应人民群众对公共安全、司法公正、权益保障的新期待……进一步提高执法能力，进一步增强人民群众的安全感和满意度，进一步提高政法工作亲和力和公信力，努力让人民群众在每一个司法案件中都能感受到公平正义”。

3. 担当，即坚持担当精神，强化法律监督。“担当”突出强调敢于对司法执法活动的监督，坚守防止冤假错案的底线。（1）敢于担当，坚决打击犯罪。坚决打击发生在群众身边损害群众利益的各类犯罪，增强群众安全感和满意度。严肃查办职务犯罪案件，对于重大案件特别是群众高度关注的案件，果断决策、坚决查办。对于群众反映的执法不严、司法不公的现象，敢于监督、善于监督，提高执法公信力。（2）敢于担当，执法公开，依法办案。坚守良知，公正执法，执法公开，自觉接受群众和社会的监督，以公开促公正。善于运用法治思维和法治方式，将不公平、不公正的现象纳入法治轨道来解决。（3）敢于担当，直面矛盾，正视问题。善于发现、勇于承认工作中存在的问题，在深入分析问题症结中找到化解矛盾的办法。对工作出现的失误和错误，主动承担，认真汲取教训。坚持从严治检，对违法违纪人员要以零容忍的态度严肃查处，坚决清除害群之马。

4. 公正，即坚持公正理念，维护法制统一。“公正”，突出强调维护法制的统一、权威和尊严，公正是检察工作的核心目标。公正是人类社会永恒的价值追求，也是检察工作的生命线。只有坚持公平正义，才能有效阻止有案不立、有罪不究，越权办案、违法办案等现象，才能保证风清气正的法制环境。公正即树立忠于职守、秉公办案的观念，坚守惩恶扬善、伸张正义的良知，保持客观公正、维护人权的立场，养成正直善良、谦抑平和的品格，培育刚正不阿、严谨细致的作风。

5. 廉洁，即坚持廉洁操守，自觉接受监督。廉洁突出强调监督者要更自觉接受监督。廉洁是检察官的职业本色，体现了检察官的浩然正气。新时期的检察官应具有廉洁奉公，爱岗敬业的德操。廉洁问题关乎人民司法事业的兴衰成败，任何时候都不能放松要求。要牢固树立起正确的权力观、地位观、利益观，坚持自重、自省、自警、自励，提高自身修养，培育良好人格，要摒弃贪婪、私欲，克服拜金、享乐，坚守廉洁底线，保持淡泊名利、乐于奉献的职业心态。

（三）家庭美德

家庭美德，是指人们在家庭生活中调整家庭成员间关系、处理家庭问题时所遵循的高尚的道德规范。家庭美德的内容主要包括尊老爱幼、男女平等，夫妻和睦、勤俭持家、邻里团结等。

尊敬老人，孝敬父母，爱护幼年子女和全社会的少年儿童，关心下一代，这是我国自古以来就十分推崇的一项家庭美德，也是社会主义家庭美德的重要规范。

男女平等是指男女在政治、经济、文化和社会生活以及家庭生活等方面享有同等的权利、履行同等的义务。在我国，这不仅是一项家庭美德，还是一项基本国策，充分体现了社会主义制度的优越性。

夫妻是家庭的重要成员，夫妻和睦，志同道合，共同进步，是维护整个家庭和谐、融洽的关键，也是家庭生活中应该遵守的重要的行为准则。

勤俭持家是文明健康家庭的重要标志。勤俭即勤劳节俭。勤劳是指不要懒惰，要努力劳作，不怕辛苦，尽力多做事。只有凭自己的双手和智慧，通过辛勤劳动，才会获得经济收入的增加和生活条件的改善。节俭是对消费要加以合理节制，不要浪费，不要奢侈。勤俭持家、勤劳致富，是中华民族的传统美德，是家庭兴旺的保证。

邻里之间是一种地缘关系，既无血缘关系，又无法定关系，但朝夕相处，在日常生活中有广泛的联系。邻里关系处理得好，可互为助手、互为依靠，有益于各家生活；处理不当，既会影响街坊邻里的安定，又会败坏社会风气。所以，邻里团结不仅有利于全社会的精神文明建设，也有利于每个家庭的安定幸福。

（四）个人品德

所谓个人品德，就是平常人们所说的道德品质。它是一定社会的道德原则和规范在个人思想和行为中的体现和凝结，是一个人在其道德行为整体中所表现出来的比较稳定的、一贯的道德特点和倾向。个人品德由道德认识、道德情感、道德意志和道德行为等因素所构成，包括友善互助、正直宽容、明礼守信、热情诚恳、自强自立等。

1. 友善互助。友善既指向他人，也指向自己。怀一颗善良的心、成为善良的人是友善的前提。把善心传递给他人的过程就是“友善”。因此，友善也是公民进入社会生活的道德姿态。友善的品质促使人们在公共生活中寻求相互认同，积极、主动地履行彼此间义务，以善意拉近彼此间的距离。每个人作为社会中的一员，互帮互助、诚心相待是营造和谐社会环境的基石。

2. 正直宽容。正直宽容是高贵品德的根本。正直即不撒谎不欺骗，表里如一，公正坦率，合符法则，规矩的；宽容即宽厚能容忍，包含，原谅，不计较。

3. 明礼守信。所谓礼就是规矩、准见、法度的意思，在社会礼仪中，在接人待物时，在与人相处中，讲究礼貌，应视作全社会需一致遵行的规矩。明礼就是对礼的正确理解和运用。从狭义上讲，“明礼”就是讲究“礼仪”和“礼让”，包括重礼节和讲礼貌。“礼仪”和“礼让”，应渗透到职业场所、公共场合和家庭生活中。守信，即讲信用、守诺言、办实事。“明礼”是人的外在行为表现，“守信”是人的内心状态。守信于内而明礼于外，是对明礼守信最好的诠释，明礼守信是公民应遵循的行为准则，它对于规范人们在社会关系中的道德行为，提高人的素质和社会文明程度有重要作用。

4. 热情诚恳。热情诚恳是指对待别人应该热情、亲切，自然、真诚。切忌虚假过分的热情，应该掌握热情的尺度，否则会使人陷入一种十分别扭而又不知如何是好的境地。诚恳不口是心非，无论说什么、做什么，须由内心发出；帮助别人，需诚心诚意，不带有目的。

5. 自强自立。自强自立是一种良好的品德，是中华民族绵延不断的基础。自立就是靠自己的劳动生活，不依赖别人；自强就是不安于现状，勤奋进取，依靠自己的努力不断向上。

第三节　检察精神文化建设的途径和方法

检察精神文化建设，是指通过一定的方式、方法、途径等将检察人员群体性的精神理念、价值取向、思维方式、职业道德、职业习惯等“内化成”检察人员个体自觉遵守的价值观念与思维方式，并形成他们世界观、人生观与价值观的一部分，从而引领他们自觉按照检察精神理念的要求开展检察活动。

一、强化学习教育，实现认知认同

检察文化建设的首要环节是让广大检察人员认知检察精神理念，进而认同检察精神理念。所谓认知，即了解、认识、知晓检察精神理念的内容。所谓认同，即接纳和认可检察精神理念，在思想感情上喜好，在行为意向上遵照执行、贯彻落实。要实现认知认同，学习教育是常用的、也是重要的手段。具体来说，要做到如下三点。

（一）培育学习型检察人员

1. 学习型检察人员的概念辨析

学习型检察人员指的是具备学习能力并能够持续进行自主学习，不仅愿意学，而且善于学的检察人员。将自我的实现作为人生的最大需求，在人生的每一个阶段都有明确的学习目的，主动地寻找学习的机会，把学习和工作系统地、持续地结合起来，并把自己的学习看成是一生持续不断的学习过程。其学习能力不是简单的读书识字能力，而是包括发现检察方面新知识、新技能的能力，根据检察工作实际需要吸取与掌握新知、新技能的能力，学以致用的能力和创新的能力，等等。

2. 培育学习型检察人员的重要意义

对检察人员来说，唯有持续学习才能不断进步，唯有持续学习方能进行创新。终身学习是 21 世纪的生存概念，是世界性的发展潮流，正如《第三次浪潮》的作者托夫勒所说："未来的文盲，不再是不识字的人，而是没有学会怎样学习的人"。每一位检察人员都要有强烈的"知识恐慌、本领恐慌"的危机感、紧迫感，都必须把学习从单纯的求知转变为一种政治责任、一种精神追求、一种生活方式，贯穿于生命的全过程，作为自我生存和进步发展之道来追求，作为提高素质、增长本领、履职尽责的第一需要来践行，作为生活常态来坚持，信奉"没有终点、只有起点"，"没有毕业、只有毕生"，始终保持学而不厌、学而不止的旺盛学习热情，不断获取新营养，扩充大脑内存，适应检察工作的新形势、新任务、新要求。

对检察文化建设来说，培养学习型检察人员为检察人员参与检察文化建设创造了主观条件。检察人员唯有通过不断学习，才能接受与掌握检察文化及其建设的精髓。对于抽象的检察精神文化，检察人员进行学习是第一步也是关键的一步。唯有通过学习，才能将检察精神理念入脑入心，才能接受其熏陶，才能"知之而后行"。

3. 检察精神文化方面的学习内容

当学习成为检察人员的一种习惯，成为他们的一种生活方式，接下来便可以在学习内容方面下功夫、做文章。学习检察精神理念，检察人员要坚持用习近平新时代中国特色社会主义思想来武装头脑，用中国特色社会主义思想凝聚力量，用以爱国主义为核心的民族精神和以改革创新为核心的时代精神鼓舞斗志，用社会主义荣辱观引领风尚，使之真正成为检察人员的主导意识和精神支柱。

（二）打造学习型检察院

1. 打造学习型检察院的内涵

打造学习型检察院是指将学习作为立院战略，作为自身发展的重要手段贯穿于各项工作之中，积极营造学习氛围，形成全员学习的风气，为全员学习创造条件，致力于提高全院检察人员的素质，推进检察工作，推动全院跨越发展。

2. 打造学习型检察院的理论基础

打造学习型检察院的理论基础是组织学习与学习型组织理论。彼得·圣吉在《第五项修炼——学习型组织的艺术与实务》一书中对学习型组织的含义作了确切的描述：学习型组织是一个"不断创新、进步的组织，在其中，大家得以不断突破自己的能力上限，创造真心向往的结果，培养全新、前瞻而开阔的思考方式，全力实现共同的抱负，以及不断一起学习如何共同学习。"①

五项修炼是学习型组织的五大基本要素，是建立学习型组织必须切实把握和有效运用的五大基本功。尤其是第五项修炼——系统思考更是它的核心要素。五项修炼是：（1）"自我超越"，这是学习型组织的精神基础。它要求个人以自己的能力和成绩为新的起点，集中精力，培养耐心，努力向上，为实现自己和组织的共同目标而努力工作。通过此训练，可培育人们积极向上精神，提高人们学习的自觉性和创新能力。（2）"改善心智模式"，是把镜子转向自己，多反思、多作自我批评，并以开放的心灵容纳别人的意见。通过此训练，可培养人们良好的心态，使人们心胸广阔，克服推卸责任和自由主义等不良风气。（3）"共同愿景"，是全体成员共同的理想和目标，是值得全体成员为之献身和努力的，也是组织成员不断学习与创造的动力。通过此训练，可发掘出共同的愿望，使组织成员对组织产生归属感，成为有默契的工作伙伴，从而增强组织的凝聚力。（4）"团队学习"，是组织内已有良好的学习氛围，人人为真理、为达到最佳的状态而努力学习、思考，从而激发我们的团队意识，创造出超出成员才能总和的集体智慧和力量。（5）"系统思考"，这是学习型组织的核心。它强调整体优先思想，认为事物之间的关系重于单个事物，整体重于局部，要求人们在研究和处理事物时，不能片面地看问题，要以总体的眼光把所处理的事物看作一个系统，按照系统思考的方

---

① ［美］彼得·圣吉：《第五项修炼——学习型组织的艺术与务实》，郭进隆译，上海三联书店1998年版。

法观察、分析、解决问题。通过此训练，可增强人们的全局观念，培养团体精神，克服本位主义和个人主义，保障我们的行为与社会总体发展要求保持一致。可见，建立学习型检察院，可引导检察人员树立正确的价值观、人生观、世界观，充分调动成员的积极因素，解决长期困扰检察机关的问题。

3. 打造学习型检察院的核心问题

打造学习型检察院是提升检察机关和检察人员学习力与创造力、提高检察机关整体实力的重要举措，其目的在于形成比学习、争先进的良好风气与积极向上的氛围，其核心问题在于建设学习型领导与学习型部门、营造学习氛围、制定学习制度、建立考评机制。

（三）积极开展教育与培训

《"十三五"时期检察教育培训规划》中强调，全国各级检察院要紧紧围绕检察中心工作和检察队伍建设总体部署，按照"五个过硬"总要求和检察队伍正规化专业化职业化方向，坚持以岗位素能基本标准为指引，以检察队伍素质能力建设为核心，以提升培训质量效益为主线，全面深化检察教育培训改革，全面落实大规模培训干部、大幅度提高干部素质战略任务，构建形成科学完善的检察教育培训体系，为建设一支信念坚定、司法为民、敢于担当、清正廉洁的检察队伍，推动检察工作全面协调发展提供坚强的思想政治保证、人才保证和智力支持。这为检察机关开展教育培训指明了方向。

在检察文化建设过程中，各级检察机关要建立教育和培训制度，充分利用社会资源，大力开展检察精神理念的教育与培训，全面提高检察人员的文化素养、法律素质和专业水平：（1）加强政治教育与学习，坚定检察人员的理想信念。（2）教育与培训广大检察人员遵守与践行社会主义核心价值体系，牢固树立法治精神。（3）教育与培训广大检察人员从理论上真正明确检察机关的宪法定位、职权配置、光荣使命等重点内容，明确检察权的设置、运行与行使等关键问题。（4）开展检察工作的总体要求、检察核心价值、检察职业宗旨、检察职业信仰、检察职业道德等方面的针对性教育与培训。（5）培育与检察人员的集体主义思想、团结协作精神、改革创新意识等主流精神与基本理念。（6）建立考核评比制度，检查教育与培训的成果。

二、强化正面引导，增进思想共识

（一）加强对思想认识问题的正面引导

正面引导是指坚持正面宣传为主的方针，积极传播主流意识和价值观念，形成积极向上的主流舆论，让人们看到希望，坚定信念，顽强奋斗。在检察精神文化建设中强化正面引导，是指坚持正面宣传，积极传播社会主义核心价值体系、检察精神理念，引导检察人员树立共识，调动检察人员的上进欲望，培养其自律精神。要做到如下几点：

一要广泛开展社会主义核心价值体系、检察理念教育、理想信念教育，引导检察人员准确领会它们的基本内涵、精神实质和基本要求，树立正确的世界观、人生观、价值观，不断增强对检察事业的信念和信心。二要坚持弘扬主旋律，注意结合检察人员的思想实际，加强对重大检察理论问题的阐释解读，加强对思想认识问题的正面引导，用社会主义核心价值体系引领多样化的社会思潮，在尊重差异中扩大社会认同，在包容多样中增进思想共识。三要坚持正确引导须臾不可放松，时刻警惕错误意识和负面思想的出现。

（二）坚持正确舆论导向

舆论导向又称为舆论引导，是一种运用舆论操纵人们的意识，引导人们的意向，从而控制人们的行为，使他们按照社会管理者制定的路线、方针、规章从事社会活动的传播行为。正确的思想舆论导向在促进社会和谐中的重要作用，为新闻出版、广播影视、文学艺术、社会科学服务和谐社会建设指明了方向。舆论有是非之分，信息有优劣之别。历史经验证明，舆论导向正确，是党和人民之福；舆论导向错误，是党和人民之祸。以科学的理论武装人，以正确的舆论引导人，我们党有坚持正确思想舆论导向的优良传统。

与检察精神理念相关的思想舆论在性质上有正确和错误之分，对正确的思想舆论，我们要认真倾听，以事实为依据，以法律为准绳，注意满足检察人员和人民群众的合理诉求；绝不能姑息错误的思想舆论及其倾向，要积极开展思想舆论引导，把错误的、有偏差的思想舆论转化为正确的、积极的思想语论，树立正确思想舆论导向。

三、强化理念熏陶，塑造共同价值观

（一）打造物质载体，传播检察精神理念

检察精神文化是无形的、抽象的，人们对于无形和抽象的事物往往难以留下深刻的印象。为了推动检察精神文化为广大检察人员更好地理解、记忆与接收，需要借助文化载体实现检察精神文化的有形化、具体化。

1. 检察精神文化的物质载体内涵

检察精神文化的物质载体是指承载、体现、表达检察精神理念的感性存在物，包括语言和文字、器物和技术、组织设施、人及其活动等。它们体现了检察精神文化的物质附属性，其功能是运用符号、形象、实物等承载、体现和表达抽象的检察精神理念。

2. 大力打造检察精神文化的物质载体

其一，必须找准载体。具体说来，检察精神文化的主要物质载体包括文学艺术作品、检察符号、检察形象、检察器物与技术、检察组织设施、检察文化环境、检察文化氛围，要不断丰富不同物质载体的表现形式，加强建设。

其二，物质载体建设要注重直观性、严肃性、专属性与民族性的有机统一，务必做到容易为广大检察人员所理解与接收，不能脱离广大检察人员的日常生活；务必体现检察工作和中华民族文化的特色，不能走向娱乐化、低俗化。

其三，要注重物质载体自身的发展与创新问题。随着检察工作的发展与检察精神理念的更新，检察精神文化的物质载体要不断发展与创新。

其四，积极开展检察文学艺术作品创作，传播检察精神理念。检察文学艺术作品能够以小说、诗歌、影视作品、散文、报告文学、纪实文学、书法、绘画、摄影等多种体裁承载检察精神理念。创作优秀的检察文学艺术作品，以鲜活的艺术形象反映检察实践，传播检察精神理念。

（二）优化检察文化环境，营造检察文化氛围

环境对营造氛围、影响人的心情有重要的作用，优美的工作环境和舒适的生活环境能使检察人员产生愉悦感和满足感，角角落落都折射着本院

检察文化理念的环境装饰能使检察人员随时随地受到检察文化理念的浸润。一方面，要精心做好机关大院、会议室、办公室的绿化、美化和净化，为检察人员提供一个赏心悦目的工作空间；同时通过从优待检、为检察人员解决住房困难等举措改善检察人员的生活环境，使检察人员对本院产生依赖感和归宿感，对生活和工作状态产生满足感、自豪感和珍惜感，这就打开了检察人员接受检察文化理念的通道，有效避免了“不走心”的漠然情绪和抵触情绪。另一方面，要通过设立文化橱窗，设置文化标牌、悬挂箴言警句，摆放字画等装饰手段，潜移默化地传递检察文化的理念，努力营造浓厚的检察文化氛围，强化检察文化意识，加速检察人员基本理念和核心价值观的建立。

优化检察文化环境，营造检察文化氛围，强化理念熏陶，要打造一个尊重检察人员、重视检察人员全面发展的环境，在检察机关中创设一个尊重、包容、团结、友爱的人文氛围，使每位检察人员快乐工作、激情工作、创新工作。

（三）开展文化活动，陶冶检察人员情操和品位

重大活动和仪式是传播检察精神理念，强化理念熏陶的重要场所和情境。它们能够吸引人们的眼球和媒体的注意，密集地、高强度地传播检察精神理念。在重大活动和仪式塑造的特定氛围中，不仅能够有效地传播检察精神理念，而且能够用现场氛围感染、熏陶、感化检察人员，使他们更好地接受、理解、记忆与认同检察精神理念。

要想方设法把检察精神理念融入重大活动与仪式，通过活动与仪式动态地呈现、传播检察精神文化。例如，主办专题晚会、举行文化节等，在开展一系列有益身心的文化活动中传播、宣扬检察精神理念，培养检察人员健康高雅的生活情趣，进行“文化育检”，通过健康高尚的文化调控检察官的生活圈、社交圈、娱乐圈。这不仅使检察人员的业余生活变得丰富多彩，提高了工作和生活质量，人的品位也得到了提升，有助于形成检察人员健康而富有情趣和品位的生活方式，还能培养检察人员的进取心、荣誉感和团队精神。

四、检察精神文化建设应当注意的问题

（一）坚持长期建设

检察精神文化建设是一个长期的过程。虽然检察精神文化的内容，诸如检察工作的总体要求、执法观、业绩观等有着统一的规定，是清晰而明确的。但是通过学习、教育与培训等手段与方式方法使检察人员将检察精神文化内化成为世界观、人生观和价值观的一部分，是一个长期的过程。

（二）坚持“三个转化”

检察精神文化是检察文化的核心，在检察文化建设过程中居于统领地位。检察文化要不断推动“三个转化”，即检察精神文化自我转化、向检察行为文化转化、向检察物质文化转化。

1. 推动检察精神文化自我转化。检察精神文化的自我转化是检察精神理念不断创新发展，向更为完善、更为健全、更深层次的检察精神理念发展演变的过程。它是由检察文化的实践性决定的。检察精神理念源于检察实践，随着检察实践的发展而发展；检察实践的进步推动检察精神理念向着更加完善和健全的方向发展与转化。推动检察精神理念的自我转化，促进检察人员的观念转化，使检察人员的行为更加符合社会发展的需要，通过继承传统、观照实践、契合时代精神，凝聚检察人员所应遵守的价值观念与思维方式。

2. 推动检察精神文化向检察行为文化转化。检察精神文化向检察行为文化转化是检察精神文化外践于行，指导检察人员实践、规范、改造与优化检察人员行为的过程。它是检察精神文化建设的出发点与落脚点。检察文化建设的最终目的在于通过指导检察人员开展检察活动，推动检察实践向前发展。

3. 推动检察精神文化向检察物质文化转化。检察精神文化向检察物质文化转化是将检察精神理念融入物质文化建设，赋予物质文化建设以内涵与灵魂的过程。检察物质文化建设必须紧紧围绕检察精神理念，以物质载体体现、表征、表达检察精神理念。不能割裂与检察精神文化之间的有机联系独自发展。

第五章　检察行为文化

从社会学来看，行为是指人类在生活中表现出来的生活态度及具体的生活方式，它是在一定的物质条件下，不同的个人或群体，在社会文化制度、个人价值观念的影响下，在生活中表现出来的基本特征，或对内外环境因素刺激所做出的能动反应。行为是检察文化的重要载体，检察人员通过各种行为使得检察文化得以外化，并不断丰富检察文化的内涵。[①] 检察行为文化是检察文化的一部分，且对检察文化具有实践、检验的作用。本章通过阐述检察行为文化的概念、内容、特征、功能等，将检察行为文化氛围内部检察行为文化和外部检察行为文化，去探讨检察行为文化的发展和未来。

第一节　检察行为文化概述

一、检察行为文化的概念

（一）行为、检察行为的内涵

行为是心理学与行为科学的基本概念之一，指的是有机体在外界环境刺激下引起的反应，包括内在的生理和心理变化。[②]

人的行为由 5 个基本要素构成，即行为主体、行为客体、行为环境、行为手段和行为结果。可以分为本能行为与社会行为两种类型，具有目的性、可预测性、差异性。

---

① 张耕：《检察文化初论》，中国检察出版社 2014 年版，第 147 页。

② 徐汉明：《当代中国检察文化研究》，知识产权出版社 2013 年版，第 242 页。

检察行为是检察机关、检察人员行使检察权的活动以及与行使检察权相关的活动。

按照与行使检察权的关系划分，检察行为可以分为两个方面：一是行使检察权的活动。这是检察行为的主要内容，包括侦查行为、批准或决定逮捕行为、公诉行为、诉讼监督行为、控告申诉行为、刑事执行检察行为、民事行政检察行为、公益诉讼行为等，这些行为是检察工作开展的重要方式。二是与行使检察权相关的活动，指检察机关为了更好地行使检察权而实施的一些辅助性行为，主要包括检察机关教育培训行为、检察管理行为、检察宣传行为等。

按照检察机关内设机构划分，检察行为又可具体分为检务管理行为、检察队伍管理行为、检察宣传行为、检察教育培训行为，审查逮捕行为、公诉行为、刑事执行检察行为、民事行政检察行为、控告申诉检察行为、案件管理行为、法律政策研究行为、检察信息技术行为、司法警务保障行为、装备保障行为、内部监察行为和机关党建行为等。

（二）检察行为文化

检察行为文化是检察机关、检察人员在长期的检察行为中形成的，为全体检察人员所普遍认同的行为理念以及在该理念指导下的行为模式、行为习惯的总和。

可从如下方面来理解这一概念：

1. 检察行为文化是以检察人员及其组织行为主体所形成的文化，其行为主体包括检察机关、检察官，其他检察人员、检察团队、检察官协会等。

2. 检察行为文化是检察人员及其组织的共同行为取向、共同行为规范、共同行为准则或行为模式，是一种群体性文化而非个体性文化。

3. 检察行为文化是紧紧围绕检察制度实施和检察权运行而形成的文化，是检察制度和检察权运行结果的文化形态，不可能离开检察制度实施和检察权运行而独立存在。

4. 检察行为文化具有重要的社会功效，能够促进检察人员的自我发展，提升检察机关的执法公信力，优化检察机关和检察人员的社会形象，提高社会对检察的认知度、满意度、支持度和美誉度。

5. 检察行为文化不仅强调检察人员职务内行为的文明，以执法行为文明为核心，而且还强调检察职务外的文明，二者构成了检察行为文化的统一体。①

二、检察行为文化的内容

探讨检察行为文化的内容应围绕检察行为展开。我们以检察行为的分类为主线研究检察行为文化的内容。

（一）主体性检察行为

主体性检察行为文化，主要围绕检察机关的侦查行为、公诉行为、诉讼监督行为等主体检察行为而进行。

1. 行为理念

我国检察机关的宪法地位和检察权的性质，决定了检察行为文化中理念层面是以客观公正为核心的理念体系，主要包括客观、公正、衡平、效率、独立、透明、为民、清廉、理性、文明等。由于不同的主体行为所要实现的任务不同，因而不同的主体性行为所形成的理念的侧重点或表现形式也会有所不同，如侦查行为中，透明的理念会有所限制，而且效率的理念可能体现得更为突出。

2. 行为模式

在不同的主体性行为中所形成的行为模式会有所不同。我们就主要的检察行为模式进行简要阐述。

（1）侦查行为模式。包括两个方面内容。一是两种立案模式：以人立案模式和以事立案模式。二是两种取证模式：以供促证模式和以证促供模式。

（2）公诉行为模式。包括三个方面内容。一是审查起诉行为的两种模式：普通审查模式和快速审查模式。二是移送案件的模式：全卷移送模式。三是庭审公诉的两种模式：普通公诉模式和简易公诉模式。

（3）诉讼监督行为模式。包括三个方面内容：一是立案监督方面，对

① 徐汉明：《当代中国检察文化研究》，知识产权出版社 2013 年版，第 244 页。

侦查机关立案进行的同级异体监督模式和对自侦案件立案进行的两级监督模式。二是侦查监督方面，按时间可以分为事后监督和同步监督两种模式；按对象可以分为审查批准逮捕和审查决定逮捕两种模式。三是审判监督方面，分为刑事审判监督和民行审判监督两种模式。

（二）边际性检察行为

边际性检察行为主要包括检察队伍建设行为、检察管理行为、检察自我监督行为、检察宣传行为等，我们在实践中逐渐形成边际性检察行为文化。

1. 检察队伍建设行为

检察机关开展“两学一做”学习教育实践活动，切实加强检察队伍思想政治建设

检察队伍建设是检察事业的关键，是实现各项检察事业又好又快发展的组织保证和智力支持。要牢牢把握“五个过硬”总要求，坚持中国特色社会主义政法队伍正规化、专业化、职业化方向，坚持把思想政治建设摆在第一位，坚持把能力建设作为一项重要任务，不断深化司法体制改革，大力加强司法公信力建设，夯实基层基础，深入推进“不忘初心，牢记使命”学习教育，努力建设一支信念坚定、司法为民、敢于担当、清正廉洁的检察队伍。

2. 检察管理行为

检察管理是为了最大限度地发挥法律的监督作用而进行自我调整、自我完善的一种内在调整机制，主要包括检察业务管理、检察队伍管理和检察事务管理。

3. 检察自身监督行为

检察自身监督行为包括内部监督（即检察机关对检察机关的监督）和外部监督（即其他机关、民众对检察机关的监督）两个方面。

4. 检察宣传行为

检察宣传是指检察机关通过多种形式和渠道，就检察职能、法律政策、检察工作等内容向社会和人民群众所作的讲解说明与新闻报道。目的是提高公民法律水平、推动国家法治进程、预防犯罪和弘扬检察队伍形象与精神面貌，为检察事业的可持续发展创造良好的舆论环境。

三、检察行为文化的特征

（一）检察行为文化之法律属性

检察行为属于司法行为的内容之一，检察机关是宪法确定的法律监督机关，检察行为体现法律的基本监督属性，必然成为检察行为文化建设的应有之义。因此检察行为体现的法律属性，其主要基于检察机关法律监督职能职责，检察行为文化的建设，必然与监督职能密不可分。检察行为文化的建设，需要培植符合自身职业特点的执法准则以及执法思想，提升检察执法者的职业素养与道德素养，做到推动检察文化建设，推进检察工作向高水平发展，从而做到保障国家法律统一正确实施。因此，在检察行为文化建设过程，必须立足于检察机关法律监督的职能职责。在这一点基础上，也不能否认检察行为受到法律的控制，即国家强制力的保障。

（二）检察行为文化之社会属性

一方面检察行为与法律的密切相关的活动，其必然产生一定的法律后果，法律后果的承担与社会因素息息相关；另一方面，检察行为是由检察主体实施完成的，检察行为主体作为特殊社会主体的一部分，检察行为是其在社会现实生活中的意志行为或者意思行为。

（三）检察行为文化之价值属性

检察行为文化能够体现检察机关对法治内涵的追求，也是人们对检察行为的认识和期许。检察行为的行使，必然基于检察行为主体对某种特定行为的评价。在行使具体行为时，必然反映出主体、客体、对象等因素，检察行为是一种对象性十分明确或者相对明确的社会实践活动。在具体行为过程中，检察主体在运用自身权力的同时，也会涉及自身道德、法律、经济、文化等多种价值取向，其产生的社会影响，人们也会用善恶、好坏等概念或因素进行分析。

四、检察行为文化的功能

（一）约束功能

约束功能是指检察行为文化具有约束和引导检察人员行为的功能。一方面，检察行为文化是在长期的检察行为实践中提炼、升华的各种行为理念、规范，获得了全体检察人员的一致认同，能够成为全体检察人员共同遵循的行为价值引导。另一方面，全体检察人员在各种检察行为中自觉地以检察行为文化为指引，规范、约束自身的行为，从而使检察行为更加规范、文明。

（二）示范功能

示范，即做出榜样或典范，供人们学习。检察行为文化的示范功能是指检察行为文化所塑造的共同行为模式为全体检察人员提供了学习、模仿的典型、示例，而且检察人员能遵照执行这一套行为模式，从而更好地开展检察工作。同时，检察典型（榜样）人物，塑造了一个地域、一段时间内的检察形象，其自身行为形成了稳定的角色模式和角色认同，能够发挥强大的示范功能。①

（三）塑造功能

塑造，即用石膏或泥土等可塑材料塑成人、物形象，可引申为用文字描写或戏剧舞蹈表演创造人物形象。检察行为文化的塑造功能是指检察行为文

① 徐汉明：《当代中国检察文化研究》，知识产权出版社 2013 年版，第 250 页。

化具有塑造检察人员和检察机关社会形象的作用。检察机关的社会形象，主要是通过检察人员的各类行为塑造的，集中体现在检察行为文化中。健康、规范的检察行为文化有利于塑造检察人员和检察机关的良好社会形象，反之，低俗的检察行为文化则会塑造反面形象。[①]

第二节　检察行为文化与检察文化

我们知道，检察文化是抽象，但检察行为文化却是具体的社会行为。本节将通过探讨检察行为文化与检察文化的关系、检察行为文化的具体分类，来进一步讲述检察行为文化的内容与发展。

一、检察行为文化与检察文化的关系

检察行为作为检察文化的一种重要载体，它所体现出的检察行为文化，是检察文化的一个重要方面。检察行为文化必然受检察文化的影响，但在实践过程中，也影响着检察文化。

（一）检察行为文化是检察文化的集中反映

检察行为是展现检察文化的重要方式，主要包括检察机关执法行为和检察干警的言谈举止。检察干警作为检察文化的主体，其行为潜移默化地蕴含着丰富的检察文化信息，是检察文化最真实的表现。检察文化建设的优劣和成败，通过观察检察干警的日常精神面貌、做人做事的态度、执法行为和质量、以及社交场合的行为表现，就可以作出大致准确的分析判断。老百姓常说“说的好，不如做的好”。

（二）检察行为文化建设是检察文化建设的关键环节

如前所述，在检察文化构成的关系中，理念是检察文化的核心和灵魂、是指导一切的思想源泉；制度是理念的延伸，对行为产生直接的规范和约束

① 徐汉明:《当代中国检察文化研究》，知识产权出版社 2013 年版，第 250 页。

力。但是，这两个要素都要通过行为文化来表现，检察行为文化是检察理念和检察制度共同作用的结果。如果检察行为文化与法治精神、检察理念和制度不一致，理念就成了海市蜃楼，制度也将是一纸空文。所以，检察文化建设是检察文化建设的关键环节。

（三）检察行为文化建设是实现检察事业价值观的必经之路

检察行为文化通过检察理念或价值观、检察制度的支配和约束，将一些行为规范慢慢变成检察干警的习惯，使其所言所行体现检察事业的核心价值观。反之，一些不符合检察事业核心价值观的行为就会被文化的无形力量纠正；一些不认可这种价值观的人会被文化氛围内的人排斥。所以当检察干警的价值观与检察事业的价值观相一致时，原本需要制度约束的行为也就转变成了检察人员的自觉行为，这种包含检察事业价值观或理念的自觉行为就是检察行为文化。

二、内外部检察行为文化

前面所说，按照检察机关和检察人员实施检察行为与行使检察权的关系来分，检察行为文化可分为主体性检察行为文化和边际性检察行为文化。按照检察机关内设机构划分来讲，检察行为文化又分为不同内设机构实施的检察行为。笔者认为，按照检察机关和检察人员的行为客体分类，检察行为又可分为外部检察行为，即以除检察机关和检察人员以外的其他机关和群体为工作对象的行为，包括诉讼监督行为、侦查监督行为、审判监督行为、刑事执行检查监督行为、控告申诉检察行为、公益诉讼检察等；内部检察行为，即以检察机关和检察人员为工作对象的行为，包括检察管理行为（检察政务管理、检察业务管理和警务管理）、检察队伍建设行为、案件管理行为、检察信息技术保障行为、纪检监察行为、机关党建行为等；交互性检察行为，即同时以检察机关、检察人员及其他外部单位和群体为工作对象的行为，包括检察宣传行为、法律政策研究行为等。

根据《最高人民检察院关于加强检察文化建设的意见》中对检察文化的定义，可以认为检察行为文化即检察机关、检察人员在长期的检察行为中形成的、为全体检察人员所普遍认同的行为理念及在该理念指导下的行为模式、行为习惯的总和。[①] 参照检察行为的分类，检察行为文化亦可分为内部检察行为文化、外部检察行为文化和交互性检察行为文化三类。

（一）外部检察行为文化

根据外部检察行为的分类，外部检察行为文化也应当包括诉讼监督行为文化、侦查监督行为文化、审判监督行为文化、刑事执行检察行为文化、控告申诉检察行为文化、公益诉讼行为文化、侦查行为文化。

1. 诉讼监督行为文化

随着法治建设的不断深入，检察机关诉讼监督工作也在不断加强。

张军检察长列席最高人民法院审判委员会

（1）诉讼监督行为文化的定义。诉讼监督是检察权的重要组成部分，是指检察机关依照法律规定对诉讼活动实行监督，发现和纠正违法的活动。诉讼监督行为文化是指检察机关或检察人员在依法实施法律监督的过程中形成的思维模式和行为习惯的总和。具体又可分为刑事诉讼监督行为文化、民事诉讼监督行为文化和行政审判监督行为文化。

（2）诉讼监督行为文化的特征。法律监督是指为了维护国家法治的统一和法律的正确实施，专门的国家机关根据法律的授权，运用法律规定的手段对法律实施情况进行检查督促并能产生法定效力的专门工作。法律监督的一般规律包括法定性、程序性、事后性、对公权力进行监督、检察工

① 张国臣：《中国检察文化发展暨管理模式研究》，河南大学出版社 2013 年版，第 289 页。

作一体化、客观公正等。一是法定性。诉讼监督行为必须按照法律授权，在法定监督事项范围内，以法定的程序和方式展开，不能随意扩大范围或随意采用监督方式。二是程序性。三大诉讼监督都属于程序性监督，是一种建议和启动程序权，主要是依法启动相应的法律程序、提出相应的建议或意见，促使被监督对象再次审查，以纠正诉讼中的违法情形和不公裁判，而不是直接纠正违法行为或作出最终的裁判，不具有终局性或实体处理的效力。三是事后性。诉讼监督程序的启动，一般都是在发生了法定的监督事由之后（而非诉讼程序终结以后），检察机关才能够启动相应的监督程序，而不可能像行政权那样事前进行规划、设计，事中进行管理、调整。四是对公权力的监督。在我国人大领导下的“一府两院一委”的权力结构模式下，行政权、审判权、检察权并列制衡，检察机关在法律授权范围内监督侦查、审判等机关的诉讼活动是否公正、程序是否合法及办案人员是否依法履职，属于对公权力的监督。五是检察工作一体化。诉讼监督工作要依法、规范、高效、有序运行，就要充分发挥体制优势，强化上级检察院对下级检察院的领导关系，加强各地检察机关之间的工作协作，在相关内设机构之间建立情况通报、线索移送、工作衔接、互相配合的制度机制，构建以抗诉为中心的多元化监督格局，注重发挥基层检察院在执法办案中的基础性作用，做到上下统一、横向协作、内部整合、总体统筹，形成工作合力，增强工作实效。六是客观公正性。检察机关在行使诉讼监督职能时，是在诉讼之外（相对于已经或正在进行的诉讼活动而言），对诉讼活动中存在的违法或裁判不公行为进行监督，具有超然中立的地位。检察机关在诉讼监督中专司监督职责，既不是为了任何一方当事人的利益，也不具有自身的特殊诉讼利益。

2. 侦查监督行为文化

（1）侦查监督行为文化的定义。侦查监督是法律监督的一个重要方面，即人民检察院根据宪法和法律的规定对公安机关的侦查活动是否合法依法实行监督，目的在于发挥检察机关与公安机关相互制约的作用，保证准确合法地追究犯罪，防止和减少冤、错案件的发生。侦查监督的主要内容包括公安机关：在侦查活动中法律手续是否完备，有无非法拘捕、错捕或漏捕人犯的情况；在立案、侦查、预审、勘验、搜查、扣押、鉴定中，有无违法行为；在讯问被告人和询问证人中有无违法乱纪、刑讯逼供等情况。人民检察院实行侦查监督，主要是结合审查逮捕和审查起诉的工作进行，如发现有上述违反法律的情况，要及时向公安机关提出纠正意见；对情节严重触犯刑律的，要依法追究其法律责任。因此，侦查监督行为文化，是指人民检察院在对侦查机关的侦查活动进行监督的过程中形成的思维、行为模式的总和。

检察机关在看守所提审犯罪嫌疑人

（2）侦查监督行为文化的特征。一是事后性。检察机关无论是通过审查批捕还是通过审查起诉来监督侦查活动，那都是事后监督，而且主要是通过审查公安机关移送的书面材料来进行的，因此往往带有明显的滞后性。例如，在审查起诉阶段，在经过几次延期和两次退回补充侦查后，犯罪嫌疑人被羁押的期限有可能已经超过他可能要接受的刑法判决期限。无怪乎有的犯罪嫌疑人在侦查、起诉阶段老老实实地交代罪行，而一旦到了法庭上就大谈自己无罪的理由，因为他们深知如果在侦查、起诉阶段翻供，非但要经历侦查机关有意识的拖延，而且还要忍受起诉部门一次次的退回补充侦查。此外，分离型的侦诉结构使检察机关与公安机关的起诉和侦查活动相脱离，难以达到高效统一的追诉犯罪的目的。二是非强制性。关于侦查机关不执行检察机关监督和审查决定的法律后果，目前的法律规定很不完善。刑事诉讼法只规定了公安机关应当将检察机关所提的纠正意见和执行检察机关所作决定的情况通知检察机关，而未进一步明确公安机关拒不纠正违法行为或者拒不执行检察机关所作决定的法律后果。现阶段纠正侦查活动中违法行为的手段有三：口头通知纠正、书面通知纠正和追究刑事责任。

3. 审判监督行为文化

（1）审判监督行为文化的定义。审判监督权是指对人民法院的审判活动所进行的监督，包括刑事审判监督、民事审判监督和行政审判监督。将审判监督权配置于检察机关也是世界许多国家的做法，在大陆法系国家更是一种通行的做法，是检察机关履行法律监督的必然要求。审判监督权具体可以分为“提出纠正违法意见权”和“抗诉权”，此外，对于审判人员在审判活动中有严重违法行为，且情节严重已构成犯罪，需要追究刑事责任的，“追究违法者的法律责任”也属于审判监督权的权能。审判监督行为文化就是，人民检察院在对人民法院的审判活动进行监督的过程中形成的思维、理念、行为模式的总和。

公诉人出庭支持公诉

（2）审判监督行为文化的特征。一是同步性。人民检察院依法对人民法院的审判活动进行监督，具体体现为出庭支持公诉，因此，在庭审的过程中，检察人员依法对审判程序进行监督，因此，在此过程中形成的审判监督行为文化就自然地和审判活动同步，也就具有了同步性。二是事后性。比如，检察机关对人民法院作出的一审判决提出抗诉，是在一审判决下达之后，经过法律适用、检察官研究衡量之后作出的决定，对比法院的审判，具有明显的滞后，因此其必然带有事后性。

4. 刑事执行检察行为文化

（1）刑事执行检察文化的定义。我们知道，刑事执行是指人民法院、公安机关和司法行政机关等具有执行功能的机关，为实现法院作出的已经发生效力判决或裁定规定内容的执法活动。因此，刑事执行检察权的定义就是检察机关刑事执行检察部门为实现刑事诉讼所追求的公平正义的价值目标，依据宪法、刑法、刑诉法以及其他有关刑事执行和监督的法律规定，对执行机关的刑事执行活动是否合法实施检察监督所享有的一系列权力。刑事执行检察行为文化，即检察机关刑事执行检察部门在履行职责、开展检察监督行为过程中所形成的思维、理念和行为习惯的总和。

检察机关刑事执行检察部门着力开展监管安全大检查

（2）刑事执行检察行为文化的特征。一是行为的特定性。从刑事执行检察权运行的范围上看，刑事执行检察权的所有权能都是围绕“刑事执行”活动开展监督而存在的。刑事执行检察权包括了对限制自由的刑事强制措施的执行和刑罚的执行的监督。[①] 这里包含了两层含义，即刑事执行检察权只包含对限制自由的刑事强制措施和刑罚的“执行”监督权和“限制自由的刑事强制措施”和“刑罚”的执行活动监督。二是内容的固定性。从刑事执行检察权的包含内容上看，刑事执行检察权的核心权能包括两个方面内容：即对限制自由的刑事强制措施和刑罚的日常执行活动和变更执行活动进行监督，监督内容包括执行的时间、地点、方式、程序等内容是否符合法律规定。三是目的的一致性。从刑事执行检

① 陈毅炜:《刑事执行》公众号，2017 年 3 月 4 日。

察权运行的目的上看，刑事执行检察权所有的权能都是围绕“四个维护”而存在的，即通过对限制人身自由的刑事强制措施和刑罚执行活动是否合法进行有效的监督，维护刑事执行的公平公正，又能有效保障刑事被执行人的合法权益；通过积极有效的防止限制人身自由的刑事强制措施被执行人被超期羁押，主动履行羁押必要性审查职责，维护刑事被执行人合法权益；通过及时受理并妥善解决被刑事执行人及其法定代理人、近亲属、辩护人、诉讼代理人的控告、举报和申诉，保障被刑事执行人合法权益、维护社会和谐稳定；通过对具有“牢头狱霸”等行为，在刑罚执行期间再涉嫌犯罪的罪犯，运用刑事办案的手段加以打击，以维护刑事执行场所监管秩序稳定。

5. 控告申诉检察行为文化

（1）控告申诉检察行为文化的定义。控告申诉检察行为，是指通过受理公民的控告、申诉，查办控告申诉案件，了解执行政策、法律情况，提供犯罪案件线索，惩罚犯罪，纠正冤假错案，履行检察机关法律监督的职能的行为，其目的是维护社会治安，保护公民的人身权利、民主权利和其他合法权益。控告申诉检察行为文化，就是指检察机关和检察人员在行使控告申诉检察权的过程中形成的所有行为模式、习惯、理念的总和。

（2）控告申诉检察行为文化的特征。一是双重性。因为控告申诉检察工作性质上，既具有法律监督属性，又具有“窗口”的服务属性，因此，控告申诉检察行为文化也具有双重性，既要按照法律规定依法履行法律监督职能，又要服务来访人民群众为其解决实际问题。二是多样性。因为控告申诉检察工作职能众多，不仅具有受理、登记、办理等一般业务工作职能，且具有对内对外的监督制约职能，此外“窗口”接待要接触不同年龄、文化层次，不同职业、家庭背景和经济状况、精神状况的不同信访群体，为帮助群众解决实际困难，化解社会矛盾，还要协调政府机关、相关部门，依靠一切可以依靠的力量，共同做好息诉罢访工作，维护社会稳定。因此在控告申诉检察行为文化具有多样性。三是综合性。由于检察信访工作既要对控告申诉信访进行审查处理，掌握不同信访人员的心理特点，还要对出现的各种紧急情况处理好，可以说检察信访工作既需要较高的法律政策水平，又需要社会学、心理学、管理学等多种学科知识，工作涉及知识面比较广泛，因此由控告申诉检察人员做出的行为便具有了综合性的特点。四是求稳性。当前控告申诉检察工作，承担了检察机关大部分的维稳职能，已经引起各级领导和方方面面的重视，但是在处理控告申诉信访中由于过分强化信访维稳责任而弱化了信访工作监督制约职能，往往以平息当事人的情绪，要求信访人息诉罢访为目的，而对造成上访的工作差错缺少重视。所以，控告申诉检察行为文化不可避免呈现出“维稳高于一切”的价值取向。建议建立健全信访责任倒查制度，在做息诉工作的同时，也要查一查工作中有没有过失或错误，对于原案办理中的失职、渎职行为要实行问责制，必要时应予追究，对于工作中的明显差错也应予以重视，必要时也可处罚或通报。从而进一步提高工作质量，从源头上减少涉检上访的情况。

6. 公益诉讼行为文化

（1）公益诉讼行为文化的定义。公益诉讼是与私益诉讼相对而言的概念，它是指特定的国家机关和相关的团体和个人，根据法律的授权，对侵犯国家利益、社会公共利益或不特定的他人利益的行为，向法院起诉，由法院依法追究相对人法律责任的诉讼活动。也就是说，公益诉讼是法院在当事人及其他参与人的参加下，按照法定程序，依法对于个人或组织提起的违法侵害国家利益、社会公共利益的诉讼进行审理并判决，以处理违法行为的活动。[①] 简言之，检察机关公益诉讼行为文化是指检察机关公益诉讼部门履行职能、提起公益诉讼程序并参与审判过程中形成的思维、行为习惯的总和。

检察机关办理公益诉讼案件现场勘查取证

① 参见搜狗百科：https://baike.sogou.com/v6403927.htm ? fromTitle=%E5%85%AC%E7%9B%8A%E8%AF%89%E8%AE%BC。

（2）公益诉讼行为文化的特征。一是公益性。根据公益诉讼的定义可知，公益诉讼最本质的特征就是公益性，与维护个人和组织自身的合法权益的私益诉讼相比较，公益诉讼的诉讼目的是维护国家利益和社会秩序。公民、法人或其他组织经法律授权，可依法行使诉讼权利，并保证人民法院查明事实、分清是非、正确适用法律、及时审理违法案件，确认权利义务关系，制裁违法行为，以保护国家和社会公共利益。因此公益诉讼行为文化天然具有公益性，所有与之相关的行为必须遵从公益性原则，为维护社会公共利益而进行。二是行为主体的有限性。虽然在学术界看来，公益诉讼当事人中的原告既可以是直接受到违法行为侵害的社会组织和个人，也可以是没有直接受到违法行为侵害的社会组织和个人。但是根据现阶段的立法，只有检察机关被授权提起公益诉讼，因此公益诉讼行为文化仅仅局限于检察机关提起公益诉讼的过程中形成的思维理念、行为习惯的总和。三是过程的缓冲性。据最高检的相关负责人介绍，为促进依法行政，更好督促和支持行政机关依法履行职责，有效节约司法资源，检察机关不宜简单直接提起公益诉讼，应当先通过诉前程序。提起民事公益诉讼之前，检察机关应当依法督促或者支持法律规定的机关或有关组织向人民法院提起民事公益诉讼。提起行政公益诉讼之前，检察机关应当先向相关行政机关提出检察建议，督促其纠正违法行政行为或依法履行职责。如果经过诉前程序，法律规定的机关和有关组织没有引起重视，社会公共利益仍处于受侵害状态的，检察机关可以提起民事公益诉讼；行政机关拒不纠正违法或不履行法定职责，国家和社会公共利益仍处于受侵害状态的，检察机关可以提起行政公益诉讼。因此，检察机关提起公益诉讼必须要经过一定的程序，其过程是渐进缓冲的，因此，在此过程中形成的公益诉讼行为文化必然具有缓冲的色彩。

7. 侦查行为文化

2018 年 10 月 26 日，十三届全国人大常委会第六次会议通过了《关于修改〈中华人民共和国刑事诉讼法〉的决定》，并于当日公布施行。修改后的《刑事诉讼法》明确规定：“人民检察院在对诉讼活动实行法律监督中发现的司法工作人员利用职权实施的非法拘禁、刑讯逼供、非法搜查等侵犯公民权利、损害司法公正的犯罪，可以由人民检察院立案侦查。对于公安机关管辖的国家机关工作人员利用职权实施的重大犯罪案件，需要由人民检察院直接受理的时候，经省级以上人民检察院决定，可以由人民检察院立案侦查。”至此，关于国家监察体制改革后，检察机关自侦权力是否保留的争论尘埃落地，检察机关仍然拥有对侵害公民权利、损害司法公正的 14 个罪名的司法工作人员渎职犯罪进行侦查的职责和权力。

（1）侦查行为文化的定义。侦查，是指刑事诉讼中的检察院、公安等机关为了查明犯罪事实、抓获犯罪嫌疑人，依法进行的专门调查工作和采用有关强制性措施的活动。推而论之，侦查行为文化是指在侦查活动中以知识、艺术、道德、习俗、技能等观念形态和行为模式为表现以反映侦查人员能力素质的各种现象的总和。

检察机关对犯罪嫌疑人进行讯问

（2）侦查行为文化的特征。一是教育性。面对扑朔迷离的案情，侦查人员常常为研究案情或为缉捕罪犯而夜以继日地工作；在紧张的时候，往往连续作战、不辞辛苦，直到将极度狡猾、善于反侦察的罪犯抓获归案、绳之以法，体现出一种孜孜不倦的忘我精神。这种敬业精神早已印在人们的心里，尤其是在影视文化中得到深刻的体现。对犯罪打击的最初体现就是侦查方面，没有它的成功就没有后来的诉讼和惩罚；因此，惩恶扬善是侦查行为文化重要的一方面，通过它使得他人从中受到教育。二是隐蔽性。侦查的目的是搜集犯罪证据，查明犯罪事实，并采取相应的强制措施，而犯罪嫌疑人则必然会采取各种方式，躲避查证、毁灭犯罪证据借以逃脱法律的惩罚，而且，检察机关的侦查对象是具有专业知识、高智商的司法工作人员，他们具有更强烈更专业的反侦察意识，因此，检察机关的侦查行为必须是隐蔽的，而这种隐蔽的侦查行为以及案件最终的结论更让局外的人感到富有神秘性。三是专业性。侦查行为是一项专业性工作，既要有专业的侦查知识、侦查技巧，又要借助各种专业技术手段，以达到侦查目的。因此，侦查行为必须要由专业的技术人员来实施，即便是检察机关内部的其他业务部门或者是综合部门的人员，都不可能圆满完成侦查任务，到达侦查目的。

（3）侦查行为文化的作用。一是导向功能。侦查机构作为一个组织，其组织文化自然对内部人员具有一定的行为上的控制和引导作用。二是约束功能。侦查文化是一个具有极强规范性的特殊文化，一方面，侦查行为本身是一项法律活动，受法律规范的制约；另一方面，侦查文化是一项极其秘密的工作，自身具有很强的组织纪律性，受职业道德规范和职业习俗规范的制约。三是激励功能。在侦查机关内部实行竞争上岗，实行目标责任制、错案追究制等制度，旨在运用激励手段，提高侦查人员对组织目标的重视程度。四是凝聚功能。由于有共同的价值观、职业精神和职业道德，使侦查人员在实践中有共同的目标和方向，能凝聚集体的努力，从而形成共同的群体意识，使侦查人员产生一种集体感、归属感。

（二）内部检察行为文化

根据内部检察行为的分类，内部检查行为文化应当分为：检察管理行为文化、检察队伍建设行为文化、自我监督行为文化等。

1. 检察管理行为文化

（1）检察管理行为文化的定义。检察管理行为，既包括检察业务管理（案件质量管理），又包括检察事务管理（办文、办会、办事以及后勤服务保障），还包括警务管理（司法警察管理）。因此，检察管理行为文化，可以理解为检察机关和检察人员在实施检察业务、事务、警务管理中形成的思维习惯、行为模式的总和。

检察机关召开全市检察工作会议

（2）检察管理行为文化的特征。一是服务性。当前，检察管理正朝着更加科学、规范、高效的方向飞速发展，并取得了极大进步，但无论是检察业务管理，还是检察事务管理、检察警务管理，归根结底是为了促进检察工作的科学发展，推行案件质量管理，是为了统一案件“进出口”，强化案件全流程监督，提升案件质量，进而提升检察机关的司法公信力；规范、高效的检察事务管理，是坚持党对检察工作的绝对领导，贯彻落实上级检察机关和地区党委的决策部署，服务地区经济社会发展大局的有力抓手，也是确保检察机关凝聚力、战斗力的基础。二是统一性。检察业务管理、事务管理、警务管理，无一例外都应有统一的标准，比如对错案、严重瑕疵案件、瑕疵案件等都有明确的规定；湖北省武汉市汉南区检察院经过收集、起草、讨论和修改，编辑出版了《检务管理规范》一书，涵盖了综合事务管理、组织人事等五大类 44 项制度，也为检察管理明确了标准。

2. 检察队伍建设行为文化

（1）检察队伍建设行为文化的定义。检察对建设是检察事业的基础，是实现各项检察事业又好又快发展的组织保证和智力支持。2018 年 3 月，张军检察长在全国检察机关学习贯彻全国“两会”精神电视电话会议上提出要“讲政治、顾大局、谋发展、重自强”的要求，为检察工作特别是队伍建设指明了方向。检察队伍建设行为文化是指在思想政治素质、业务素质、执法作风等方面加强检察队伍建设过程中形成的行为理念、行为模式和思维习惯的总和。

（2）检察队伍建设行为文化的特征。一是政治性。信念坚定、对党忠诚是对检察队伍最重要、最根本的要求。党的十八大以来，全国检察机关始终把理想信念教育摆在检察队伍建设第一位，努力打造一支坚定信念、忠诚可靠的检察队伍。通过认真学习总书记系列重要讲话精神，深入开展“党的群众路线教育实践活动”、“三严三实”专题教育和“两学一做”学习教育，落实党风廉政建设“两个责任”等方式，突出了检察队伍建设的政治性。二是专业性。检察机关作为国家的法律监督机关，检察人员的执法能力，是其履职的必备条件。检察行为文化实际就是用检察文化教化、文明化检察职业群体，尤其是检察官。检察人员执法能力建设一直备受重视，最高检和各省级检察院都设立了专门的检察官培训学院，拥有专门的师资队伍，可以从侦查监督、公诉、未成年人检察、反贪、反渎等各条线举行专业化培训，可以说，现阶段，检察队伍执法能力已经得到大幅提升，能够满足现实需要。

3. 自我监督行为文化

辽宁省检察院召开全省检察机关党风廉政建设和反腐败工作电视电话会议

（1）自我监督行为文化的定义。我国宪法规定检察机关是法律监督机关，独立行使检察权，不受任何团体和个人的干涉。但是，根据“权力必须接受监督”的一般准则，作为法律监督者的检察机关同样要接受监督，这既包括来自外部的监督，也包括检察机关自身的本体监督。因此，健全和完善检察机关自身监督制约机制也就显得尤为重要。自我监督，就是检察机关顺应时代发展趋势，以开放、包容的姿态，主动接受外部监督的行为，即接受同级纪委派驻检察机关的监督（检务督察），和接受人民监督员的监督。因此，自我监督行为文化，就是在接受监督过程中形成的思维习惯、行为模式的总和。

（2）自我监督行为文化的特征。一是禁止性。以检务督察为例，检务督察，大多数强调的是对检察纪律的执行情况的督察，比如《检察人员八小时外行为禁令》、禁酒令的执行情况，此外，检察人员按规定着装情况、检察机关车辆使用情况等，也是检务督察的内容，通过检务督察，可以促使检察人员严格遵守各项规定，并对违反规定的检察人员进行纪律处分，因此自我监督行为文化具有禁止性的特征。二是开放性。随着人民监督员制度的逐步推开，来自不同行业、具有专业特长的人民监督员，具有广泛的代表性，既能充分反映社会群体的主体意愿，帮助检察机关及时发现和解决检察工作存在的突出问题，又能以其自身优势，与检察人员形成思维和专业知识的互补，有利于检测查人员提升执法本领，处理案件能兼顾法、理、情，真正维护各方当事人合法权益，维护社会公平正义。同时，通过邀请人民监督员参观、座谈等形式，检察机关可以更加直观、全面地了解和掌握人民群众对检察机关的新要求、新期待，紧跟社会热点、焦点，有针对性地加强和改进检察工作，更好地保障民生，服务大局，而这一切，都必须要有强大的开放性、包容性，才能真正达到效果。

（三）交互性检察行为文化

交互性检察行为，是指同时以检察机关内部人员和检察机关外部人员为行为客体的各类活动、行为，主要包括检察宣传行为和法律政策研究行为。因此，交互性检察行为文化，就是指在同时以检察机关内、外部人员为行为客体的各类活动、行为中形成的思维习惯、行为模式的总和。检察宣传，既要向检察机关外部宣传检察工作的做法、成绩和效果，以争取社会群众对检察机关、检察人员和检察工作的认同，又要通过向内部检察人员宣传党委（党组）的思想和上级院的工作要求，确保全体检察人员的思想和行动统一到党委（党组）和上级的决策部署上来。同理，法律政策研究，不仅要研究检察实务，用于指导检察工作，还要研究地区经济社会发展趋势，及时为检察工作服务地区社会经济发展提供决策参考。因此，交互性检察行为文化具有双向性的特征。

第三节　检察行为文化建设的途径与方法

检察行为文化，作为检察文化的重要部分，体现了检察人员在检察文化建设中的主体地位，强调了检察文化建设的实践性。加强检察行为文化建设，既是发挥检察文化对检察行为的引导作用，也是通过检察行为来创新、发展和继承检察文化。

一、检察行为文化建设存在的问题

（一）执法不规范是检察行为文化建设的突出问题

时代的变化对检察机关规范行使权力提出了更高的标准和严格的要求，也不断促使检察机关在执法理念上进行转变，在执法方式上加以改进，在规范、文明、理性执法上寻求突破。重实体而轻程序一直是我国传统执法观念，在办案过程中表现只讲办案结果，不计执法手段，只注重结果的正确而忽略手段的恰当，结果造成任意执法、随意执法普遍，刑讯逼供频发，侵犯人权现象层出不穷，因而也酿成冤假错案。这种对诉讼程序的不重视在损害执法机关自身形象的同时，更导致民众对司法机关以及法律不信任，严重影响了我国建构法治社会的进程。过去刑诉法中有关“人犯”的称谓中，也可看到，在检察机关恢复重建初期的一段时间内，受阶级斗争观念的影响，罪犯成为人民群众的阶级敌人，为了实现对人民和国家利益的保护，检察机关对待罪犯的态度多停留在打击惩治上。结果，在打击阶级敌人的理由掩盖下，许多随意执法、任意执法的行为堂而皇之地大行其道，造成对犯罪嫌疑人合法权益的不必要的损害。如今，人权保护越来越成为一种流行于国际社会的先进理念，轻刑化、恢复性司法也逐渐成为国际刑法学界的主流观念。受这种先进思潮的影响，检察机关在执法过程中也在逐渐摒弃了先前的那种重打击的观念，转而越来越多地实行更为规范和人性化的办案方式。

在执行过程中，依然有“重惩罚轻教育”“重实体轻程序”“重法律效果，轻社会效果”等问题，执法中依照法条机械执法，把注意力放在执法的法律效果上，并片面地将法律效果作为检验工作的唯一标准，甚至有些检察官还将法律效果同社会效果对立起来，不讲究工作方法和不注意执法环境，单纯追求法律效果，影响了社会和谐。

（二）检察行为规范不健全，贯彻落实有待加强

检察行为文化建设，关键是要贯彻落实相关法律法规、制度性文件和行为规范等。比如：最高人民检察院下发的《中华人民共和国检察官职业道德基本准则（试行）》《检察机关文明用语规则》《检察人员八小时外行为禁令》等制度规定，对于约束和规范检察人员行为具有重要意义，体现了社会公众对检察人员行为的总体期待和认可标准，如能得到真正贯彻执行，必定会对检察行为文化建设起到极大的促进作用。但应当看到，现阶段关于检察行为的各项制度规范仍不健全，对于检察行为的规范和引导作用没有得到充分发挥。

（三）个别检察人员素质不高，影响检察机关整体形象

检察人员作为一个社会群体，在社会发展中有着不可替代的作用。虽然总体来看，检察人员的社会形象是好的，但不可否认的是，由于历史原因，个别检察人员的素质长期没有得到提升，而作为社会公众，往往会通过个别的检察人员的个别行为，去了解、误解甚至完全否认一个地区检察机关、全体检察人员的社会形象。因此，在检察行为文化建设过程中，要十分注重检察人员个体行为文明的培养和文化素养的形成。而对于检察人员个体来说，必须要深刻认识到个体行为对检察人员整体社会形象的影响，以高度的集体荣誉感和高素质的文化自觉，时刻注意自己的言行，用检察行为规范来约束自己的行为，用自己的行为提升检察人员和检察机关的整体形象。

二、加强检察行为文化建设应坚持的原则

检察行为文化建设，是一个长期的过程，在这个过程中，需要坚持一定的基本原则，从而保证检察行为文化建设的正确方向，实现检察行为文化建设的良好效果。

（一）要准确把握检察行为文化的特点

1. 法律性。检察行为属于司法行为的内容之一，检察机关是宪法确定的

法律监督机关，检察行为体现法律的基本监督属性，必然成为检察行为文化建设的应有之义。因此，检察行为体现的法律属性，主要基于检察机关法律监督职能职责，检察行为文化的建设，必然与监督职能密不可分。检察行为文化的建设，需要培植符合自身职业特点的执法准则以及执法思想，提升检察执法者的职业素养与道德素养，做到推动检察文化建设，推进检察工作向高水平发展，从而做到保障国家法律统一正确实施。因此，在检察行为文化建设过程，必须立足于检察机关法律监督的职能职责。在这一点基础上，也不能否认检察行为受到法律的控制，即国家强制力的保障。

2. 社会性。一方面检察行为与法律的密切相关的活动，必然产生一定的法律后果，法律后果的承担与社会因素息息相关；另一方面，检察行为是由检察主体实施完成的，检察行为主体作为特殊社会主体的一部分，检察行为是其在社会现实生活中的意志行为或者意思行为。

3. 价值性。检察行为文化能够体现检察机关对法治内涵的追求，也是人们对检察行为的认识和期许。检察行为的行使，必然基于检察行为主体对某种特定行为的评价。在行使具体行为时，必然反映出主体、客体、对象等因素，检察行为是一种对象性十分明确或者相对明确的社会实践活动。在具体行为过程中，检察主体在运用自身权力的同时，也会涉及自身道德、法律、经济、文化等多种价值取向，其产生的社会影响，人们也会用善恶、好坏等概念或因素进行分析。

（二）要准确把握检察行为文化的主体及形象塑造

检察行为文化的主体主要是检察机关和检察官。检察机关作为国家的法律监督机关，主要有批准逮捕、审查起诉、民事行政检察监督、刑事检察执行监督等职能职责。在行使职能职责时，检察机关对外作为一个整体，成为检察行为文化的主体，是理所当然的。检察行为文化的创造者、实践者，主要是具备独立办案资格的检察官。但是，在检察系统内，某些不具有独立办案资格的工作人员，比如司法行政人员、书记员、事业编制人员，甚至是合同制工作人员，在对外代表检察机关，行使某些或者某项检察职能时，也可视为检察行为文化的主体。

检察行为主体的形象，关系整个检察机关的形象。塑造良好的检察主体形象，显得极其重要与必要。检察主体的形象塑造包含了检察机关整体形象和检察官形象。检察机关整体形象的塑造，总的来说是检察机关切实履行法律监督职能形象，应当包含了检察机关理念建设、制度建设、组织文化建设、设施建设、语言文本建设等诸多方面。检察官是国家法律监督执行者，是检察机关的执法者，肩负守护法律与维护国家法制统一的神圣使命。检察官应当具备强烈的社会责任感和个人尊严感。由于检察官特定的身份，相比社会普通大众来说，在社会责任感和个人尊严感方面，应当有更高的要求。检察官在执行公务活动中，代表的是检察机关整体形象，代表的是国家形象，对其举止谈吐、仪表等方面都有严格的要求。检察官应当心存正义感和敬畏感，检察官在行使检察权的过程中，应当对宪法法律敬畏，应当对公民权利敬畏，应当对国家和集体利益敬畏，站在公平正义的立场上处理问题，只有这样，检察权才能够得当正当行使。

（三）准确把握检察行为文化的结构组成

美国文化人类学家克鲁克洪曾经将文化分为显型文化和隐型文化。[①] 在这种划分方法下，法治文化也可分为隐性法治文化和显性法治文化。显性法治文化，应当具有直观性的特点，其深层结构蕴含法治意识、法治精神、法治理念、法治原则与价值等概念范围较大的内容。检察行为作为法律行为的一种方式或者内容，也是显性法治文化的表现方式。笔者认为，显性法治文化更多的体现在法治文化的表层次结构上，与法治文化表面机构向对应；隐形法治文化更相对体现在法治文化的深层次结构上，与法治文化深层次结构对应。

基于这样的基础观点，从结构层次上来讲，检察行为也分为表层次结构和深层次结构。检察行为表层次结构，主要是指检察机关在实施特定检察行为过程中，所体现出来的能够可视可见、直接感官的因素。一是检察机关实施执法行为，必然依据相应的法律规范。检察机关的行为，更多的是与与法律息息相关行为，必然产生特定的法律效果，是受法律调整和规范的涉法行为。二是检察行为主体可视可见，检察行为的实施主体能够为人们所感知，能够对外体现出是由谁实施的。三是检察行为对象可视可见，检察行为的实

① 王玲莉：《中国传统法律文化对法治文化建设意义探讨》，载中国普法创新网，2014 年 11 月 5 日。

施对象、接受对象以及影响对象，都是能够通过具体检察行为直接体现的。检察行为的深层次结构，是检察行为所体现的检察意识、执法理念、执法原则、价值选择等不可视不可见的因素，是隐藏在表层次结构之中的。检察行为实施的原因、目的、动机应当深层次结构的首要因素，检察行为实施的方式方法、行为效果和影响，也是检察机关不得不考虑的深层次因素。当然，特定的地域环境和社会环境也会影响检察行为产生的初衷。

（四）准确把握检察行为文化的行为模式与规范体系

检察行为模式分为应为模式和勿为模式。检察行为的应为模式，主要是指检察行为主体应当或者必须的行为，法律明确规定了行为主体行为的范围、行为的方式，即行为主体必须在法律明确规定的范围内行为、符合法律规定的要求行为。坚持依法履行职责，严格依照法定职责权限、标准和程序执法办案；坚持客观公正，忠于事实真相；坚持打击与保护相统一等履责行为规范或者原则的前提下，在具体检察行为过程中，必须按照法律的明确规定，这是对检察主体行使权力的严格限定。检察行为的勿为模式，是指检察主体不得或者禁止某种行为，即行为主体不得行使违反法律要求、具有社会危害性的行为。笔者认为，在一定程度上或者某种特定的环境下，应为模式和勿为模式是相对应的，是存在相互矛盾的。在具体应为模式和勿为模式的制约下，检察行为主体也需要发挥自身的主观能动性，去衡量自身行为所产生的社会效果与法律效果。

检察行为的实施，必然要受到相应规范系统或者体系的制约。笔者认为，检察行为主要受以下三个方面的规范制约：一是宪法法律等规范制约。这一制约主要体现在法律法规的制约层面上。检察权行使过程中，检察行为的实施必然要受到宪法的制约，也必须严格按照刑法、刑诉法、民诉法等法律的规定行使，同时，司法解释也会对检察行为产生影响。二是政策、法规制约。中国的法治建设，是中国共产党领导的中国特色社会主义法治。在当前检察系统双重领导体制下，检察行为的行使必然受到党的政策影响，也必然受制于检察机关内部的规章制度等。三是社会道德的制约。检察主体实施检察行为，必然会受到社会大众的评价，因此，职业道德、社会公德、家庭伦理道德等因素就必然影响检察主体对检察行为的判断和抉断。

三、加强检察行为文化建设的基本要求

（一）以培育检察特色的法治思维与法治理念为基础，塑造检察行为理念

当前，法治思维和法治方式成为了社会治理的主要思维模式。法治的思维和方式，侧重的是一种国家治理的理念、路径与思路。从社会治理的角度来看，法治的思维模式，在侧重价值选择的同时，也侧重治理方法与手段的选择。检察行为文化之构建，应当以培育具有检察行为文化特色的法治思维与法治理念为基石，塑造检察行为理念文化。一是检察机关将法治思维和法治理念，融入贯通到具体检察权行使过程中，以法治方式处理问题。法治思维与法治理念的塑造，是检察人员对检察工作的价值判断和基本看法，也是一种精神力量和价值上的期望，具有规范、指导、引领检察行为的作用。二是塑造检察行为的理念文化，应当突出公平正义这一核心价值。三是权力规制与权力保障，在司法体制改革的大环境下，检察权的重新配置、检察权的规制是避不开的话题与改革内容，但不论以怎样的形式进行改革，都应当为检察行为对象提供权利保障，这是检察行为文化建设的实质要义。检察行为的理念文化，并非是一成不变的，也会随着时代的发展，伴随着中国特色社会主义检察事业的发展而不断完善丰富的，当然其以法治思维和法治方式处理问题，将一直是检察行为坚持的主线与核心。

（二）以规范化为前提，着重检察行为制度建设

法治社会应是良法之治，这是现代法治社会的基本要求。检察行为文化的建设，要以规范化的制度建设为抓手。首先是要建立一套完备的行为规范规章制度，作为检察行为实施的依据。在相关法律对检察行为具有明确规定的前提下，我们必须看清现实工作的琐碎与特殊。法律的规定或者上级的规章制度具有原则性和指导性，对于具体检察行为的实施规定，不能做到一一规范。这就要求我们在认真调研和总结的基础上，针对检察行为各个环节，制定切实可行的规范，让检察行为主体依法依职履行责任。其次，完善检察行为执行机制。法律的生命在于实施，再好的制度得不到良好的实施，也是

徒劳无用的，这就必须要求保障制度的执行力。当然，各级检察机关的领导干部应当做遵守规章制度的带头人，以身示范，引领检察干警形成良好的遵规守纪风气。最后，检察机关应当健全行为执行监督机制。良善的制度，需要有相应的监督机制作为保障，否则会成为无本之木、无源之水。在当前进行司法体制改革的大背景下，检察机关要探索建立与司法体制改革相对应、相配套的责任追究机制和考评机制，以问责和绩效相结合的方式，保障各项行为制度的良好实施。

（三）以提升检察执法人员素质工程为引领，突出检察行为文化特色

检察行为文化建设，检察执法人员的素质是关键。《检察官职业行为规范》对检察官的职业信仰、履职行为、职业纪律、职业作风、职业礼仪、职务外行为进行了规定。各级检察机关在加强检察行为文化的同时，要着重对检察人员职业素质和道德素质的培育与提升。一是检察行为文化要突出检察官职能特色，从事检察工作，需要专业的检察人才，也需要检察人才专注于检察事业，奉献于检察事业。在实施检察行为过程中，要取得良好的法律效果与社会效果，需要具备极高法律素养、职业素养的检察人才。二是检察行为文化建设要体现以人为本。检察行为文化的建设，潜移默化对检察干警产生重要影响，要将以人为本的理念和司法公开公正观念灌输于检察干警思想当中，充分发挥广大检察干警建设检察行为文化的积极性。

四、加强检察行为文化建设的具体措施

检察行为文化建设应从检察队伍建设入手。检察职业道德建设和修养是基础，高超的业务能力是关键，良好的言谈举止是载体，三者合一，才是检察行为文化建设的落脚点和最终目的。

具体措施如下：

一是加强宣传教育。为了使检察理念、检察制度转化为检察干警的自觉行为，并达到习惯成自然的境界，应通过报纸、网站、宣传栏等载体，广泛开展检察理念和价值观教育、检察制度的学习，发表廉政教育文章，强化纪律观念，宏扬正义文化。

二是坚持开展“恪守检察职业道德，促进公正廉洁执法”“规范司法行

为专项整治”等各类主题实践活动。恪守检察职业道德既是检察干警的行为理念，也是检察干警的行为准则，是我们党选拔任用德才兼备干部的重要内容。没有检察职业道德的基石，检察官难于长久公正廉洁执法，更难于形成公正廉洁的检察行为文化。恪守检察职业道德也是人格力量的集中体现。这种人格力量从本质上讲，源于道德修养，体现为一种检察公信力，是我们检察干警公正廉洁执法行为的重要保障。只有具备这种人格力量的检察官，他的言谈举止和执法行为才有崇高的威望，才会让群众自觉信服。

检察机关开展业务培训

检察官在业务竞赛中获奖

三是积极开展各种检察业务能力的培训和竞赛。抓好对口业务培训工作和岗位竞赛活动，做好案件评查工作，组织参加续职教育和提高素能的各类培训，拓宽渠道培养专门型、复合型检察人才，提高队伍的法律监督能力和水平，提高执法质量。

四是积极开展各种业余活动。大力开展各种业余活动，丰富和活跃检察干警文化生活，营造积极向上、情趣健康的文化氛围。组织检察干警观看讲授礼仪的录像片，进一步规范干警仪表、言谈、举止；组织检察干警参加各类文体活动，比如各种运动会、球赛等；积极向检察干警推荐有关书籍，引导干警多读书、读好书；举办有助于培育干警职业素养的文化讲座，比如法哲学、心理学、人文学等知识讲座，还要举办一些演讲比赛、案例研讨等活动。

检察人员参加健康跑活动

检察人员参加读书节活动

五是加强监督和考核。人是具有惰性的，往往习惯于方便行事，这也是某些检察干警放松自身要求的主要原因。为此，必须坚持监督，包括组织监督、同事监督、群众监督、媒体监督等，使检察干警的行为处于受控状态；另外，还应当坚持严格考核，督促检察干警不碰制度的“红线”，通过强化考核提升检察干警的行为准则。

第六章 检察物质文化

从哲学上讲，物质是质量的空间分布。马克思主义对物质作出的定义是：物质指不依赖于人的主观意识而又能为人的意识所反映的客观实在，是相对于意识而言的。恩格斯在《自然辩证法》中说："实物、物质无非是各种实物的总和，而这一概念就是从这一总和中抽象出来。"列宁在《唯物主义和经验批判主义》一文中依据马克思、恩格斯对物质范畴的分析，给物质下了完整而准确的定义："物质是标志客观实在的哲学范畴，这种客观实在是人通过感觉感知的，它不依赖于我们的感觉而存在，为我们的感觉所复写、摄影、反映。"

物质是文化的外在表现，文化反映物质的客观存在。谢鹏程认为，检察文化是检察机关和检察人员在检察工作中创造、发展和传承的，体现检察工作职业规定性的检察观念、检察伦理和检察形象等精神成果，其内容是体现检察职业规定性的检察观念、检察伦理和检察形象等精神成果。[①]作为检察文化的一个重要组成部分，检察物质文化是检察精神文化和行为文化的实现载体，是检察观念、检察伦理和检察形象的外化，对于创造、发展和传承检察文化起着基础性的支撑作用。本章将从检察物质文化的概念、检察物质文化载体与检察文化和检察物质文化建设的途径和方法等方面进行探讨。

第一节 检察物质文化概述

检察物质文化有着深刻的内涵和丰富的内容，是检察文化"三位一

① 谢鹏程：《检察文化的概念重构》，载《国家检察官学院学报》2013 年第 1 期。

体”结构体系的重要组成部分，是检察精神文化和行为文化的重要物质支撑。本节通过探讨检察物质文化的概念、分类、特征和功能，对检察物质文化进行初步的概括，为下一步详细研究检察物质文化的内容、检察物质文化与检察文化的关系、检察物质文化的建设途径等问题奠定理论基础。

一、检察物质文化的概念

社会学上，广义的文化是指人类创造的一切物质产品和精神产品的总和，这其中就包含物质产品。而360百科解释物质文化，是指为了满足人类生存和发展需要所创造的物质产品及其所表现的文化，包括饮食、服饰、建筑、交通、生产工具以及乡村、城市等，是文化要素或者文化景观的物质表现方面。[①] 由此，我们可以简单归纳检察物质文化的定义，即检察物质文化，是指检察机关和检察人员在长期的检察工作发展历史进程中，所创造、传承的一切能反映检察文化的客观存在。

二、检察物质文化的分类

（一）理念表征型检察物质文化

理念，即观念，在一般意义上是指思想，也指表象或客观事物在人脑中形成的概括性的形象。表征是指事物显示在外的特征，引申为揭示、阐明，具有形象性特征。抽象的理念需要一定的物质形态表征出来，即理念表征。

理念表征型检察物质文化是指承载、表征、表达一定的检察精神理念的检察物质文化，包括检察建筑设施、文化长廊、雕塑、壁画、检察人员创作的廉政书画等。例如，检察机关办公大楼大多呈灰色、简洁、庄重，体现出的是检察权的庄重和威严；办公楼悬挂国徽，表达的是检察机关是国家的权力机关，依照宪法和法律履行法律监督职责。这些理念表征型检察物质文化，强调了检察物质文化和检察精神文化的关联性，突出了检察物质文化的表征功能。

---

① 参见360百科：物质文化词条。

（二）行为支撑型检察物质文化

行为支撑，是指为检察行为提供条件和保障。行为支撑型检察物质文化，指为执法办案、检察管理等检察行为提供条件和保障的物质文化，包括检察基础设施、检察交通工具、检察信息技术设备等。该类型强调的是检察物质文化和行为文化的关联，突出了检察物质文化为检察行为文化提供物质支撑和败仗。检察职业的特征决定了行为支撑型检察物质文化与其他机关、组织或部门的物质文化具有鲜明的不同，如在门前悬挂标识，交通车辆、审讯场所等方面，检察机关与审判机关、公安机关的标识截然不同，体现出的是为检察行为服务的特点。

（三）形象识别型检察物质文化

形象识别是指认识、辨别事物的形象。事物往往通过自身的特性标识自己，以区别于外界其他事物，这为人们识别事物的形象奠定可靠基础。形象识别型检察物质文化是指能够帮助人们准确地辨认、认同检察机关、检察人员和检察工作的检察物质要素。它们主要是视觉识别型的检察物质要素，包括检察标识及其运用、检察风俗与仪式、检察机关大楼等，对检察机关和检察人员的形象构建与维护，起着重要作用，这种类型的检察物质文化强调了检察物质文化与社会公众的关系以及它们对检察机关和检察人员形象建设的重要意义。它要求检察物质文化建设体现鲜明的检察特色，囊括特定的检察要素，承载一定的检察精神理念，体现检察行为方式的要求和检察物质形态的特征，使人们能够一眼就分辨出它们是检察机关和检察人员的物质要素，从而与其他物质要素显著地区分开来。比如，人们看到车身带有“检察”字样的警车进进出出，就知道这是检察机关在忙碌工作；看到身着检察服装、站在公诉席上指控犯罪的人，就是知道这是维护社会公平正义的检察官在依法履职；等等。

检徽

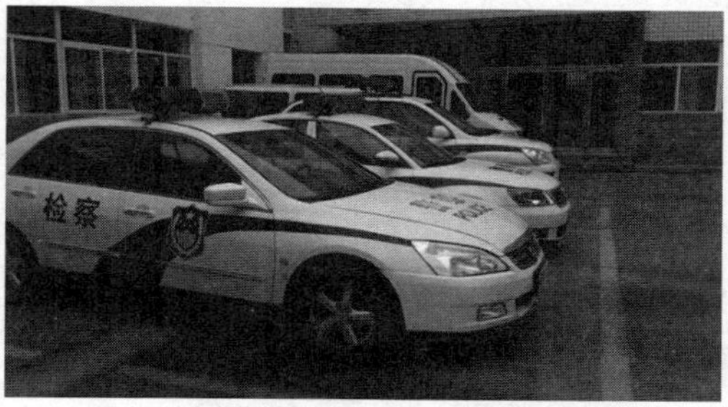

检察机关办案警车

三、检察物质文化的特征

（一）物质性

作为检察文化载体的一种形式，物质性是检察物质文化区别于其他检察文化载体的第一属性，即检察物质文化是以客观存在的形式使检察文化受众感知到此类检察文化的。检察物质文化的物质性决定了其建设必定受到特殊历史时期的社会条件的制约，所以，我们不能离开物质条件来谈建设。同理，不同地域的检察物质文化建设应该与当地、当时的经济社会条件相适应。

（二）对应性

检察物质文化的客观存在与其所承载的检察文化的内容是大体对应的，人们通过这种对应关系，就能判定某一客观存在是否是检察文化的载体。比如，检察警车、检察机关大楼、刻有“检察”字样的办公设备和生活器物等，给人们的第一直观印象就是，这是专属于检察机关的东西，具有专门的检察含义，体现了鲜明的检察特色，而且这些都是检察机关专用的，而不是任何机关、任何人都能无条件使用的。因此，对应性，是由检察物质文化鲜明的检察属性规定的，使得检察物质文化载体不同于其他物质文化载体。

（三）认可性

客观存在本身不是检察文化，检察文化不能等同于物质载体，但检察物质文化不可能离开客观存在而存在。检察物质文化通过各种载体被人们感知，其前提是被检察人员及社会公众所认可，因此检察物质文化还具有认可性。

（四）动态性

物质是不断发展变化的，以物质为载体的检察物质文化，一样是处于发展变化之中。检察物质文化是一个时代的产物并伴随着时间的推移而变化。一段历史时期的检察物质文化，深深地刻有当时社会历史经济条件的烙印，随着社会经济的不断发展进步，检察物质文化必然发生改变。比如，在中华人民共和国成立初期，由于当时的条件限制，大多数检察机关的办公条件都非常简陋，甚至没有独立的办公场所，但是随着经济社会的发展，尤其是科学技术的飞速进步，现在全国大多数检察机关都有了庄严肃穆的办公大楼、优美的办公环境和现代化的办公设备，这不仅是检察机关办公条件的改善，更是检察工作科学发展、执法公信力不断提升的基础。在中华人民共和国成立初期，很难想象，雄伟的办公大楼、现代化的办公装备会成为检察物质文化的一个重要载体，因此，检察物质文化具有动态性。

（五）不平衡性

不同国家和不同地区的检察物质文化表现形式不一样，相同文化传统的地区还会因为经费保障体制以及经费充裕程度不一样的情况，而造成检察物质文化建设不平衡的现象。在我国现阶段，司法经费从属于行政经费且由同级地方政府负担，这造成检察物质文化构建体系和经费保障机制地方化，呈现出明显的不平衡特征。一些发达地方的办公条件体现出较高的现代物质文化水准，而一些地方则办公办案经费严重不足，物质文明程度不够，硬件建设达不到标准化。由于客观因素影响，有些欠发达地区检察机关，场所简陋，设备陈旧，有失庄重、严肃、神圣；办案车辆不足、通信落后，影响工作效率；一些贫困、边远地区的检察院更加困难，这些都需要随着地区经济发展水平的提高而逐步改观。

四、检察物质文化的功能

（一）承载功能

承载，指承受支撑物体，引申为承担、负载。检察物质文化的承载功能是指检察物质文化具有承载检察精神文化和行为文化的作用。首先，作为检察精神文化的外化，检察物质文化承载着一定的检察精神理念。其次，由于检察行为文化需要借助一定的物质载体来实现，比如侦查行为需要借助车辆、技术设备等，因此检察物质文化为检察行为文化提供了物质支撑，并体现了一定的检察行为文化。

（二）约束功能

检察物质文化是检察精神文化和检察行为文化的物质基础和重要载体，是检察文化建设的物质保障，它对检察文化建设具有双重作用。一是促进作用，指检察物质文化能够促进检察文化建设，比如，科学合理设置办案工作区，规范运用监视、监听等现代化科技装备，能够提升检察工作效率，同样，在设施完善的审讯室或询问室，可以实现同步录音录像，保障当事人合法权益。二是制约功能，是指当检察物质文化建设与检察精神文化、行为文化建设不相适应时，则会制约检察文化建设的发展。这是由物质第一性、意识第二性，物质决定意识的根本属性决定的。

（三）认知功能

认知，指通过心理活动（如形成概念、知觉、判断或想象）获取知识。习惯上将认知与情感、意志相对应。认知是个体认识客观世界的信息加工活动。感觉、知觉、记忆、想象、思维等认知活动按照一定的关系组成一定的功能系统，从而实现对个体认识活动的调节作用。在个体与环境的作用过程中，个体认知的功能系统不断发展，并趋于完善。

检察物质文化的认知功能是指，人们从检察物质标识出发，对检察工作场所、检察机关、检察人员、检察工作及检察职能等形成了一定的感知与认识，对检察物质标识与其他物质标识的区别和联系有了一定的认知和了解，即能轻松辨别出检察物质文化与其他物质文化的不同。认知功能能够培养社会公众的感知和认识，为检察工作提供坚实的社会基础，因此，我们要在检察物质文化建设中增强检察物质文化载体的亲和力、吸引力、感染力和影响力，便于人们的认知，增强认知效果。

第二节　检察物质文化与检察文化

一、检察物质文化与检察文化的关系

检察物质文化载体以客观存在的形式，来传递、表达检察文化，并被社会受众所认可。检察物质文化与检察文化的关系，是检察文化建设不可或缺的内容。只有真正搞清楚二者之间的关系，才能正确认识检察物质文化，进而推动检察文化建设健康发展。

（一）检察物质文化与检察文化是“体”与“魂”的关系

从检察文化特有的属性和内在规律来看，检察文化是精神成果与承载这些精神成果的物质载体和传播形态之间的有机统一。检察文化是检察物质文化的“魂”，检察物质文化是检察文化的“体”，二者统一于检察工作。正是检察物质文化，才使检察文化有了固定的、稳定的形态，能够使社会公众可以直观地接受、感知到检察文化的魅力，使检察文化有了得以传承发展的载体。而检察文化，在检察物质文化发展过程中，始终起着引领作用。没有检察文化的引领，检察物质文化发展就没有了“魂”，而没有检察文化的意义，任何客观存在也仅仅是一种客观物质，不具备检察物质文化概念。

（二）检察物质文化和检察文化是局部与整体的关系

我们知道，检察文化有很多种类，比如检察精神文化、检察行为文化、检察物质文化，等等。检察物质文化是检察文化的一个方面，二者是局部与整体的关系。检察文化与检察物质文化相互依赖，互为存在和发展的前提。检察文化由检察物质文化作为其中一部分组成，离开了检察物质文化，检察文化就不完整。检察文化对检察物质文化起着支配、统率、决定作用，协调检察物质文化统一发展。同时，检察物质文化的发展变化也会影响到检察文化的发展变化。

（三）检察物质文化是检察文化固化、物化

检察物质文化的客观存在性和有形性，能够起到固化、物化检察文化的

作用。在检察文化建设中，在检察工作开展中，检察文化主体就会以检察观念来自觉反省自己行为创造的检察物质文化，同时展现出检察文化主体的精神风貌。如，检察人员对自己起草的法律文书精益求精，力求经得起法律的检验、事实的检验和时间的检验。再比如，在检察文化摄影比赛中，检察人员通过拍摄梨花、梅花、竹子等，以它们的清白、奉献和正直来象征检察人员的忠诚、干净、为民、公正等品质，因此这些摄影作品，将虚拟的检察文化固化、物化了下来，使得检察文化更易于被社会公众所认知、了解，这就是检察物质文化的优势。

（四）检察文化对检察物质文化有升华作用

检察文化在赋予某一客观存在的文化意义的同时，还升华了这一客观存在。比如，某一座建筑物，在没有成为检察办公大楼、未被插上国旗、冠以检徽、装饰检察文化标识之前，只是一座普普通通的建筑物，可以被用作其他办公用房、商铺，甚至住宅、厂房等，但是被用作检察办公大楼以后，其意义就发生了变化，成为了检察文化的物质载体。因此，检察文化对检察文化物质载体有生化作用。

二、检察物质文化载体的内容

任何文化都要有相应的载体。同理，检察物质文化也要有相应的承载物，来反映检察物质文化的存在。具体来说，主要包括：检察机关建筑物、检察机关办公场所环境、开展检察工作的装备设备、检察服装、检察文书、检徽等能体现检察精神理念、展示检察机关和检察人员行为和形象物质总和，这些统称为检察物质文化载体。

检察机关建筑物、检察机关办公场所环境、各类装备设备、检察服装、检察文书、检徽等虽然能够代表检察物质文化的一些内容，但却不够全面，难免遗漏，而且过多地强调了检察物质文化的静态性，忽视了其动态性。前面提到，检察精神文化、检察行为文化和检察物质文化一起构成了检察文化系统。从三者相互关联、相互作用的角度，笔者认为，检察物质文化大体上可以分为以下几种：

（一）场所类检察物质文化

场所，即活动的处所、地方。作为检察机关和检察人员工作、活动的检察机关大楼、办案工作区域，甚至是检察机关专用停车场等场地，都可以称之为检察文化场所，因为它所承载的是检察机关和检察人员的检察行为。近年来，随着全国检察机关基础设施建设和“两房”建设的不断推进，以检察机关办公大楼为标志的各类场所如雨后春笋，争相林立，在给检察人员提供良好工作环境和工作氛围的同时，客观上也提升了检察机关在社会上的形象。

1. 检察办公大楼

检察办公大楼是一个地方检察机关的重要标志，甚至是一个区域的标志性建筑。虽然至今某些偏远落后的地方检察机关的办公环境很一般、很落后，甚至没有独立的办公环境，跟别的政府部门或单位合并办公，但不可否认的是检察办公大楼作为国家法律监督机关，在地方赖以生存、开展各项检察工作、履行监督职能的场所，对彰显国家权力，维护社会公平正义，凝聚检察人员精神具有基础性。而且，一个地方的检察办公大楼，在按照最高人民检察院“规模适中、庄重实用、布局规范、功能齐全”的总体要求进行建设和装饰的同时，往往具有当地的一些地域色彩或独特风格。

比如外观统一为灰色或者银灰色，凸显检察机关作为国家机器的庄严肃穆；内饰统一为简单明亮的色彩，以彰显检察机关阳光、公平、公正的职业风格；案管接待大厅采用封闭式透明玻璃装饰，在保护案件信息的同时，可以更好地与来访人员面对面进行交流；审讯室一般都配有带有温度和日期显示的同步录音录像电子屏幕，表明了检察机关更加注重人性执法、公正执法的检察文化；举报控告申诉接待大厅设置的专用座椅、专用饮水设备，突出了检察机关便民、为民的执法风格；甚至连悬挂院训、各类法律名句和历代法学家、历任检察长雕塑的走廊、楼梯，都彰显了检察机关独特的检察文化。

检察服务中心

检察机关审讯室

检察文化长廊

2. 检察博物馆

博物馆是征集、收藏、陈列和研究代表各类文化的实物的场所，并对这些物品进行分类、整理、保护，为社会公众提供知识、教育、欣赏的公益性机构。最具代表性的就是于 2007 年 9 月 12 日落成的人民检察院博物馆。它位于江西省井冈山市茨坪镇长坑中路 10 号，全面展示了人民检察制度诞生、发展、完善的曲折过程。此外，还有全国首个省级检察博物馆——河南人民检察博物馆，也叫大别山人民检察博物馆，它于 2011 年 4 月 20 日正式对外开放，总占地面积 10 亩，场馆建设面积 3000 平方米，着重展示了鄂豫皖革命根据地人民检察历史，展厅共分植根红土、伟大开端，继承发展、崭新篇章等八个部分，时间跨度从 1931 年至 2011 年，分别展出八十年来不同历史时期的检察文物史料、图片、档案资料 895 件，收藏检察文物 1000 余件，展出面积 1800 多平方米。它也成为集收藏、研究、展示、教育、交流和服务等众多功能于一身的省级人民检察历史博物馆。检察博物馆的建立，为检察文化的发展传承提供了一个专门的、固定的载体。

人民检察院博物馆

河南人民检察博物馆

3. 检察文化展室

有条件的地方检察机关，都会有一个专门的检察展室，或记录当地检察机关的发展历程以及历任检察长的相关情况，或陈列检察院在历年检察工作中获得的成绩和荣誉，又或者成为本地区预防职务犯罪警示教育的一个专门场所。比如，陈列历次更换的检察服装、检察理念的更新，或者本单位办理的有重大影响的标志性案件情况。这些都展示了检察文化的深厚底蕴和文化传承，对于激发检察人员的职责荣誉感、责任感和归属感，无疑具有极强的吸引作用。

最高人民检察院人民检察史展览室

（二）装备类检察物质文化

装备，其基本涵义为配备的一些设备。作为支撑、保障检察工作正常开展的一切物品，都可以称其为检察装备，它们代表并反映了较长一个时期的检察文化，因此可以归为装备类检察物质文化。具体可分为：

1. 检察装备

检察装备是指根据检察工作需要、配备的检察办案、办公设备。如检察机关的办案车辆、侦查设备、武器弹药、各类技术设备，还有台式电脑、便携式笔记电脑和检察业务应用系统等，这些都是检察工作正常开展必不可少的物质基础。它们一方面保障了检察工作正常发展，另一方面也反映了检察装备的高级化、现代化、科技化进程，在提升了检察工作效率的同时，也承载了检察机关履行法律监督职责过程中的检察文化。

检察机关办案车辆

检察科技装备

2. 检察用品

检察用品是指根据检察办案、办公的需要，配备、采购或设计的具有检察特色的物品。如检察办公或召开会议的专用桌椅、具有检察标志的文件纸张工作日志本资料盒、具有检察字样的茶杯音响设备等。这些物品在具备自身实用功能的基础上，被赋予了检察工作的内涵，成为了承载检察文化的物品，展示了检察机关的形象。

检察机关审讯室桌椅

（三）标识类检察物质文化

标识是指经过专门设计而成、代表一类文化的特殊图案。标识类检察物质文化，含有鲜明的检察文化特征，并以其客观存在被社会公众广泛接受和认可，代表了检察文化。

1. 检徽

检徽，是指检察机关的徽章，是证明检察人员身份的专用标识。起初，中国的检徽曾经设计为两把交叉的利剑。现行的检徽基本图案由盾牌、五颗五角星、长城和橄榄枝图形构成。盾牌和五角星象征着司法机关在国家法治建设中担负着法律保障等重要职责；长城象征着中国，充分体现了司法机关的国家属性，也象征着国家对司法工作顺利开展的坚强保障力；橄榄枝代表着和谐，象征司法在维护社会稳定、促进社会和谐发展中的重要作用。现行检徽的设计，传递出我国宪法赋予检察机关特有的法律监督机关属性，传递了检察官的法律职业特色文化信息。检徽，可以说是检察物质文化的最突出代表。

2. 警车标识

警车，是指公安机关、国家安全机关、监狱、劳动教养管理机关和人民法院、人民检察院用于执行紧急职务的机动车辆。公安部颁布的《警车管理规定》明确规定：警车应当采用全国统一的外观制式。警车外观制式采用白底，由专用的图形、车徽、编号、汉字“警察”和部门的汉字简称以及英文“POLICE”等要素构成。各要素的形状、颜色、规格、位置、字体、字号、材质等应当符合警车外观制式涂装规范和涂装用定色漆等行业标准。人民检察院的部门汉字简称为“检察”。检察机关警务用车以“检察”字样和专有车牌编号为标识，以代表检察机关形象和检察执法办案文化。

3. 检察服装

检察服装是指检察人员在审讯、开庭支持公诉等执法办案或者日常办公过程中穿着的统一制式服装，是检察人员代表国家行使检察权的特殊标志。

1949年至1984年，我国检察机关并未采取统一的检察制服。据资料记载，1956年春，对在押的1109名日本战犯的侦讯工作结束，进入审查复核、定案起诉阶段。“二战”结束后11年在新中国公诉、审判日本战犯，必将引起国际社会的高度关注。法官和检察官的仪表代表新中国政权形象，为此，中央决定拨专款，为公诉和审理日本战犯的检察员、审判员以及书记员每人置夏、冬服各一套。夏装是银灰色，冬装是深蓝色。

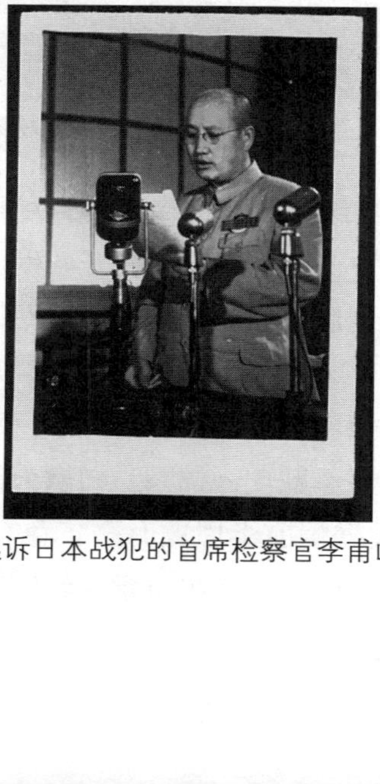

起诉日本战犯的首席检察官李甫山

1980年9月29日，全国人大常委会决定成立最高人民检察院特别检察厅，对林彪、江青反革命集团案进行起诉。这是自1956年我国起诉日本战争罪犯以来第二次组成特别检察厅，也是自1980年1月1日实施《中华人民共和国刑法》和《中华人民共和国刑事诉讼法》之后公开审理的第一起重大案件。庭审现场的实况，将通过电视向全世界播出。全中国人民都在关注，世界各国也在关注。因此，中央决定为特别检察厅和特别法庭人员统一制作服装——标准的中山服，检察人员服装是沉稳的灰色，审判人员的服装是深蓝色。这是新中国检察史上继起诉日本战犯之后，为检察官制作的第二套检察服。

对林彪、江青反革命集团进行起诉的特别检察厅的检察官

经国务院批准，全国各级人民检察院的检察人员从1984年5月1日起陆续穿着统一的检察制服。自此，军式检察服开始发放到各级检察院。检察人员男夏装为米黄色小翻领制服，春秋装为豆绿色军干服式制服，冬装为豆绿色军干服式罩服；女夏装为米黄色西装式制服，春秋装为豆绿色西装式制服，冬装为豆绿色军干服式罩服。男女冬大衣为豆绿色军干大衣式样。检察人员春秋季和夏季戴大檐帽，冬季戴皮、棉帽。帽徽为铝合金质国徽图案，表示代表国家行使检察权。大檐帽前半周镶有金黄色金属帽带，表示审理案件“以事实为根据，以法律为准绳”。制服肩章为红底镶金黄边呢质长方形硬肩

章，正中加一枚铝合金质圆形徽章。检察制服肩徽图案为齿轮与谷穗簇拥着五星红旗。齿轮与谷穗象征人民，表示在全国人民支持下实行法律监督。

84 式检察服夏装

84 式检察服春秋装

1991 年，夏装也改为豆绿色。此时的检察制服带有军事化服装的色彩，强调了检察机关代表国家强制力的属性和公权力的职业形象。

91 式检察服春秋装和夏装：1991 年换装后的春秋季男装（左一）、女装（左二），冬季男装（左三）、女装（左四）、夏季男装（左五）、女装（左六），增加了检察领花。

2000 年，新式检察制服正式推广，取消了过去的大檐帽、肩章、领花等装饰，以西服式制服代替，颜色也变为国际司法领域通用的藏蓝色。女检察官还有裙服。检察官执行公务时，胸前需佩戴红色国徽。

新式检察服在设计时，广泛征求了专家的意见。新检察制服的衣扣、皮带扣上，都有银色的浮雕图徽，领带是细腻的方形网状交织纹样。曾参加设计新式检察服的我国著名女服装设计师吴海燕认为，目前的新式检察服突出功能、讲究简捷、强调审美，较好地表现了检察官职业的威严和严谨，衬托出一种凝重氛围，在凝重中体现公正。执法公正不公正，当然有许多因素，但从着装上来讲，要让检察官获得一种职业的自律感。

2000 式检察服春秋装和夏装

2009 年检察服又稍做变化，更加人性化，更加彰显检察人员的职业特点。检察制服从无到有，再到式样的不断变化，体现了检察工作理念的变化，彰显了检察文化内涵的丰富和发展。新式检察制服淡化了权力本位色彩，融入了亲和力与理性，准确反映了法律监督工作理念的更新，标志着检察工作的职业化、专业化发展方向，也更加强调了公平公正文明执法。

（四）虚拟类检察物质文化

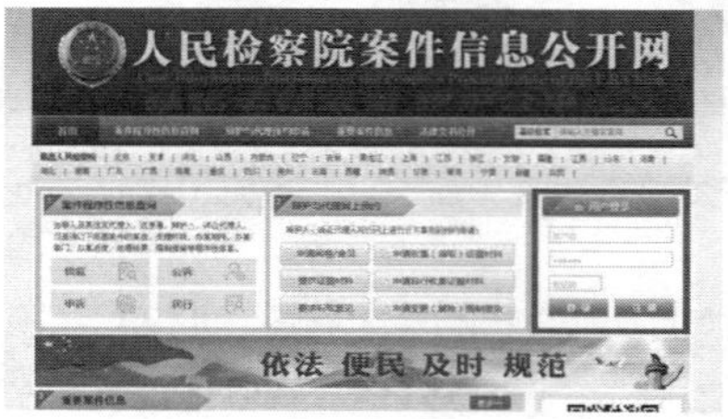

检察机关专业网站

伴随着互联网信息技术的飞速发展，文字、声音、图像、视频等文化信息被以数字代码的形式转化成二进制的数字语言进行传播，数字网络技术成为检察文化传播的主要途径。作为检察物质文化载体的互联网信息技术，承载着检察文化信息传递、检察文化交流和检察文化宣传展示的功能，同时它又具有传统媒体无法比拟的优势，比如其公开性、互动性、即时性、便捷性、虚拟性等特点，在检察文化传播过程中扮演着越来越重要的作用。如，2012 年 1 月，最高人民检察院开通“检察文化建设网”，2012 年 6 月开通“中国检察文艺网”，成为了检察文化宣传传播的重要载体。此外，全国检察专网、检察机关门户网站以及 2015 年 10 月正式开通的人民检察院案件信息公开网，都是人民群众获取检察文化的重要来源。尤其是 2014 年以来，全国检察机关在腾讯平台、微博平台、今日头条客户端等开通的官方微信、官方微博等，已成为检察文化宣传的重要途径，大有超越传统媒体的趋势，无论是在传播的速度上还是覆盖面上，都实现了质的飞跃。

第三节　检察物质文化建设的途径与方法

检察物质文化以其自身的客观存在，在承载、传承着检察文化的同时，也以丰富多彩的物质形态展示着检察文化。检察物质文化的繁荣发展，也是检察文化繁荣发展的重要标志。比如，检察门户网站、“两微一端”等，是随着互联网信息技术的发展，才被检察文化逐渐升华，成为检察物质文化的一种形态的。因此，随着检察文化的日益繁荣发展，检察物质文化必将呈现出更多的种类。

一、当前检察物质文化建设存在的问题

（一）检察经费保障体制机制不健全

当前检察机关的分级经费保障体制，严重制约了检察文化充分发挥，同时也造成了各地经费保障极不平衡，不利于检察工作的发展，这也是造成检

察文化地方化的一个主要原因。要充分保证检察经费，必须从根本上改革经费保障体制，将检察经费统一管理，最终纳入中央财政预算。制定基层检察院尤其是贫困地区基层检察院的公用经费标准。在全省范围内，除人员工资外，尽快落实公用经费每年人均不少于的最低标准。应当通过立法规定一个全国统一的检察经费保障标准，使全国检察院系统工作人员的福利待遇根据其级别而保持一致，不能在不同的地方形成差别。在全国范围内做到检察机关的办公条件、工作人员的福利待遇的统一化，也有利于检察官在不同的地方相互轮换。目前，可以考虑以条条管理为主，地方管理为辅。即全国各级检察人员的工资、办案经费统一由上级院从上级财政提供。办公经费、基础设施建设和发展经费等由地方财政供给。这样做既能保障主要检察工作正常进行，又能减轻地方财政压力，利于发挥条条、块块两方面的积极性，逐步形成检察机关所有经费均由中央财政列支的体制。

（二）错误的检察物质文化理念一定程度存在

这种错误主要是对检察文化内涵的理解存在片面性和模糊认识。有的认为开展检察文化活动是对正常工作秩序的冲击，是不务正业，是浪费时间，对检察文化建设缺乏理论认同、情感认同和价值认同；有的认为把有限的资金用在美化机关环境、建设文化活动设施、开展检察文化活动是奢侈、是浪费、是形象工程；有的对检察文化建设的认识还只停留在表层化的层面上，将检察文化仅仅理解为就是检察机关内部开展的文艺、体育、娱乐等活动，认为只要加强政治和业务方面的学习、努力工作、完成任务就可以了，等等。

（三）检察物质文化建设的实践偏离正确方向

主要是过于注重检察文化的外在形式，有意无意地忽视了检察文化的精神内涵。有的把建设检察文化机械地等同于机关环境美化和丰富检察官业余生活，一味强调发展机关环境和娱乐文化，忽视了检察文化建设的法治性、精神性和制度性，以致出现重硬件设施建设，轻“法治理念培育、监督能力提升、人才培养使用”等“文化软实力”问题，功利性倾向严重；有的是用检察文化来涵盖检察工作的一切方面，将所有的检察工作都牵强附会地贴上“检察文化”的标签。

另外，形式单一、载体不够、视野狭窄也是不容忽视的问题。例如，仅仅把检察文化建设看作是检察机关从事法律监督活动的管理方法和管理手段，将其等同于思想政治教育和业务学习，没有把其放在社会主义法治文化建设和检察权科学合理运行的大背景下来实施。

二、检察物质文化建设的基本方向

（一）强化经费保障，不断夯实检察物质文化建设的基础

在检察物质文化建设的过程中，只有通过加强物质保障，才能夯实发展基础，打造良好载体。在今后的工作中，要继续加大对检察机关经费和物资装备的投入，加强对检察文化建设的基础和保障，要继续加大对办公场所及办公办案设备的建设采购力度，以检务保障为抓手，稳妥有序地促进检察环境或物态文化建设，如在办公大楼前设置贴近群众、浅显易懂的检务公开窗等，打造优美整洁、身心愉悦的办公环境，营造浓厚的检察文化氛围；要因地制宜地建立楼道、走廊、大厅、荣誉室、电子阅览室、图书室、运动场所、多功能活动室，展示检察文化的深厚底蕴和文化传承，蕴含和折射出丰富的检察思想、管理理念、审美意识和价值观念。用优美、和谐、健康、充满活力的物态文化，对检察干警发挥潜移默化的作用，强化干警的爱岗敬业、创新发展意识，营造出一个庄严、美观、大方、富有精神内涵的办公、生活环境，激发检察人员的职业使命感和职业荣誉感。

（二）传统与创新并重，不断拓展检察文化发展空间

积极探索开展检察网络、新闻媒体、对外联络的交流活动。重视运用高科技术条件下新的文化平台，充分利用检察局域网和手机短信、博客等形式，探索建立网络交流平台和联动机制，不断拓展检察文化发展空间，加强检察网络文化建设。以加大检察宣传力度为载体，加强与新闻媒体联系，以扩大检察影响，宣传检察工作，传播检察文化；以加强与人大代表、政协委员、人民监督员的联系为载体，传播自觉接受人民的监督检察文化，为检察文化健康发展注入新的活力；以积极推行“检务公开”“阳光检察”“检察开放日”

活动为载体，不断提高检察工作的透明度，树立检察机关良好的执法形象。

（三）坚持科技强检，推进检察物质文化建设现代化升级

检察文化是检察机关精神与物质文化的高度概括，它同时体现着物质文明和精神文明的成就和标准。当前，按照“两房”建设的方案，全国大多数检察院新的办公大楼已经建成，办公自动化日趋完善，与省、市、县各级检察院的网络连接正在并将会更有利于提高信息化水平和现代化管理的程度。在这一良好背景下，我们要加强“软件”建设，提高干警的思想文化素质，干警不仅是通晓法律的办案能手，也是多面手，在计算机局域网、多媒体示证、侦查技术装备维护使用等方面能够驾轻就熟，对此检察文化建设必须发挥其应有的作用。

三、加强检察物质文化建设的途径

（一）注重检察场所、建筑设施的文化特色建设

检察机关的“廊、室、网、场”是检察文化的主要阵地和场所，也是检察文化建设的重要物质载体。检察场所的建筑文化建设要凸显检察特色，检察机关建筑风格及检察制服的设计要体现出明显的检察特征。同时办好检察专题宣传廊，建造一些具有时代性、实用性和群众性的检察庭院文化设施和活动场所，修建具有检察特色的院史陈列室、图书馆（室）等文化设施，购置一批反映检察核心价值观的经典书籍、相关资料，建造内容丰富、形式多样的法治文化长廊和文化景观，以展示检察精神风貌。

（二）推动检察宣传平台信息化、多元化建设

检察文化建设主要是加强检察队伍的管理和检察工作的自律文化建设，同时也需要通过交流和宣传教育来培养检察文化氛围。

首先，要注重传统文化载体形式，如通过刊物、网站、书籍、画册、专栏，文化墙、荣誉室以及图书阅览室等多种形式，培养检察人员良好的生活作风和健康的生活情趣。要深入基层、深入办案一线，创作主题鲜明、内涵深刻、表现形式新颖、感召力强的优秀检察文艺作品，弘扬主旋律，扩大检察机关的影响力和受众面。可拍摄检察廉政公益广告和

检察普法影视栏目剧，编写和创作检察工作和检察文化丛书，开展以检察工作为主题的书画摄影展览活动和文体活动，全方位宣传反映检察工作的新经验和新风貌，传播法治理念，使民众能够随时感知和认识检察事业和检察工作人员的精神风貌，以努力提高民众对检察工作和检察职业的认同感和参与感。

其次，要发挥互联网时代新型文化载体和宣传手段的作用，加快检察工作网络信息化建设，建立网络交流平台和联动机制，积极占领网上舆论阵地。充分运用网络文化传播平台，通过搭建和开通网上论坛、博客、微博、微信等，拓展检察文化的传播渠道和发展空间，为检察文化的健康发展注入新的活力。可通过互联网系统发布上级文件、学习资料、活动动态、心得体会等，方便检察工作人员随时学习和交流。同时要推进网上办公、网上办案、网上绩效考核、网上事务管理等信息化平台建设。

（三）丰富检察文化形式，搞好检察文化品牌建设

检察物质文化建设既要创造丰富多样的文化载体和机制，为检察文化注入新的生机和活力，又要搞好检察文化品牌建设，突出特色，树立检察文化建设的典型，打造独具特色的检察文化品牌，增强检察文化软实力。

首先，可开展检察业务比赛、检察工作技能竞赛、检察业务成果展评、检察经验交流会和研讨会等评选和学习交流活动，成立检察文化建设专家咨询委员会，举办检察文化论坛，邀请法律名家举行专题讲座，切实加强检察业务专家、办案能手和高层次法律人才的培养，着力提升检察队伍的专业化水平。

其次，要突出检察职责和使命，以“讲政治、顾大局、谋发展、重自强”为主题，可通过音乐、舞蹈、戏曲、小品等群众喜闻乐见的文艺形式宣传检察工作；建立检察工作人员俱乐部，成立各类文体协会、兴趣小组，组织业余文艺创作、书画摄影和各种体育健身活动，以营造良好的人文环境，陶冶检察工作人员的思想情操。

最后，可开展反映检察工作特色的书画比赛和演讲比赛、检察工作人员先进事迹报告会等活动，还可将检察实践工作和典型事迹制作成反映和弘扬检察职业精神的电视文化教育片，宣传检察文化，以推进检察普法教育工作深入开展。

第七章　当代中国特色社会主义检察文化的发展历程和现状

列宁认为，“为了解决科学问题……最可靠、最必须、最重要的就是不要忘记基本的历史联系，要看某种现象在历史上怎样产生，在发展中经历了哪些主要阶段，并根据它的这种发展去考察它现在是怎样的”。[①] 检察文化是一个历史性概念，在同一时期不同地域或同一地域不同时期，检察文化的内容和表现形式必各不相同。所以，研究当代中国特色社会主义检察文化离不开对检察文化发展历史的回顾和反思，这样才能更好地展现我国检察文化建设的全貌，同时，对当代检察文化现状的形成也将给予更好的回应。

第一节　中国近代检察文化建设回眸

检察文化是一种客观存在，具有历史性，它的内容随着检察制度的发展变化而变化。所以，不同的检察制度也就产生了内容不同的检察文化。而近现代意义上的检察制度是从20世纪初开始的，虽然是舶来品，却为近代检察文化产生提供了逻辑起点，更为我国当代检察文化形成培育了肥沃的历史土壤。

一、近代检察文化的萌芽

历史的经验表明，当一个国家政治体制和社会经济发展发生重大变革时，为适应时代发展、政治需要、人民愿望，相应的制度就会产生。而清

① 《列宁全集》（第29卷），人民出版社1956年版，第430页。

末正是处于这样一个历史时期，面临军事入侵、经济入侵、文化入侵甚至司法独立都无法实现，国家主权和领土完整不容侵犯的原则在这一时期已经伤痕累累。清王朝为了维护自己的封建统治，在风雨飘摇中巩固自己的政治地位，只能师夷长技，实施戊戌变法，以求政权稳定。无论主观出于何种目的，但不可否认客观上对中国近代的政治体制和社会关系产生了积极的作用。检察制度由此产生，1906 年，清政府借鉴西方国家经验设置总检察厅，归大理院，主要担负大理院民刑案内的检察事务，同时监督各级检察厅，调度司法警察官吏。检察官被法律授予行使下列职权：一是对刑事案件提起公诉；二是接受诉状请求预审及公判；三是指挥司法警察逮捕罪犯；四是调查事实搜集证据；五是民事保护公益陈述意见；六是监督预审和公判，并纠正其违误；七是监视判决之执行；八是查核审批统计表等。同时，西方国家的法治理念如“民主、自由、人权、平等”“司法公正”“程序正义”等也被引入进来，为我国近代检察文化形成提供了思想源泉。①

这一时期的检察文化与这一时期的政治体制是密不可分的。从 1840 年开展，中国逐渐沦为半封建半殖民地社会，而晚清尤为甚。所以清末的检察文化必然烙上半封建半殖民地的特征。一方面，鸦片战争以后，西方的法治文化不断渗入中国，与中国传统的法律文化形成了强烈的碰撞，矛盾也逐渐加剧，清政府为了缓和这种矛盾，维持自己摇摇欲坠的统治，被动地进行司法改革，移植西方的检察制度，同时，封建思想在当时应然占据统治地位，对外来司法文化、检察文化的接受也是被动的、不情愿的。所以，在实施改革的过程中都是以维护统治阶级利益为出发点，并未真正触及封建统治的实质，导致，在改革中保留了大部分的传统法律文化把改革做成了光鲜的“表面文章”，实质上是“披着羊皮的狼”或者说“挂羊头卖狗肉”，这就使这一时期的检察文化必然带有封建性和买办性的特征。另一方面，清末的统治阶级实施的“戊戌变法”是带有强烈的政治色彩的，初衷就是带有欺骗性的，其引进司法制度、检察制度时是被迫的，与日本实施的“明治维新”不可同日而语。同时，它并不是社会发展到一定阶段自然促成的，而是外力起了很大的作用，这种外力又是不可抗拒的，清政府为了讨好这种外力，才实施司

① 魏启敏:《检察文化建设研究》，载《中国刑事法杂志》2010 年第 7 期。

法改革，这种改革是一种突变性的改革，是“硬性嫁接”，它在很大程度上也体现殖民者的意愿，带有半殖民色彩。所以，这一时期的检察文化既带有半封建性也带有半殖民地性。

虽然晚清检察文化的诞生是被动的，一方面为维护统治阶级利益，另一方面为维护殖民者利益，其规模也仅仅是处在萌芽状态，没有形成系统的、成熟的检察文化。但不可否认，它在形式上和一定实质意义上破除了封建落后的法律体制，在引进了西方先进的检察制度和司法理念的同时，又延续了我国古代的法律监督传统，客观上也是一种进步，并为检察文化中国化，奠定了一定的制度基础和实践依据。

二、近代检察文化的发展

辛亥革命废除封建专制统治后，中国社会进入民国统治时期，也进入了生灵涂炭时期，北洋政府到国民政府，军阀混战不断，国民党独裁统治，战争阴霾笼罩着整个中国大地。虽然这一时期名义上都袭用中华民国的名号，但实际上中国仍处于半封建半殖民地的境地和氛围之中。同民国时期的法制一样，当时的检察制度也随执政者的更改而出现变化频繁的特点。军阀混战时，检察制度呈现出加强刑事检控以百姓的倾向。国民党独裁时，检察制度被扭曲，一方面在镇压共产党人和爱国人士等方面发挥着政党政治工具的作用；另一方面，却又因其滥用，遭到社会的攻讦和奉行人治的当权者的削弱，从而导致检察制度在极不正常的法制状态中运作。

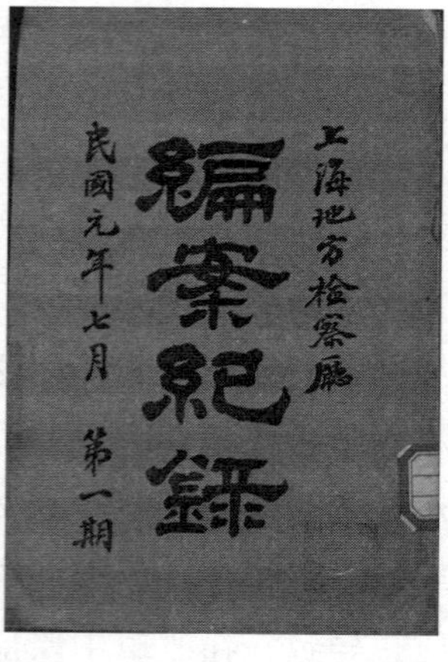

民国上海地方检察厅编案纪录

（一）北洋政府时期的检察文化

辛亥革命后，以袁世凯为首的晚清北洋军阀篡夺了革命的果实，建立了中华民国，但军阀的本质和袁世凯个人“皇帝梦”的野心并为从根本上改变当时社会性质，中国半封建半殖民的法律制度和司法制度被继承和发展了下来。这一时期保留了晚清的四级检察体制。但随着军阀独裁统治的愈演愈烈，各派系执政掌权，检察体制不可避免的被调整或改动。主要包括以下几个方面：一是裁撤初级检察厅；二是专设军事检察院；三是县知事行使检察职权；四是各县地方审判分庭及司法公署检察官之配置；五是检察官在刑事简易起诉审判中权力增强、指挥权变大。在北洋军阀独裁时间，检察制度的立法增多，但更多是的是对清末司法改革所设计的检察制度的实践。不可否认，客观上，其检察机关的基本职能，如设立军事检察院，虽然符合当时军阀混战的特点，但这项创举也保留至今。

这一时期的检察文化与清末时期的检察文化的境遇一样，同样呈现出了矛盾性，它一方面受到西方法治文化的影响，另一方面又要传承我国的传统文化，并在寻找平衡点和结合点上痛苦挣扎。北洋时期援用的清末司法体制本身就具有半封建半殖民性，因而在对西方先进的法制制度和司法文化吸收和借鉴时必然带着“有色眼镜”，是有选择的，也是被动的。与此同时，由于军阀混战，战事不断，统治阶级对我国法制建设的思考无暇顾及，骨子里依然存在对封建法制的信赖，并未真正转变观念，吸纳西方的法治理念。所以，在这种矛盾的冲突下，并未能开创出先进的司法制度，凝练成先进的法治文化。但是，我们不可否认，随着司法改革和司法实践的进一步深入，这一时期开创了专门检察官制度，并设立了专门检察院，与当代我国检察组织设置有相似之处，亦对当代检察文化发展有借鉴作用。

北洋政府时期京师检察官

（二）国民党专政时期的检察文化

1925 年 7 月 1 日广州国民政府成立后，开始在司法制度创建领域有所作为。1927 年，国民党通过共和北伐，借助民众的力量和背信弃义的阴谋诡计，执掌了全国政权。在 22 年的国民党专政时期，检察制度的发展呈现出复杂曲折的轨道。主要反映在：一是裁撤检察厅，将检察官归属于法院；二是地方县长或县党部书记暂行检察官职权；三是设置特种刑事法庭检察官；四是军事检察机构加强；五是检察官侦查权得到强化；六是废止“检察官不党”的禁令，允许检察官加入国民党。

呈爲檢舉外交總長沈瑞麟財政總長李思浩。辦理金佛
年六月十七日。奉
檢察長諭。調查司法總長章士釗。關於金佛郎一案。
瑞麟。財政總長李思浩。觸犯刑律第一百零八條之罪
紀。再本案關係重大。該總長等恐有聞風逃匿。或
二等有期徒刑。併請飭令主辦人員。依法先行羈押。
請鑒核施行。謹呈
司法總長
總檢察長
總檢察廳檢查官　翁敬棠　印
附檢舉理由書一件
中華民國十四年十月二日

国民党时期的检察文书

通过上述检察制度的变化，我们可以从中寻味到国民党对检察机关的控制极大的加强了。比如，为了有效镇压共产党人和民主爱国人士设置了特种刑事法庭检察官。再如，允许检察官加入国民党，实际上更进一步对这个组织加强控制。所以，这一时期的检察文化明显反映的是国民党的专制统治的意志，并未真正服务公共利益、服务人民，在一定程度上代表了极少数统治阶级的利益，偏离了现代法治保障人权等基本价值取向。同时，由于当时政局的黑暗，检察机关沦为“暴政鹰犬”，成为残害有志之士的专治工具，而检察文化必然成为一种扭曲的文化，并未实现真正意义上的发展。

三、新民主主义革命时期的检察文化

（一）革命根据地时期的检察文化

1931 年 11 月，中华苏维埃第一次代表大会在中央革命根据地江西瑞金召开，大会宣布成立临时中央工农民主政府，并随即颁布了《中华苏维埃共和国中央苏维埃组织法》，制定了《裁判部暂行组织及裁判条例》，这其中规定了检察机构的设置及职权，并赋予了检察机关对法院的判决实行监督的权利。随后，中华苏维埃共和国中央工农检察人民委员部成立，管理刑事案件预审、起诉事宜，检察员代表苏区出庭支持公诉。[①] 这标志着中国历史上人民检察制度的诞生，在中国革命法制史上树立了一座里程碑。虽然

① 参见《人民检察制度之发端》，载《检察日报》2008 年 7 月 8 日。

这一制度是借鉴和移植苏联检察制度的基础上突变建立起来的，但它是最先在国家机器中使用“检察”这一名词的，并很好地对接了古代的御史制度，继承和发扬了我国传统检察文化。

中华苏维埃共和国临时中央政府旧址

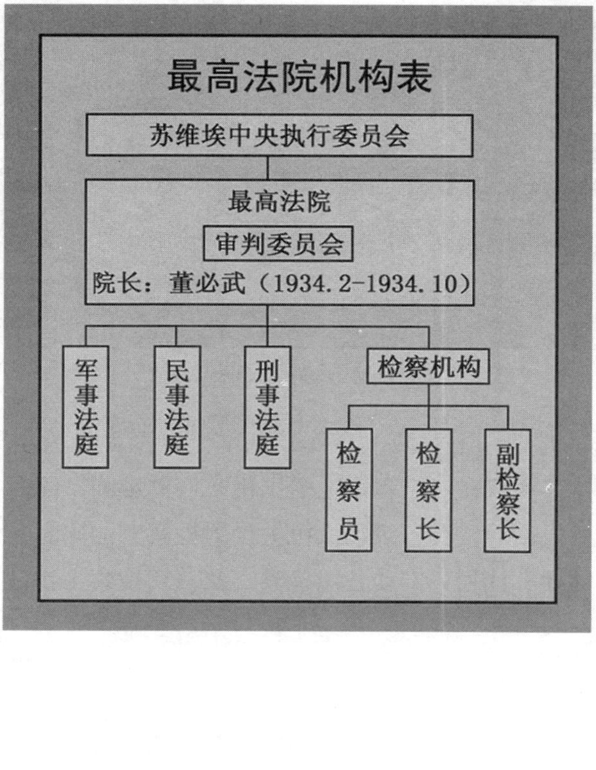

（二）抗日战争时期的检察文化

1937年7月7日，卢沟桥事变爆发，同年，中华苏维埃共和国临时中央政府西北办事处更名为陕甘宁边区政府，标志着中华苏维埃共和国历史的结束，人民检察制度步入抗日战争的变革时期。边区政府成立后，原西北办事处的外交部、劳动部、工农检察局等单位被撤销。人民检察经历了第一次起伏。但是仅仅是一年多以后的1939年1月，陕甘宁边区第一届参议会决定在陕甘宁边区高等法院设置检察处。时间走到抗日战争相持阶段，全国共建立了陕甘宁、晋绥等19个根据地。在各抗日根据地，随着民主政权的建立，检察机关也建立起来了。1942年春，陕甘宁边区等敌后战场出现了极其困难的局面，党中央决定精兵简政。精兵简政给边区政府的大局建设带来积极作用，但人民检察事业却受到了负面影响，1942年春，边区高等法院检察处及其检察员均被撤销，检察工作分别由法院和保安机关承担。检察制度又经历了一次起伏。

陕甘宁边区高等法院旧址

在抗日战争时期，国共两次合作，基本上以国民党为主导，这一时期的检察制度和检察职权在一定程度上受国民政府的影响，同时也有自己的特点，如山东抗日根据地，在各级司法机关设置检察官的同时，建立了各级检察委员会，以领导、计划、推动各级检察官及一切检察工作，首次创建了具有鲜明中国特色的检察决策机制，[①]这是对我国人民检察制度的创造性发展。

（三）解放战争时期的检察文化

1945 年 8 月，解放战争爆发。在解放战争时期，检察机关主要是努力维护解放区的生产生活秩序，巩固新生民主政权。[②]各解放区基本沿袭了老根据地行之有效的检察制度，但也有新的发展。1946 年 7 月 23 日，陕甘宁边区高等法院检察处召开了为期 14 天的首届检察业务研究会，对检察工作范围、组织和机构及工作制度进行研讨。这是中华人民共和国成立前唯一的一次检察业务研讨会。1946 年 10 月，陕甘宁边区政府制定了《陕甘宁边区暂行检察条例》，对检察机关办理各类案件应遵循的程序作了详细规定。这是中华人民共和国成立前第一部关于检察办案程序方面的单行法，填补了新民主主义革命时期检察办案程序方面立法的空白。1946 年 11 月 12 日，陕甘宁边区政府发布命令，明确规定各级检察机关之职权、组织及领导关系。人民检察制度的内容进一步丰富，法律监督性质已经初步显现。1947 年 3 月，国民党军队进犯陕甘宁边区，边区检察人员均参加了粉碎国民党军事进攻的战争，各级检察机关基本停止了工作。1949 年 2 月 5 日，陕甘宁边区政府和高等法院联合决定，由于"干部的非常缺乏，检察制度可暂不建立，其职务仍由公安机关和群众团体代为执行"。至此，直到陕甘宁边区政府撤销、中华人民共和国成立前，人民检察再也没有恢复。

这一时期，检察文化获得了初步发展，但受战争形势的影响，检察文化带有行政文化性和军事文化性等色彩。这是因为，一方面，受特殊的战争环境的制约，这一时期的检察制度表现出简易性、分散性、不稳定性、行政性和军事性等特点。另一方面，该时期的检察机关随着革命战争形势的需要出现了多种变化。它们大多在中国共产党的领导下实行"审检合署"或"配置制"，未设立专门的检察机构（后来也有一小部分区域逐渐发展到"检法分设"）；各根据地的司法机关设置不统一，一般根据实际情况需要而设定；检察职能仍然是对犯罪行为实施侦查、提起公诉和监督刑事判决的执行等。

---

① 张敬博：《历经风雨探索前行——抗日战争、解放战争的人民检察制度》，载《人民检察》2011 年第 19 期。

② 孙谦：《人民检察史》，中国检察出版社 2008 年版。

总之，在新民主主义革命时期，革命根据地的检察制度，自第二次国内革命战争时期产生，经抗日战争时期，至解放战争胜利，在中国革命的历程中发挥了打击敌人、保护人民、巩固革命政权、支援革命战争的重要作用。尽管由于历史条件的限制，当时的检察制度在组织上和业务建设上都很不健全，但是它的产生和发展，积累了革命法制建设和检察工作的经验，成为创建当代中国检察制度的直接渊源。新民主主义革命时期的检察文化伴随着检察制度的诞生、成长、发展而不断丰富、充实，其生命力、塑造力、影响力日益凸显，发展历程也呈现出了创设、吸收、借鉴、升华的渐进过程。

第二节　中国当代检察文化建设概要

中华人民共和国成立后，在中国共产党的正确领导下，各项制度逐渐完善，这里当然也包括检察制度，而检察文化也随着检察制度的命运经历了曲折的发展历程，最终闪耀光芒。

一、中国当代检察文化的初建

中华人民共和国成立后，我国进入了国民经济恢复和发展时期，与此同时，在司法领域，建立起了中国特色社会主义检察制度，此时的检察制度是借鉴移植了苏联以法律监督为特点的检察制度，扬弃了半封建半殖民地时期的检察制度，继承和发扬了革命根据地时期、解放战争时期的检察制度，走出了与当时西方国家检察制度不同形式的发展道路。在机构建设方面，快速建立了与国家结构形式相适应的各级检察机关。在制度运行方面，通过不断的检察实践，逐步调整了检察机关的领导体制和运行模式。[①] 当代中国检察文化随着中华人民共和国的成立和检察制度的建立，获得了快速发展，但是由于新生政权刚刚建立，一些地方还没有完全得到解放，为了保卫新生的国家政权，此时检察文化的价值取向主要是打击犯罪。从 1954 年开始，我国检察文化随着检察制度的发展而发展，但是并不平顺。

---

① 朱孝清、张智辉:《检察学》，中国检察出版社 2010 年版，第 102~104 页。

（一）社会主义改造和建设时期

1952年底，党中央按照毛泽东的建议，提出了党在过渡时期的总路线，即“党在这个过渡时期的总路线和总任务，是要在一个相当长的时间内，逐步实现国家的社会主义工业化，并逐步实现国家对农业、对手工业和对资本主义工商业的社会主义改造。从1953年开始，检察机关的组织建设和业务活动主要围绕着过渡时期总路线和总任务的要求而进行，其与生产力和经济基础之间取得了高度一致，推动着社会生产力的发展。[①]这一时期检察文化的主要价值取向、行为规范、制度构建等，都是以维护新生人民政权、推动社会主义建设为根本目标的，与国家大局保持了高度一致。

（二）社会主义成型时期

1954年，《中华人民共和国宪法》《中华人民共和国人民检察院组织法》制定颁布，将人民检察署改为人民检察院，重新确立了垂直领导体制，检察文化建设迎来了发展期。苏联根据列宁的法律监督理论创设的“检察长制的法律监督制度”，与西方国家的检察制度显著区分开来，成为无产阶级法律制度的伟大创举之一。我国在借鉴移植这一法律监督制度的过程中，从我国国情出发，根据与国体政体相适应的原则，辩证地扬弃了西方“公诉人”角色、苏联最高检察长监督角色的制度模式及其文化模式，形成了中国特色社会主义检察制度，由此形成了与之相协调的中国特色社会主义监督文化，并将其与我国传统监督文化很好地对接起来，有力地推动了我国现代检察文化的发展。

1954年颁布的第一部《中华人民共和国宪法》封面

① 朱孝清、张智辉:《检察学》，中国检察出版社2010年版，第104页。

（三）检察文化建设的曲折发展

从1953年至中共八大，检察机关的各级组织体系在全国得到了健全和完善，检察工作走向了正规化和法制化。但是，受党内“左”倾思想的影响与干扰，“八大”后轻视法制作用与法制建设的思想观念影响到了检察工作。1957年开始的“反右”扩大化运动，将一批检察人员错划为“右派”，检察机关的法律监督职能遭到了否认与批判。1958年的“大跃进”违背了检察工作的规律，检察工作中忽视法律程序，不依法办事的情况屡屡出现，造成了冤案错案。其后党内的“左”倾思想进一步冲击检察工作，在1960年开始的国家机关精简中“公检法”三机关险些被合署办公。不过，总的说来，检察工作在为过渡时期总路线提供保障，打击犯罪、依法办案和履行法律监督职能，与违法乱纪作斗争方面取得了明显的成效。这一阶段的检察文化受到了轻视法律、忽视法律程序等错误思想观念的影响，但其坚持把维护过渡时期总路线作为核心价值取向，体现了难能可贵的大局观，其总的趋势是在曲折中发展。

二、中国当代检察文化建设的中断

1968年，驻最高人民法院、最高人民检察院、内务部的军代表和公安部领导小组在中央政法小组负责人的授意下，提交了《关于撤销最高人民检察院、内务部、内务办三个单位，公安部、高法院留下少数人的请示报告》，报告建议撤销检察院。经毛泽东批示下发，最高人民检察院和各地检察院被先后撤销。1975年，我国修订的第二部宪法规定“检察机关的职权由各级公安机关行使”，从法律形式上错误地确认了检察机关被非法撤销的事实。检察机关与国家同遭“文化大革命”磨难，中国特色社会主义检察文化建设停滞。

三、中国当代检察文化建设的恢复发展

1978年，我国宪法汲取“文化大革命”的教训，恢复了检察制度。1979年通过《人民检察院组织法》《刑法》《刑事诉讼法》等一批法律，确定了检察机关的性质为国家监督机关，受上级人民检察院领导并接受同级人大及其

常委会监督，牢固确立了我国检察机关“法律监督机关”的地位，检察机关的理念和结构实现了转变。[①]1982年，我国第四部宪法明确规定，“人民检察院是国家的法律监督机关”。自彼时至今，我国检察事业进入了长足发展时期。与此相伴，我国检察文化建设开始崭露头角。它积极服从服务于中国特色社会主义建设，并以开放的心态积极吸纳外国法治文化的先进成果，取得了可喜的成绩。

进入20世纪90年代，随着我国检察事业的发展和检察实践的深入开展，1995年7月1日《中华人民共和国检察官法》实施，初任检察员、助理检察员考试暂行办法、检察官等级暂行规定等7个配套规定先后出台；1997年召开的党的十五大将法治建设作为重点，把依法治国和建设社会主义法治国家正式提上议程，并强调要以保证司法机关依法独立公正地行使审判权和检察权，以此为重点大力积极推进司法改革；1999年依法治国被写入了我国宪法，标志着我国正式迈入建设社会主义法治国家的新时期，检察改革从中得到了全面的推动和发展。

与此同时，中国特色社会主义检察文化步入了新的阶段，检察文化作为一个学术概念第一次被提出，检察文化建设被提上议事日程。在检察这一阶段的检察文化发展呈现如下特点：

1. 思想认识方面，从检察机关精神文明建设的高度强调检察文化建设。人们逐步认识到，检察机关精神文明建设是检察工作的重要一环，它能够为检察事业的发展提供精神动力、智力支持和思想保证，并决定着检察工作的性质和方向。要通过加强检察机关精神文明建设，推进对中国特色社会主义检察制度的坚持，推动检察机关法律监督职责的履行，提高检察队伍整体素质。

2. 建设内涵方面，紧密联系实际，突出重点，坚持用科学的理论武装人，坚持把思想道德建设作为中心环节来抓，加强领导班子建设，积极开展“检民共建”的群众性精神文明创建活动。

3. 建设重点方面，大力发展检察文化教育事业，积极开展培训工作，提

① 曾加、张炜:《论中国检察文化的特色：中西检察文化的比较》，载《西北大学学报（哲学社会科学版）》2009年第4期。

高检察干警的文化专业知识水平；把检察宣传、检察文艺提上议事日程，纳入发展轨道，不断向社会推出反映检察事业的文学艺术作品；积极开展群众性的检察文化生活等。

4. 建设实践方面，制定规划，有计划分步骤地实施；加大投入，提供坚实的物质保障；引入竞争机制，培养积极向上的风气。[①]

但是，这一阶段的检察文化建设存在一定的问题，即滞后于飞速发展的经济建设、滞后于全社会文化教育的发展状况、滞后于检察工作的发展，这为 21 世纪检察文化建设的开展与创新设置了重要议题。

四、中国当代检察文化建设的快速发展

进入 21 世纪，检察文化建设发展进入快车道。2002 年 3 月最高人民检察院颁布《人民检察院基层建设纲要》，明确提出“检察文化建设”的任务，引导检察文化建设进入了发展的快车道。

2006 年，中共中央专门作出了《关于进一步加强人民法院、人民检察院工作的规定》，对检察机关发挥好法律及监督职能提出了明确要求，检察工作开始进入一个崭新的发展阶段。

2007 年 11 月 27 日，最高人民检察院在广州举办文化建设巡礼活动，这是检察机关恢复重建近 30 年来首次组织大规模的文化建设巡礼活动。巡礼活动回顾与展示了检察文化建设的成绩，廓清了实践中的一些模糊认识，对其后一个时期的检察文化建设作出了部署。

2010 年，最高人民检察院先后在山东济宁、湖北武汉举办座谈会与理论研讨会，总结检察文化建设经验与成就，研讨检察文化建设的理论与实践，部署当前和今后一个时期的检察文化建设工作。时任最高人民检察院检察长的曹建明同志分别对两次会议作出重要指示，强调全国检察机关要全面贯彻党中央的重要指示，充分认识文化建设的重要意义，坚持把检察文化建设摆到更加重要的位置，更加积极、更加主动、更加自觉地加强和改进检察文化建设。

这段时期的检察文化呈现以下特点：

1. 指导思想方面，强调高举旗帜，围绕检察工作总体要求，主动适应新

① 徐汉明：《论加强检察机关精神文明建设》，载《中国刑事法杂志》1997 年第 4 期。

形势新任务的要求，以公正执法为核心，以培养高素质人才为目的，以创新管理为抓手，以创建和谐人文环境为途径，繁荣检察文化，推动检察工作科学发展。

2. 基本原则方面，强调坚持检察特色、坚持正面引导、坚持统一规划、坚持彰显时代特色。基本内涵方面，强调思想政治建设、执法理念建设、行为规范建设、职业道德建设以及职业形象建设。

3. 工作目标方面，强调坚持以人为本，坚持充分发挥检察人员的主动性，调动人、凝聚人、激发人的积极性、主动性和创造性，促进检察人员的全面发展，促进检察队伍整体素质的不断提高，促进检察工作科学发展，形成“思想持续进步、制度持续改进、工作持续创新、形象持续改善”的良性机制，取得检察文化软实力和执法公信力不断提升的良好效果。

4. 文化建设方面，强调“核心价值——灵魂、行为文化——形象、物质文化——保障”三位一体：制度文化方面，强调通过实行检察工作一体化管理机制、公正规范文明执法的长效管理机制、法律监督调查机制、检察科学管理机制、执法办案的科学考评和绩效管理机制、执法办案的监督制约管理机制，实施检察队伍建设“六项工程”，着力增强制度规范对检察人员的导向力、凝聚力、约束力与规范力，着力提升检察队伍的执行力，着力提升检察机关的软实力。行为文化方面，强调内强素质、外树形象，搭建学习培训、交流、人才培养的平台，积极开展争先创优活动，丰富文化体育活动，加强职业道德建设，培育职业精神，养成职业素养，遵守职业纪律，树立职业形象，展示职业风貌，真正使忠诚公正清廉文明的检察官职业道德内化于心，外践于行。物质文化方面，强调文化环境建设，即通过文化有形化、环境优美化、用以推进和谐型、效能型、学习型检察机关建设，陶冶检察人员的品格情操，影响检察人员的价值取向和行为方式，打造检察人员共同的精神家园。

5. 文化功能方面，强调价值引领、行为规范、结构聚合、形象塑造、辐射传播、认同建构六项功能整体发挥。

6. 实践模式方面，初步形成并逐步推广湖北检察机关的“汉阳模式”、河南检察机关的“洛阳模式”、山东检察机关的“学习型组织模式”，等等。

总之，随着检察精神文化、行为文化、物质文化各方面的有序推进，这一时期开创了我国检察文化建设的新局面，提高了检察队伍的整体素质，提升了检察机关的软实力，增强了检察机关的执法公信力，推动了各项检察工作创新发展，为“十二五”时期以及今后检察工作科学发展奠定了基础，提供了不竭动力与支持。

五、中国当代检察文化的深入发展

2010 年 12 月 13 日，最高人民检察院颁布了《关于加强检察文化建设的意见》，为我国检察文化繁荣发展勾画了蓝图。中国特色社会主义检察文化正在如火如荼地发展，新一轮建设高潮正在掀起。新时期的检察文化建设将呈现新特色。

2011 年 6 月，中国检察官文联正式成立，随后河南、河北、江苏、吉林、海南、安徽、山西、北京、天津、浙江、上海、陕西等省、直辖市率先在全国成立了省级检察官文联，并陆续成立了地市级检察官文联，为检察文化建设提供了新的组织平台，准备了新的力量。

2011 年 11 月 28 日、29 日，全国检察机关检察文化建设座谈会在河南洛阳召开，会议要求检察机关深入贯彻落实党的十七届六中全会精神，坚持把文化建设作为队伍建设的重要内容和重要抓手，大力加强检察文化建设，为推动检察事业科学发展提供有力的精神动力、舆论支持、文化保障。①

2012 年，最高人民检察院又围绕检察文化建设主题，组织在全国各地进行深入调研，并将出台更加有力的和有针对性的措施，持续增强检察文化建设的系统性、协调性和持续性。2012 年 1 月 10 日，最高人民检察院举行开通仪式，正式开通启用“检察文化建设网”。

2012 年 6 月 19 日至 20 日，全国检察机关文化建设工作会议在吉林长春召开。时任高检院党组副书记、常务副检察长胡泽君同志出席会议并讲话。她要求，各级检察机关要深入贯彻落实党的十七届六中全会精神，坚持从检察文化的本质要求和核心任务出发，紧紧抓住提高检察队伍素质、提升执法公信力、促进检察工作的关键点，大力加强检察文化建设，为促进检察事业科学发展提供有力的精神支撑、智力保障和文化条件。这段时期的特点主要有：

① 高传伟:《李如林在全国检察机关文化建设座谈会上强调：努力开创检察文化建设新局面》，载《检察日报》2011 年 11 月 30 日。

1. 认识方面，站在时代发展的高度，针对检察文化理论指导的不力，检察文化建设缺乏个性，体制机制建设创新不够，文化建设投入不足，对什么是检察文化，为什么开展检察文化建设、如何开展检察文化建设的定位不准、认识不清、措施不力等问题，强调充分认识新形势下加强检察文化建设的极端重要性，这对于统一全国检察机关及全体检察人员的思想和行动，加强检察文化建设意义重大。检察文化建设总体目标任务的提出与实施，将促进检察文化建设出现新的转型。

2. 组织领导方面，由基层检察院自发开展向自上而下推动、加强组织领导，整体推进转变。

3. 建设开展方面，由侧重推进单一的检察物质文化建设向检察精神文化、行为文化、物质文化建设统筹规划、合理布局、分步实施、全面推进转变。

4. 机制体制创新方面，由个人爱好、领导人兴趣、外部环境支持向党组重视、明晰责任、分工负责、综合考核、检察官文联、工会、共青团协调配合、齐抓共管等制度创新、体制创新、工作机制创新转变，全力营造检察文化建设合力与良好氛围。

5. 后勤保障方面，从资源稀缺、保障不力、管理不善、绩效不优向统筹兼顾、加大投入、强化管理、增强绩效转变。

六、中国当代检察文化的繁荣发展

党的十八大以来，着重强调“扎实推进社会主义文化强国建设”，出台了《国家“十三五”时期文化发展改革规划纲要》，提出，“十三五”时期是全面建成小康社会决胜阶段，也是促进文化繁荣发展关键时期。在新的历史起点上，夺取中国特色社会主义新胜利，赢得具有许多新的历史特点的伟大斗争，必须充分发挥文化引领风尚、教育人民、服务社会、推动发展的作用。全面建成小康社会，迫切需要补齐文化发展短板、实现文化小康，丰富人们精神文化生活，提高国民素质和社会文明程度。适应把握引领经济发展新常态，推动改革全面深化，促进社会和谐稳定，迫切需要牢固树立和贯彻落实创新、协调、绿色、开放、共享的新发展理念，增进社会共识、营造良好氛围，激发全民族创造活力。高新技术发展日新月异，社会信息化持续推进，互联网影响广泛而深刻，迫切需要拓展文化发展新领域，发展壮大网上主流舆论阵地，更好运用先进技术发展和传播先进文化。世界多极化、经济全球化、文化多样化、社会信息化深入发展，综合国力竞争日趋激烈，迫切需要提高文化开放水平，广泛参与世界文明对话，增强国际话语权，展示中华文化独特魅力，增强国家文化软实力。面对新形势新要求，要进一步坚定文化自信，增强文化自觉，奋力开创中国特色社会主义文化建设新局面，为做好党和国家各项工作提供强大的价值引领力、文化凝聚力和精神推动力。

此后，最高人民检察院为认真贯彻《国家“十三五”时期文化发展改革规划纲要》，于2016年12月23日印发了《“十三五”时期检察文化建设规划纲要》。

1. 在分析形势方面，指出，“十三五”检察工作发展环境发生新的深刻变化，检察文化建设服务检察中心工作、凝聚思想共识、营造良好氛围的任务更加艰巨；创新检察文化建设，促进检察人员素质提升、规范文明司法的任务更加艰巨；检察文化发展的质量和水平，检察文化的社会影响力和辐射力还有待进一步提高。

2. 在指导思想方面，强调深入贯彻习近平总书记系列重要讲话精神，坚持社会主义先进文化前进方向，进一步坚定文化自信，紧紧围绕“五位一体”总体布局和“四个全面”战略布局，以服务和推进检察事业科学发展为根本，以培育和践行检察职业精神为重点，以提高检察队伍素质和司法公信力为目标，以群众性、职业性文化活动为载体，以改革创新为动力，紧贴检察工作和队伍建设实际，大力加强检察文化建设，为推动中国特色社会主义检察事业科学发展提供精神动力、舆论支持、文化保障。

3. 在总体目标方面，最终实现社会主义核心价值体系建设深入推进、检察文化建设服务保障大局成效明显、检察职业形象进一步提升、检察文化建设体制机制不断健全、检察文化建设保障措施更加有力等目标。

4. 在基本原则方面，确立了坚持马克思主义指导地位、坚持社会主义先进文化方向、坚持突出检察人员主体地位、坚持文化创新发展、坚持因地制宜、整体推进的“五项原则”。

5. 在发展格局方面，着力打造以“检察文化建设示范院”为基础的检察文化建设辐射群，形成“以上率下、由高到低、点面结合、一院一品”立体化检察文化建设发展格局。同时，就检察文化示范核心层、功能拓展层、成果辐射层提出了具体要求。

6. 在主要任务方面，包括：加强思想理论建设、培育践行社会主义核心价值观、深入推进检察职业素质建设、丰富检察文化建设载体内容、努力打造良好文化环境、繁荣发展检察文学艺术、提高检察文化服务质量、提升检察文化交流水平等八个方面工作，为如何开展好检察文化建设发展提供了具体指引。

7. 在保障措施方面，主要从加强组织领导、完善管理机制、强化经费保障、夯实基层基础、健全考评体系加以要求，切实为检察文化大发展、大繁荣提供强有力支持。

《“十三五”时期检察文化建设规划纲要》是“十三五”时期检察机关文化建设的纲领性文件，全国检察机关按照文件要求，不折不扣的抓好落实，营造出检察文化大发展大繁荣的新局面。

七、新时代中国特色社会主义检察文化

中国共产党第十九次全国代表大会召开，宣示了中国特色社会主义进入新时代。习近平总书记代表第十八届中央委员会向大会作了题为《决胜全面建成小康社会　夺取新时代中国特色社会主义伟大胜利》的报告。报告确定了“坚持社会主义核心价值体系”这一基本方略，主要内容包括：必须坚持马克思主义，牢固树立共产主义远大理想和中国特色社会主义共同理想，培育和践行社会主义核心价值观，不断增强意识形态领域主导权和话语权，推动中华优秀传统文化创造性转化、创新性发展，继承革命文化，发展社会主义先进文化，不忘本来、吸收外来、面向未来，更好构筑中国精神、中国价值、中国力量，为人民提供精神指引。

《决胜全面建成小康社会　夺取新时代中国特色社会主义伟大胜利》的报告中强调要“坚定文化自信，推动社会主义文化繁荣兴盛”。具体要求：一是要牢牢掌握意识形态工作领导权；二是要培育和践行社会主义核心价值观；三是要加强思想道德建设；四是要繁荣发展社会主义文艺；五是要推动

文化事业和文化产业发展。

2018 年 3 月 27 日，最高人民检察院召开全国检察机关学习贯彻两会精神电视电话会议。最高人民检察院党组书记、检察长张军出席会议并作讲话。他指出，要始终坚定中国特色社会主义检察制度自信，坚持人民检察院是国家的法律监督机关的宪法定位，保持政治定力和战略定力，坚定不移探索、创新、践行新时代中国特色社会主义检察道路、检察理论、检察制度和检察文化，努力走出新时代中国特色社会主义检察理论指导下的中国特色社会主义检察道路。为推进检察文化建设发出新时代铿锵有力的声音。

2018 年 4 月 24 日，第十九届全国检察理论研究年会暨中国法学会检察学研究会年会 24 日在济南召开。最高人民检察院检察长张军强调，要坚定“四个自信”，深化检察理论研究，为新时代检察工作提供强有力理论支撑。

新时期中国特色社会主义检察文化将严格按照基本方略和文化建设的工作部署，沿着正确的方向，坚定信心，向前发展，必然走出一条符合中国实际、贴合检察职能、契合传统文化的发展之路。

第三节　中国当代检察文化建设先进典型介绍

我国是一个地域广阔的多民族国家，各省域、各地域都有自己的个性文化，各民族都有自己的文化传统，从而形成了丰富多彩的中华文化。从检察文化视角看，是检察机关性质职能的共性文化与表征上的多样性文化的有机统一，也就是说，检察文化在法律监督机关一体化原则下，必然以检察职能及其价值功能为本质特征，但落实到一个单位的检察文化，也会打上地域文化烙印和检察文化建设过程中理念差异的烙印。由于时间和经历有限，本章将在中南地区、华东地区、华北地区、西南地区、西北地区、东北地区各选一个至两个具有代表性的进行介绍。同时，对港澳台地区检察文化建设进行简要概述。

一、中南地区的检察文化建设

（一）广东省广州市海珠区人民检察院检察文化建设

珠海检察图章

海珠区检察院是全国较早开展检察文化建设的基层检察院，是全国检察文化建设示范院，并代表66个首批文化示范院向全国检察机关和全体检察人员发出文化兴检的倡议。经过多年的探索实践，逐步建立了富有“海珠”个性的检察文化体系。海珠检察文化主要体现在以下几个方面：

1. 在精神理念层面，打造以“进取、创新、开放、系统、反思”为创建理念，以“法治服务，人本发展”为创建宗旨，以“检察业绩持续一流、优秀人才不断涌现、调研成果层出常新”为创建目标的共同愿景。一是开展理想信念教育，定期组织干警追寻党的足迹，重走革命征途，教育干警坚定理想信念，发扬光荣传统；举办“共筑检察梦，再创新辉煌”主题演讲比赛，引导干警结合实际工作准确把握“中国梦”的深刻含义；组织资深检察官、女检察官、专业干部、年轻干警等系列座谈会，引导干警立足岗位发展；总结提炼并大力弘扬“特别能吃苦、特别能战斗、特别讲奉献、特别守纪律”的海检“四特”精神，使之成为海检人共同的价值追求，并设计了取材于检察工作场景、采用动漫人物形象的海检“四特”精神邮票，积极镇尺，促使干警在耳濡目染中将海检精神内化于心、外化于行。二是创建学习文化，强调学习的理念，大兴学习之风，开展“创建学习型检察院、争当学习型检察官”活动，成立了10个学习专业小组及兴趣小组，定期开展“读书会”“海检讲堂”“学习沙龙”等活动，提升队伍学习力；组织“修身论坛”“古诗文词赋朗诵会”，提升干警胸怀境界，陶冶健康情操。该院被上海明德学习型组织研究所授予“AA学习型组织创建单位”称号。

2. 在行为方式层面，海珠检察文化在遵循基础性检察制度安排与组织结构体系的基础上，注重从运行机制细化与行为规范入手，不断丰富检察行为文化的内容。同时注重创新检察队伍管理方法，坚持将“人性化、服务化、民主化、激励化”作为管理队伍的核心理念，打造以人为本的精神家园。一是成立各种文艺团体，开展合唱、瑜伽、舞蹈等文体活动，组织围棋、篮球、足球、羽毛球、乒乓球等比赛，提升队伍的向心力和凝聚力；二是坚持生、老、病、死、喜、检察干警长期出差办案必访的“六个必访”制度和重要节假日对离退休人员、干警遗属领导慰问制度，并创新关爱、慰问方式，如为每名退休人员制作从检以来的纪念相册，增强职业尊荣感和获得感，又如，为生病住院干警送上负有党组成员亲切慰问的心意卡，并成立“爱心关怀小组”，每天安排人员轮流到医院为干警减压开解，使干警及其家属切实感受到海检大家庭的温暖；三是在全国检察系统首先推出将思想政治工作做到办案第一线、延伸到八小时以外等措施，逐步建立起了检察队伍思想道德教育的长效机制、反腐倡廉制度体系与权力运行的监督机制。四是建立了以ISO9001国际质量管理标准为基础的《规范化管理体系文件操作规程》，涵盖了241个操作规程，实现了对1627个检察工作环节的过程控制与质量管理，有效地提高办案质量，强化法律监督。

3. 在物质形态层面，该院提倡无形的文化理念有形化，有效发挥环境文化对检察干警行为的引导与约束作用。一是定期征集干警格言警句在电梯里展示，引导干警履诺践诺；二是整饰各楼层文化理念墙，于润物无声中教育干警牢记宗旨、执法为民；三是开辟才艺园地，定期展示干警书画、摄影、篆刻作品等，弘扬检察职业道德；四是升级改造图书室、天台文化休闲活动中心等公用区域，彰显法治内涵；五是在各楼层办公室、走廊、楼梯间增加文化元素，提升文化品位。

在检察文化引擎的助力下，海珠检察院获得了“全国模范检察院”、首届

"全国十佳检察院"、首批"全国检察机关文化建设示范单位"等多项荣誉。

海珠区人民检察院荣获第五届"全国先进基层检察院"挂牌仪式

（二）湖北省武汉市汉阳区人民检察院检察文化建设

汉阳区检察院以2003年开展的"争创学习型检察院、争当学习型知识型检察官、以文化促创新"创争活动为契机，确定了"文化求素质、文化求质量、文化求发展"的工作思路，擂响了开展检察文化建设的战鼓，经过多年建设，汉阳区检察院形成了"以先进的文化理念引导人、以高尚的文化精神鼓舞人、以浓厚的文化氛围塑造人"的负有汉阳检察特色的"忠诚、公正、和谐、奋进"的检察文化体系。汉阳检察文化主要体现在以下几个方面：

1. 在精神理念层面，该院将中国传统文化、中西方法律文化、地方历史文化和检察工作有机结合，多角度、立体化地诠释了检察文化的精神理念。一是他们把"负责的人生观、奉献的价值观、发展的世界观"作为全院检察干警的共同价值观，并根据检察机关的法律监督职能与检察工作实际情况，引导干警们树立"监督的权力观、神圣的地位观、淡泊的名利观"。二是提倡"五大理念"，即学习理念（创办《学习与超越》杂志与网络园地，及时总结推广检察人员的学习成果和创建经验，并按年度开展理论研究年会和"创新奖"评比活动）、反思理念、质量理念、管理理念、发展理念。三是提倡“六大精神”，即自我超越的“泥鳅精神”，凝聚团队的“红杉精神”，出淤泥而不染的“莲花精神”，刚正不阿积极向上的“翠竹精神”，共同愿景聚焦忠诚的“向日葵精神”，任劳任怨无私奉献的“老黄牛精神”。四是在文化理念上，提炼了以“辨、智、爱、容、肃、水”为内容的“六字精神”。五是在职业道德上形成了以“忠诚、公正、和谐、奋进”为要求的八字院训。六是在工作理念上形成了以“恒心、虚心、洁心、同心、尽心、实心”为追求的“六心”精神，等等。通过各种文化载体的不断植入与潜移默化，这些理念逐渐深入检察干警心中，成为该院激励全体干警奋发向上的精神力量和团结一致的精神纽带。

2. 在行为方式层面。在建立健全与贯彻落实制度规范方面，该院不断强化管理，创新机制，发挥检察文化约束检察人员行为的作用。一是提出“五化机制”及“四不意识”。“五化机制”：规范统一化，职责明确化，工作流程化，质量标准化，监督动态化；“四不意识”：要求所有干警“不让事情在我手中延误、不让工作在我手中断线、不让案件在我手中积压、不让差错在我手中发生。二是及时总结近年来加强职业道德建设、提高执法公信力的做法，并将检察职业道德建设与检察文化建设有机结合，编写了《检察人员礼仪规范 100 条》，从检察干警的执法、工作、着装、接待、会议及生活等方面，规范了检察人员应遵守的基本礼仪。三是用“肃”的法治理念、“爱”的德治理念、“智”的工作理念、“辨”的思维理念、“水”的管理理念、“容”的待人理念这“六字文化理念”规范干警行为，让检察文化这只“看不见的手”，成为检察工作发展创新的原动力。这种微观层面运行机制的完善与实践，不仅找到了检察基础性制度安排规范检察团队一体行为，引导检察官个体建立良好行为的有效实现形式，而且推动了检察官行为规范日复一日、不折不扣地贯彻，并且使行为规范得到协调一致地贯彻，从而提升了检察机关的凝聚力、向心力与战斗力，树立了新时期人民检察机关的良好形象。

3. 物质形态层面，该院从营造文化氛围入手，对办公大楼的文化墙进行了丰富和完善，楼道里、走廊间、会议室，以及检察官的办公室摆放着鲜花盆景，墙上悬挂着富有哲理的书法条幅。在每层走道处的墙面上都设计有检察文化壁画，根据不同的表现形式展示不同的文化。如、“法律之源”“神圣使命”“公正正义”。独具匠心的“青蛙”现象、“木桶理念”“树根理论”方匾构成了反思廊。电子显示屏上，每天都会滚动播出“经典励志格言”“健康保健知识”“本周精品图书推介”等内容。每周五中午休息时间，在该院多功能会议室，可以观看健康向上的文化影片。

汉阳检察文化建设具有起步早、标准高、影响大的特点，受到了方方面面的关注，各级领导给予了充分肯定。在检察文化建设的大力促进下，该院从“后进院”跃升为“全国模范检察院”“全国十佳基层检察院”，并荣获了全国“学习型组织先进单位称号”“全国五一劳动奖状”，等等。

2017 年，汉阳区检察院召开检察文化建设专题报告会，提出了打造汉阳检察文化升级版的工作打算：坚持以“勇当全国基层院文化建设排头兵”为目标，制定实施“三项工程”深化检察文化建设工作方案，将检察文化建设作为提高检察人员素质和推动检察工作发展的强大动力，不断加强检察文化建设的探索与实践，充分发挥文化独特的精神感召力、思想影响力和内心驱动力，不断激发检察人员学习力、执行力和创造力，推动汉阳检察工作全面创新发展。

汉阳区人民检察院检察文化建设专题报告会

二、华东地区的检察文化建设

华东地区检察文化建设最具代表性之一的是山东省济宁市人民检察院。它是全国检察系统开展检察文化建设较早的单位之一，在全国检察机关率先成立了“济宁检察文学艺术联合会”。并逐渐形成了更加完整、更加系统的检察文化建设发展思路。即坚持一个定位：融合儒家文化、践行法治理念、突出检察特色、反映和谐要求。深化六项内容：理念文化铸魂、管理文化育制、素质文化提能、环境文化净心、网络文化增效、和谐文化树形。推进四个延伸：向检察个体延伸，促进文化个体养成；向检察业务延伸，提升工作质效；向基层延伸，拓展文化建设阵地：向社会延伸，用文化传递公平正义，使检察文化成为推动检察事业发展的新引擎。济宁检察文化具有以下几个方面特点：

济宁检察文学艺术联合会成立大会暨第一次会员代表大会现场

1. 在精神理念层面：一是坚持社会主义核心价值观。每年确定一个主题、开展一次专项教育，灵活运用报告会、演讲比赛、网上研讨、先模人物上党课、专家讲座等多种形式，大力培育和弘扬检察官的职业道德。二是结合济宁作为儒家文化发源地的实际，积极寻找儒家思想与检察文化的结合点。他们把儒家思想融入检察文化，提出了“和谐检察”理念；把儒家的“仁政、民重、修身、正己、和为贵”等理念融入检察文化，提炼了“公正、清廉、和谐、卓越”的济宁检察精神。三是坚持以文化提升执法境界，树立守法、重效、理性、平和、文明、规范执法的理念。[①]

2. 在行为方式层面，济宁检察文化在行为方式层面的内容与特征有：一是完善制度规范，形成涵盖队伍、业务、检务保障和检察官礼仪等管理制度体系。二是以“落实科学发展观绩效考核机制”为总抓手，大力加强自身监督制约机制建设，强化对“重点部门、重点岗位、重点环节”和“法律监督权、干部任免权、经费开支权”的监督，制定“十二个不准”规则，以刚性约束保证廉洁从检。[②]三是建立三级考核体系，细化分解工作任务。四是改进和完善人才选拔机制，全面推行中层干部竞争上岗、一般岗位双向选择。五是健全外部监督制约机制，在市县两级院专门成立人大代表、政协委员联络工作室，深入推进人民监督员制度试点工作，强化对执法活动的监督，等等。[③]这一层面运行机制的建立健全，既形成与基础性制度安排与组织结构体系对检察团队行为的协调补充，又形成对检察官个体或群体行为的有效制约，使检察行为规范在基层得到落实，使检察官个体行为统一于规范。

3. 物质形态层面，该院在办公大楼的每层楼道内都精心设置了“法治长廊”，在检察文化展室内陈列了书法、绘画作品、挂图等，并建造了体现济宁儒家文化与象征检察官精神风貌的检察文化大型壁画，集中展现济宁检察文化底蕴。

该院检察文化产业开发独具特色，创意并发起成立了“曲阜东方圣城文化传播有限公司”，与有关单位联合拍摄了102集大型儒学文化电视系列片——《演说论语》，被国家新闻出版总署列入“十一五”重点音像出版规划项目，同时作为全国检察干警中华传统文化教育教材和全国青少年中华传统文化教育教材自全国推广。该院还联合北京大学和曲阜市委、市政府共同成立了“中国儒风书画院”，聘请世界孔子后裔联谊会会长孔德墉先生担任名誉院长。此外，该院积极争取团中央光华科技基金会的支持，建立了儒学研究与发挥基金。

---

① 徐汉明、金鑫、郭清君、吴世文:《当代中国检察文化研究》，知识产权出版社2013年版，第395页。

② 徐汉明、金鑫、郭清君、吴世文:《当代中国检察文化研究》，知识产权出版社2013年版，第396页。

③ 参见济宁市人民检察院网站“检察文联”专栏。

三、东北地区的检察文化建设

（一）吉林省大安市人民检察院检察文化建设

大安市检察院结合大安历史地域文化，努力打造大安检察独有的特色文化。其特点主要包括以下几个方面：

1. 在精神理念层面，大安市检察院积极在干警中征集确立了“忠诚、厚德、崇法、为民”的八字院训和院标。总结提炼了四种精神。即：“龙的精神”——信念坚定，勇往直前；“水的精神”——智者如水，公平公正；“莲的精神”——清廉高洁、勇毅坚贞；“桥的精神”——检民融洽，党群和谐。确立了四字理念。即：“度”的法治理念。尊重法度，遵守制度，公正执法有度，内部管理有度，维护法律尊严，实施管理有章。“为”的工作理念。事业有为，敬业有为，执法有为，专业有为，服务有为，竞争有为，敢为会为。“泊”的品格理念。品格如泊，立检为公，执法为民，淡泊名利，宁静致远，安于奉献。“爱”的情操理念。秉赋博爱，爱家、爱检、爱国、爱民、爱党。

2. 在行为方式层面：一是积极开展丰富多彩的文体活动。筹备成立了大安市检察官文联，并组建多个兴趣小组，结合各项主题实践活动和重大节日，积极开展书法笔会、演讲比赛、书画摄影展、乒乓球赛、检察官集体宣誓、院史教育等丰富多彩的文体活动。二是注重体现人文关怀，在生活上关心干警，切实解决干警生活中的实际困难，让干警体会到组织的温暖；在干警生日、生病、体检等细微处体现组织的关怀，解除后顾之忧；在工作上爱护干警，重视人、理解人、尊重人，进一步增强干警从事检察工作的热情，提高干警的执法能力和水平；在政治上关注干警，把每个干警放在合适的位置上，努力为干警搭建发展的平台。三是建立长效机制，发挥检察文化建设约束作用。根据形势发展和工作需要，编制《大安市人民检察院规章制度汇编》并下发至干警手中，实现了一切人员都在纪律中，一切行为都在约束中，一切执法都在监督中。

3. 在物质形态方面，大安市检察院在物质文化打造上主要是念好“优”“精”“高”三字经。“优”，就是要用优雅的工作环境，以浓郁的文化氛围陶冶人。“精”，就是要用优良的物质装备，提高执法效益和效率。“高”，就是要用高端的科技手段，提高办案效率，提升工作水平。以此着力营造一种简约明快、质朴务实的检察文化氛围。规划建设了誓词碑、院训墙、清心亭，按楼层设置了以史为鉴、廉政建设等四个板块的文化长廊，在办公室、会议室、职工食堂等场所悬挂名言警句和赏心悦目的字画，让干警在工作生活当中、在举手投足之间，都能感受到文化气息，体会到责任重大，领悟到使命光荣。同时，在信封、水杯、宣传材料等各种宣传介质、工作资料上都使用统一标识，潜移默化地传递检察文化理念和品牌形象。此外，还建立了荣誉室、图书室、电子阅览室、健身房、篮排球场等文化设施平台，着力营造文明和谐的工作环境。

（二）黑龙江省齐齐哈尔市人民检察院检察文化建设

齐齐哈尔市人民检察院检察官举行入党宣誓活动现场

作为较早开展检察文化建设活动的地区级检察机关，齐齐哈尔市检察院一直倡导以人为本、文化育检，以“人格、官德、感恩、良知”的人性化教育为基础，逐步形成了独具自身特色的思想理念、价值观念和人文环境，进而系统化为以人为本的鹤城检察文化品牌。其主要特点包括以下几个方面：

1. 在检察精神层面，积极开展“大学习大讨论”“恪守检察职业道德，促进公正廉洁执法”等各项主题教育，并将中华传统美德融入其中，教育和引导干警做到“四珍重：一是珍重人格。告诫干警“检察官的人格不能缺失”，这种人格体现为积德行善、做个好人的传统美德；体现为让党认可、让群众满意、让自我无憾的价值取向；体现为忠诚为国、大义凛然的气节风骨；体现为坚韧不拔、不屈不饶的精神意志；体现为以民为本、不偏不倚的法律思维；体现为胸襟坦荡、志存高远的共产党人情操。二是珍重官德。告诫干警一定要用好人民赋予的权力，坚持把“用人民给予的权力公正执法天经地义，用人民给予的权力执法为民天道酬勤”作为座右铭，并将其刻在办公楼前厅的铜鼎上，时刻警醒大家恪尽职守。三是珍重感恩。教育干警做一个知恩图报的人，对得起父母的养育、人民的选择、组织的信任、同事的支持、群众的期盼。以典型为榜样开展教育。四是珍重良知。让干警坚信一个有良知的人，在善与恶的考验面前，绝不会出现偏差。

2. 在行为方式层面，一是连年组织开展“读好书、修品行”为主题的读书活动，让学习成为工作的一部分，引导干警树立终身学习的理念。二是倡导精准管理，建立执法流程控制体系和机关规范化管理机制，对案件实行连续管理和动态监控。三是坚持从严治检。建立警示教育基地，开展现身说法，加强检察机关廉政文化建设，通过对个别违纪干警的坚决查处，产生强大的警示作用。

四、西南地区的检察文化建设

重庆市检察院检察文化长廊

西南地区以重庆市渝北区人民检察院为代表。该院以 2009 年与西南大学合作开展《国家软实力与检察文化软实力构建研究》课题研究为发端，大力实施文化育检、文化强检战略，研究制定了《关于加强渝北检察文化建设的意见》，明确了总体要求、目标任务、重点内容、实施步骤及保障措施，深度挖掘文化软实力与检察工作良性互动作用，精心打造“制度文化、行为文化、符合文化、价值文化”四大工程，通过检察文化多层次、全方位的潜移默化作用，锻造出一支优秀的检察队伍，取得了突出的工作业绩。其检察文化的主要特点包括以下几个方面：

1. 在检察理念层面：一是注重发挥检察文化的凝聚功能，引领干警追求共同的价值取向。二是注重推进学习型党组织建设与推进公正廉洁执法、推动岗位大练兵活动相结合，以优化学风为核心，从“带”“导”“促”“助”“评”“赛”等方面下功夫，推进创建学习型党组织活动。三是注重开展形式多样的教育活动。紧密结合每年的工作重点确定一个活动主题，有针对性地开展革命传统、理想信念、职业道德等经常性教育；利用重庆各种底蕴丰富、独具特色的红色基地，开展瞻仰红色遗址、感受烈士情怀的各种主题活动；广泛开展唱红色歌曲、读传统经典、讲励志故事、传红岩精神的“唱读讲传”活动；面对荣获的各项荣誉，有针对性开展“模范院前找差距、一等功前找不足”专题教育活动；组织开展“渝北检察精神大讨论”，撰写《渝北检察赋》，激发广大干警勇争一流、在攀新高的精气神。四是注重干警业余文化建设。积极倡导“快乐工作、健康生活”的新理念，以健康文明的生活娱乐方式占据干警业余生活真谛。这些做法凝聚了检察人员的共识，形成了共同的价值取向，提高了综合素质，提升了精神追求，效果明显。[①]

2. 在行为方式层面，该院从行为规范、行为示范、行为养成三个层次加强行为文化建设，塑造健康、文明、高素质的渝北检察官群体形象。一是抓行为规范。把“规范、文明、自觉”确定为检察人员的行为模式，相继制定了办案规范、办公规范、行为规范、接待规范、礼仪规范等一系列行为规范，使机关的业务工作、队伍管理、检务保障及日常事务等应当规范的行为都有了统一的标准和尺度，使每名检察干警在社会公众面前的一言一行、一

---

① 徐汉明、金鑫、郭清君、吴世文:《当代中国检察文化研究》，知识产权出版社 2013 年版，第 414 页。

举一动都有了统一的行为模式。二是抓行为示范。把先进典型的示范带动作用融入行为文化建设中，发掘和宣传先进典型，教育引导干警以身边的榜样为镜，积极向上、不断进取。开展争做“优秀公诉人、优秀办案能手、优秀侦查员、优质服务明星”的四优竞赛活动，评选“我身边的职业道德模范”，举办先进模范事迹报告会，结合年终总结每年评选一次建设创新型检察院先进集体和先进个人，把身边先进典型的照片及事迹上墙挂网，营造出向先进的人和事学习的良好氛围。三是抓行为养成。重大节日、表彰活动、新人入职、干部任命、老干部退休时举行简朴而隆重的仪式，激发干警从事检察职业的光荣感、责任感和使命感已成为该院固有的行为模式；围绕热情服务群众，严格实行“六个一”的接待守则，即一张笑脸相迎，一杯热茶相敬，一声问候暖心，一把椅子让座，一声慢走相送，一直负责到底。防止对人民群众冷硬横推、简单粗暴；严格要求干警八小时以外的言行，不酗酒，不参加有损检察官形象的各种活动，切实做到举止文明，行为检点。

他们按照“创新机制出亮点”的工作思路，以《关于建设创新型检察院的意见》为总纲，不断出台队伍建设和业务工作新举措、新机制，通过工作机制、制度创新促进检察队伍建设和业务建设；坚持把抓好党风廉政建设作为一项长期的战略任务对待，思想上高度重视，措施上落实到位，坚持常抓不懈，推动了长效机制的形成，保证了案件办理的高效率和执法的公正廉洁；坚持将制度建设与文化打造有机结合，对业务工作、队伍建设、行政管理等各项规章制度整理汇编，复印成册。定期组织干警学习，使干警执法办案的质量意识、程序意识、细节意识、精品意识和严格、公正、规范、文明、廉洁执法的自觉性不断增强。此外，坚持举行检察官宣誓仪式等活动，合唱《人民检察官之歌》，引导检察人员将检察官誓言作为自己的毕生追求和行为准则。

3. 在物质形态层面，该院在环境文化建设上精心构思，重点投入，打造独具特色、饱含检察韵味的文化环境，使干警置身其中处处能够感受到浓郁的文化气息，在潜移默化中提升文化品位。一是美化办公环境。他们对办公楼进行环境改造，从车辆停放、花草栽种到杂物处理，注重细节、严格规范，处处给人以美的享受，让检察干警在潜移默化中养成诚实做人、宽容待人、豁达干练的性格品质。二是搭建平台。他们结合实践，打造“四室一廊”文化载体。建好健身室、党建室、阅览室、荣誉室、检察文化长廊，为丰富干警文化活动搭建平台。三是营造氛围。通过制作中英文双语门牌、渝北检察读书笔记本、手提袋、工作亮点宣传册、渝北检察标志、设置检察文化石，利用电子显示屏、电脑屏保程序打出“每周格言”“廉政对联”等，让干警随时随地感受到浓郁的检察文化氛围。[①]

该院通过检察文化建设有效地提升了干警的综合素质，推进了检察工作，先后荣获“全国模范检察院”、第三届“全国先进基层检察院”等称号。

五、西北地区的检察文化建设

西北地区检察文化主要研究了甘肃省酒泉市人民检察院检察文化建设。该院将检察文化建设作为队伍建设的突破口，提出以先进文化推进检察队伍建设，以锐意进取的精神文化鼓舞人，以积极探索的学术文化熏陶人，以严格规范的行为文化约束人，充分发挥检察文化所具有的激励、约束、导向功能，为各项检察工作顺利开展提供了强大的精神保障。其检察文化建设主要特点包括以下几个方面：

1. 在精神理念层面：一是坚持抓政治学习，用先进的理论武装人，用正确的思想教育人，用高尚的精神塑造人。倡导学习工作化，工作学习化，把学习与兴趣爱好、职业要求紧密结合起来，把学习与提高自身能力结合起来，把学习与自身人格完善结合起来，实现自我发展、自我超越。二是坚持“以人为本”的思想，倡导学习之风，营造学习氛围，引导广大检察干警树立终身学习的理念。三是坚持开展政治思想教育、群众观念教育、纪律教育等教育活动，引导检察人员树立正确的世界观人生观价值观。四是坚持把专业化检察队伍建设作为一项永久性工程来抓，形成了一种人才兴检、人才强检的独特文化与精神。这些精神理念方面的建设活动有力地促进了检察队伍建设的健康发展，提升了检察队伍的整体素质，推动了检察工作的树立开展。

2. 在行为方式层面，该院注重建章立制，建设“规范型”检察院。该

---

① 徐汉明、金鑫、郭清君、吴世文：《当代中国检察文化研究》，知识产权出版社 2013 年版，第 416~417 页。

院自侦部门结合办案工作实际，完善工作制度，制定了《民主生活会制度》《廉洁自律制度》《侦查指挥中心工作制度》《初查线索工作制度》等。上述这些关于检察行为制度和共同行为规范的微观运行机制，是该院结合其实际贯彻落实、协调补充基础性制度安排与组织结构体系制约检察人员个体及群体行为的积极努力，有效推动了检察行为制度与行为规范的贯彻落实，保障了基础性制度安排与组织结构体系功能作用的充分发挥，统一规范了检察人员个体及群体的行为，树立了检察队伍的良好社会形象。

3. 在物质形态方面，注重物质形态建设。为丰富干警文化生活，他们克服资金困难，投入了上百万元资金配备了硬件设施，建立图书资料室、电子阅览室、健身房、荣誉室、体育场文化活动场所，积极开展摄影、书法、体育、猜谜、歌咏比赛等一系列文化活动。

检察文化建设的成果促进了该院各项工作开展。2009 年，该院被授予了“全国精神文明建设先进单位”。

酒泉市检察官文学艺术联合会第一次会员代表大会暨成立大会现场

六、华北地区的检察文化建设

北京市朝阳区检察院作为“全国检察机关文化建设示范院”，其检察文化建设具有一定的代表性。其特点主要包括以下几个方面：

1. 在精神理念层面：一是坚持以思想政治教育为主线，成立“中国梦”宣讲团，结合“检察梦·我的梦”弘扬检察机关的共同愿景，将检察人员对公平正义的价值追求与国家富强、民族复兴、人民富裕的目标统一起来。二是开展以“职业道德、职业理念、职业责任、职业理想、职业精神”为主要内容的“五职”教育，培育检察人员良好的职业素养。三是弘扬传统文化和敬业奉献精神，深入探讨“北京精神”和首都检察精神的关系，加深对首都文化精髓的理解。

2. 在行为方式层面：一是加强人才培训和管理，组织制定实施“一准四驱”检察官优能计划，制定《激励高层次人才成长的意见》，自主研发主任检察官履职能力标准并实施测评600余人次。二是策划开展各类微博直播和微博访谈，自主创作各类新媒体作品。三是组织开展“新常态·新生态·新愿景”读书荐书交流活动和“新形势·新机遇·新作为”主题研讨活动，大力弘扬法治文化。

3. 在物质形态层面：一是积极推动检务公开，开通官方微博、官方微信、头条号，建立与新兴媒体和网络民众的良好互动关系。二是精密结合业务工作，丰富普法宣传形式，创作舞台剧、动漫、微电影、H5作品等贴近百姓的作品，微电影《伏虎》在全国检察机关首届预防职务犯罪专题微电影大赛中斩获奖项，H5《神奇五侠反贪之战》荣获全国检察机关首届新媒体大赛金奖和基层创意奖，社会反响良好。

在大力开展检察文化建设下，朝阳区检察院先后荣获“全国先进基层检察院”、第三届“全国十佳基层检察院”等荣誉称号。

七、港、澳、台检察文化建设

我国香港、澳门特区、台湾地区基于其各具特色的检察制度，在中国特色社会主义检察制度的主框架内形成了独特的检察文化建设实践模式。其主要特点包括以下几个方面：

1. 在精神理念层面，港澳台地区的检察文化建设在检察精神理念层面强调检察人员恪守客观义务、信守公共利益、注重程序正义，这与大陆地区的检察精神文化建设息息相通。

特别提到的是，香港特区形成了独具特色的廉政文化理念。在香港廉政公署成立前，香港也历经过一段黑暗的腐败时期，贪污和腐败深入了社会的每一个角落。香港廉政公署在1974年成立之后，长期以来透过执法、预防及教育“三管齐下”的策略来打击贪腐、倡清倡廉，着力构建一种“不必贪、不想贪、不能贪、不敢贪”的防腐惩腐机制。一是构建严密完善的制度体系。香港反腐败法律主要有《廉政公署条例》、《防止贿赂条例》及《选举舞弊及非法行为条例》。香港的《防止贿赂条例》，对公职人员的行为规范作出了非常详细的规定，严格财产申报制度和官员行为准则，对各级公职人员形成一套严格管理、“步步设防”的约束机制。严密而完善的法律和制度，减少或杜绝公职人员贪污腐败的机会，达到使人不能贪的目的。二是对贪污行为实行“零容忍”。“零容忍”体现在两点：“高压线”超低。香港对贪污的界定重质不重量，对贪污行为不论数额，一律治罪。在香港，贪污行为的认定是没有数额限制的，最低的一宗案件，收受5元，廉政公署就进行立案调查。惩治贪污超严。在香港，只要有贪污腐败的嫌疑，不管官多大，都会被廉政公署请去“喝咖啡”问话。前行政长官曾荫权，廉政公署在接受举报之后，照样不放过。超低的“高压线”以及严格的法律约束，使贪污成为高危罪行，使人一入“公门”便战战兢兢，如履薄冰，成就了香港公务员队伍的廉洁。三是注重对市民进行廉洁宣传教育。香港政府努力在社会上营造提倡廉洁的风气，从思想源头上改变市民对贪腐的看法。宣传教育的重点在于市民，不断提醒港人对贪污腐败的憎恶，对清正廉洁的追求和向往。对于社会不同行业、不同阶层的市民，通过有针对性地举办讲座、报告、讨论、展览等进行廉政教育，并且充分利用电视、报纸、互联网等媒体平台宣传肃贪倡廉，在全社会形成廉洁光荣、贪污可耻的氛围。通过卓有成效的工作使香港成为世界上最廉洁的地区之一，使“公正、廉洁和秩序”融入香港社会的血脉、成为香港人核心价值的组成部分，打造了特色鲜明、影响深远的廉政文化。台湾地区尤为强调“检察官”恪守客观义务，赢得了人们的广泛认可。随着社会的进步和时代的发展，台湾社会日益自由与开放。为了适应形势的发展，台湾“检察官”逐渐转变了打击犯罪的职权目的，转而以维护法律正当程序、追求公共利益与正义作为价值追求，更多地扮演了被害者和弱势个人的守护人的角色，其“检察官”的客观义务制度建设及实践取得了显著的成效。

2. 在行为方式层面，从行为模式上看，香港特区检察人员的行为模式具有分散性，而澳门特区和台湾地区相关人员的行为模式具有统一性。从行为规范上看，其都十分重视检察行为规范建设。从实践活动上看，其建设都注重强调相关人员开展相关行为的独立性。

台湾地区十分重视“检察”职业道德规范建设。其“检察”职业道德规范即“检察官守则”。1989 年，台湾地区“司法”职业道德领域的“道德自新运动”兴起，在社会中形成了一种强大的道德氛围，使每个“检察官”都受到了强烈的震撼和教育，“检察官”的职业形象从中逐渐树立了起来。1996 年，经由“法务部”制定，“检察官守则”随之出台，该版守则仅有 8 条规定，内容涵盖检察官的使命、执法态度、行为举止等内容。为了使“检察官守则”成为检察官实际可遵循的行为指南，并且能够统合其他规范公务员行为举止的法律法规，“法务部”于 2003 年初着手修订，并于同年 8 月公布修订后的“检察官守则”。该版“检察官守则”共计 21 条，重点针对检察官应有的工作态度、办案应注意的正常程序、应有的内控机制等进行规范化、具体化和条文化，是台湾“检察官”职业道德水平发展进入新的历史阶段的产物。它实行“检察官”自律与监察等机关监督相结合的实施机制，软硬规范相结合，调整范围广泛，其特色可以概括为“严、细、高”。[①] 此外，台湾“检察官”应该遵守的规范依据多样，他们除了应该遵守“检察官守则”外，还需要遵守“公务员服务法”“公务员惩戒法”“公职人员财产申报法”等。“检察官守则”所规范的内容比较丰富，惩戒处分较为严格。[②]2011 年台湾地区“法官法”第 89 条第 6 项授权“法务部”制定“检察官伦理规

① 喻建立:《台湾地区检察官职业道德与公信力建设——访最高人民检察院检察理论研究所副所长谢鹏程博士》，载《人民检察》2010 年第 17 期。

② 卢少锋:《台湾地区检察官职业道德准则》，载《人民检察》2009 年第 22 期。

范”。“法务部”遂以2003年版“检察官守则”为基础，因应当时检察官团体内在的自觉、自省与自律性要求，并大量参考国际组织就检察官角色、职务、守则等事项所签订的国际公约，于同年12月“检察官伦理规范”草案，后经进一步研讨于次年1月正式颁行。台湾地区现行的“检察官伦理规范”共计30条，分为通则、执行职务行为之规范、执行职务以外行为之规范以及附则四部分，重点对检察官的职务认知、职务使命、品德操守、职责义务等进行规范。在台湾地区，除上述“条文式职业伦理规范”以外，还存在一种重在将一定的道德价值内化于检察官内心，使其成为检察官举手投足之间自然散发的一种信念，成为检察官文化价值的“信念式职业伦理规范”。

3. 在物质形态层面，港澳台的检察文化建设在物质形态方面注重结合检察精神理念和中华传统文化，独树一帜，成效显著。其中，台湾“法务部”还编印了《传承历史，航向未来——检察世界文物展展件说明》一书来呈现其“检察”物质文化建设。①

文化是一个国家、一个民族的灵魂。文化兴国运兴，文化强民族强。中国特色社会主义已经进入新时代，建设社会主义文化强国的冲锋号角已经吹响，检察文化必然迎来大发展大繁荣的黄金期，坚冰已经打破，航道已经开通，正是百舸争流千帆竞发时，要坚持立足法治文化，传承本土文化，放眼中华文化，从而不断推动检察文化这艘巨轮沿着正确的方向远航。

---

① 徐汉明、金鑫、郭清君、吴世文:《当代中国检察文化研究》，知识产权出版社2013年版，第423页。

第八章　盘锦检察文化建设探索与实践

文化是一个民族的精神和灵魂，是国家发展和民族振兴的强大力量。检察机关作为国家法律监督机关，在推动经济社会发展和文化繁荣方面肩负着重要职责。近年来，最高人民检察院要求全国各级检察机关要从“讲政治、顾大局、谋发展、重自强”的战略高度，加强检察文化建设，为推动社会主义文化大发展大繁荣作出积极贡献。按照高检院的部署，盘锦市检察院立足自身特点，发挥自身优势，确立了“外化于形、固化于制、内化于心、外显于行”的检察文化建设定位，为盘锦检察事业科学发展注入了新的生机和活力。

第一节　检察文化建设的探索

一、检察文化建设的发端

党的十七届六中全会提出了推动社会主义文化大发展大繁荣，十八大报告提出要扎实推进社会主义文化强国建设。2010 年，最高人民检察院下发了《关于加强检察文化建设的意见》，对检察文化建设做出了全面规划部署，提出了新的更高要求。2012 年 12 月，最高人民检察院又下发了《关于深入贯彻落实党的十八大精神进一步加强检察文化建设的决定》，强调要始终坚持正确的政治方向，大力繁荣发展中国特色社会主义检察文化；大力加强检察思想政治建设，夯实公正执法的思想理论基础；深入推进检察职业素质建设，不断提升检察机关执法公信力；着力创新文化建设载体和内容，进一步增强检察文化发展的活力和凝聚力；扎实推动检察文化基础设施建设，积极营造团结和谐向上的工作环境；切实加强组织领导，努力提高检察文化建设科学化水平，这些都为中国特色检察文化的繁荣发展指明了方向。

党的十九大报告指出，坚持社会主义核心价值体系，必须更好构筑中国精神、中国价值、中国力量，为人民提供精神指引。这不仅构成了坚持社会主义核心价值体系的本质要求，而且展现了习近平总书记文化思想的实践指向。随着中国特色社会主义进入新时代，习近平总书记从文化的高度和立场系统展开对“中国特色”的文化建构，深刻彰显“中国特色”文化自信的本质属性，创造性地形成了习近平总书记文化思想，为建设社会主义文化强国提供了重要理论指导和行动指南。同时，为检察文化发展提供了明确方向。

近年来，盘锦市检察机关通过深化改革、加强各项建设，法律监督能力建设总体上不断得到提升。但是也要看到，在新形势下党和人民对检察机关工作的要求越来越高，检察机关的任务越来越繁重，这就需要检察人员具备更高的法律水平、更强的业务能力和更全面的综合素质。盘锦市检察院建设起步较晚，检察人员结构不甚合理，人才储备相对薄弱，专业人才缺乏，法律监督能力建设后劲不足。针对上述情况，盘锦市院党组决定，在全市两级检察机关以加强检察文化建设、创建学习型机关为主要途径，以文化育检的渠道带动检察工作的全面、深入、持续发展，提高检察人员素质，全面推动法律监督能力建设，进而解决上述不利局面。但检察文化究竟如何建设，从何找准切入点尚没有现成的模式和统一的版本，决定从探索中寻找答案，从三个步骤入手。一是广泛开展讨论。以“如何建设好盘锦检察文化”为主题，在市检察院机关广泛开展大讨论。发动检察人员人人参与，挖掘集体智慧，创新理念思路。二是成立检察文化建设领导小组，对检察文化建设的开展统一部署，逐步实施和有序推进。三是借鉴经验，丰富内容载体。自2009年开始，市检察院先后三次组织学习考察小组，到广州市海珠区检察院、深圳市检察院、佛山市检察院和湖北省宜昌市检察院、武汉市汉阳区检察院以及苏州市姑苏区检察院等全国检察文化先进院学习考察。三次考察开阔了眼界，受益匪浅、收获颇多，有效地把全国各地先进经验吸收融合为自身检察文化建设的内容和载体，对如何全面开展好盘锦检察文化建设起到了很好的参考作用。

二、检察文化建设是盘锦检察事业的历史选择

全国检察机关日益重视检察文化建设，注重丰富检察事业发展的文化内涵，取得了一些有行业特点和时代特征的检察文化建设成果。但是，对于什么是检察文化、如何开展检察文化建设以及建设什么样的检察文化，仍缺乏理论的深度剖析与实践的成熟经验。通过学习和实践，盘锦市检察院逐步认识到，检察文化是中国特色社会主义先进文化的组成部分，是检察机关履行法律监督职能过程中衍生的法律文化。检察文化是检察机关在履行法律监督职能中的一种积淀，它渗透在检察事业的方方面面，是检察事业区别于其他职业的根本和精髓。所要构筑的检察文化是一种先进文化，它必然要在和谐检察建设中发挥凝聚、规范、引导和创造功能。先进检察文化的构建和发展，有利于树立检察机关良好的形象，增强检察机关的影响力，提升人民群众对检察机关的公信力，有利于发挥凝聚人心鼓舞士气的纽带作用，营造一种积极向上的精神力量和广泛认同的价值取向。有利于优化检察机关管理，强化公正执法理念，为建设一支刚正不阿、执法为民的检察队伍提供坚实的思想保证。

基于此，盘锦市检察院开展检察文化建设势在必行。第一，这是检察事业可持续发展的需要。当前，不论是经济发达地区还是欠发达地区，检察机关硬件建设已基本完成，在这种情况下，检察事业如何再发展，队伍素质怎么提升，要靠什么？靠软实力。软实力是什么？就是文化建设，这是新的历史起点上检察机关发展的重要基础。从这个意义上看，检察文化建设就是检察机关可持续发展、向更高层次迈进的必由之路。第二，这是提高检察机关整体素质和司法能力的需要。新的历史时期对检察机关提出了更高的要求：检察官的法律素养、先进司法理念的理解和法律驾驭能力，以及检察机关整体法律监督水平的提升，文化建设是一条重要途径。第三，这是检察官全面发展的需要。马克思说，人的发展是全面自由发展。说到底，检察事业的发展核心就是检察官的全面发展。检察官的发展不仅仅是每个检察官具有严格执法、刚正不阿、向邪恶挑战的职业理性，更要有爱心、良知和更全面的知

识素养和个人能力。就是说，每名检察官要懂生活、会生活，要有深层次的文化底蕴，要有高尚的情操、高雅的情趣、丰富的知识和健康的体魄，通过开展检察文化建设，使检察官要逐步具备这样的人格。

三、检察文化建设应当把握的指导思想和原则

在探求检察文化在盘锦检察事业发展中的地位和作用的同时，盘锦市院党组研究制定了《盘锦检察文化建设纲要》和《盘锦检察文化建设三年规划》，提出了盘锦检察文化建设的指导思想和原则，以及思路和工作步骤。开展检察文化建设的指导思想是：加强检察文化建设，必须以党的方针政策为指导，紧紧围绕检察工作主题，坚持“理性、平和、文明、规范”的执法观，按照以“文化求素质、文化求质量、文化求发展”的思路，坚持以先进的文化理念引导人、以高尚的精神鼓舞人、以浓厚的文化氛围塑造人，不断探索完善具有时代气息、富有盘锦检察特色的检察文化体系。

开展检察文化要坚持四个基本原则：一是紧密联系检察工作实际的原则。开展检察文化建设必须与检察工作实践紧密结合起来，使各类文化建设活动渗透到检察工作的各个环节之中，并通过检察工作的成果来检验文化建设的成效，促进检察文化建设的深入开展。二是以人为本原则。检察文化的精髓是重视人的价值，发挥人的作用。检察文化建设根本目的就是使检察人员职业道德、执法理念、法律素养、执法能力、品格修养得到全面提升，树立全员学习、终身学习的理念，促进检察官的全面发展。三是盘锦检察地域特色原则。要坚持盘锦地域文化特色，激发检察人员热爱家乡、建设家乡的热情和责任感，把握盘锦检察的历史和现状，挖掘、归纳、提炼出具有盘锦检察鲜明特点的文化内涵和团队精神，走出一条具有盘锦特色的检察文化建设之路。四是统筹安排、循序渐进，实施一体化原则。检察文化建设是一个长期、系统工程，不能一蹴而就。开展文化建设要实行一体化工作机制，市院统一组织协调，实行以条为主，条块结合。既要突出市院的组织领导，又要重视发挥各基层院和各部门的作用；既要有长期规划，又有近期具体安排，扎实推进，以求实效。

第二节　检察文化建设的途径

几年来，经过不断的探索实践，我们基本回答了“检察文化是什么，检察文化干什么，检察文化怎么干”的命题，形成了具有盘锦特色的检察文化发展模式。具体地说，把开展检察文化建设作为社会主义核心价值体系的具体实践，检察队伍建设的灵魂工程，构建检察机关共有精神家园的根本所在。

一、检察精神文化建设

检察精神文化，是指检察人员群体在检察活动中体现的思维方式和价值观念，是支配检察人员进行检察实践活动的意识、理念、方法等。[①]

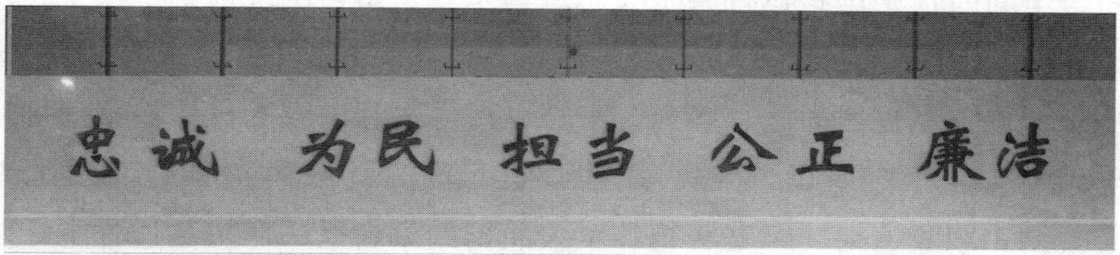

政法核心价值观

人无精神则不立，国无精神则不强。习近平总书记指出：“精神是一个民族赖以长久生存的灵魂，唯有精神上达到一定的高度，这个民族才能在历史的洪流中屹立不倒、奋勇向前。”当代中国正经历着我国历史上最为广泛而深刻的社会变革，正在进行着人类历史上最为宏大而独特的实践创新，正在成就着人类历史上最为雄奇而辉煌的民族复兴事业。伟大的事业需要伟大的精神。坚持以爱国主义为核心更好构筑中国精神，正是习近平总书记文化思想的基本指向。

2012 年 6 月《最高人民检察院关于加强检察文化建设的意见》明确提出要大力弘扬和培育检察职业精神。检察职业精神以忠诚为基石，以为民为宗旨，以公正为核心，以服务大局为使命，以清廉为操守，是检察文化的精髓

① 徐汉明:《当代中国检察文化研究》，知识产权出版社 2012 年版，第 214 页。

和灵魂，是检察文化建设的核心。要结合检察工作的生动实践，加强对检察职业精神的研究，深刻阐述检察职业精神的科学内涵、重要意义和实践要求，不断总结提炼富有时代气息、具有检察特点、社会普遍认同的检察职业精神。

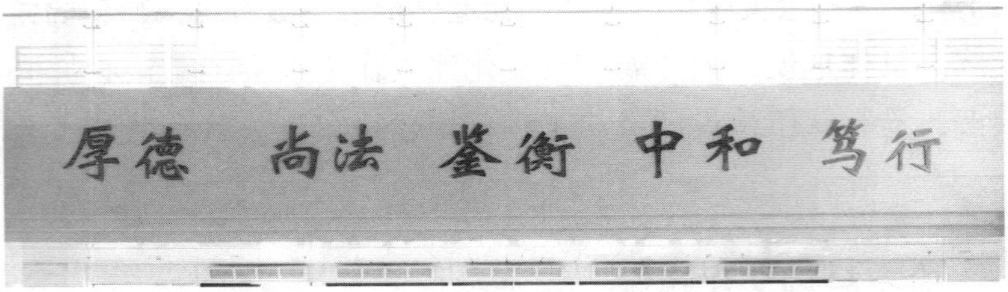

盘锦检察院训

盘锦市检察院坚持以邓小平理论、“三个代表”重要思想、科学发展观以及习近平新时代中国特色社会主义思想为指导，紧紧围绕检察工作主题，牢记“忠诚、为民、担当、公正、清廉”的检察干警价值观结合传统文化思想，提炼出了以“厚德、尚法、鉴衡、中和、笃行”为内容的盘锦检察院训。厚德源于《周易》，一直以来被视为中华文化最高的道德理念。倡导检察官要以社会公德、职业道德、家庭美德和个人品德约束自己，在执法过程中，要以基于人权平等的法律尊崇，而使民有所得。尚法即崇尚法治，客观求实，依法独立行使检察权，自觉维护程序公正和实体公正，使每一个司法过程都应该是一个确立善行、宣示正义的道德教化过程。鉴衡，为秉鉴持衡之义，明察天下，永持公平正义之念，为司法公正筑起一道检察防线。中和，维护公平正义，往往更需要的不是激情而是冷静，不偏不倚，平静中和，恰到好处才能明辨是非曲直。笃行，法律监督要让人民群众满意就必须有所作为。检察官既以检察为职业，便当以维护公平正义为己任。2012 年以来，市院新一届党组又提出了盘锦检察官必须坚守的八种理念，即：（1）司法理念：理性、平和、文明、规范；（2）管理理念：用制度律人、以真情动人、凭德才用人；（3）监督理念：敢于监督、善于监督、依法监督、规范监督；（4）生活理念：健康工作、快乐生活、积极向上、朝气蓬勃；（5）学习理念：学无止境、厚积薄发、把握前沿、自我超越；（6）作风理念：实事求是、真抓实干、令行禁止、科学严谨；（7）团队理念：以人为本、以院为家、团结奋进、勇创一流；（8）工作理念：

党的事业至上、人民利益至上、宪法法律至上。

盘锦检察官十种品质：爱、水、智、俭、和、察、辩、容、勤、鉴。

盘锦检察队伍八种精神：蝴蝶效应、青蛙现象、泥鳅精神、羊群效应、手表定律、破窗理论、二八定律、木桶理论。

八种理念

盘锦检察八种价值追求："工作求为""学习求博""管理求序""监督求格""法治求度""反思求鉴""安全求慎""待人求和"。这些精神理念的提出，进一步完善了检察机关及检察人员所应秉持的检察理念，丰富了精神层面的内涵，解决了检察文化建设的首要内容和所应遵循的指导思想，为进一步打造检察精神文化奠定了坚实的基础。

八种价值追求

（一）加强思想政治文化建设

思想政治工作是我们党的优良传统和政治优势，也是检察机关正确履行法律监督职能的重要保障，更是新时代检察队伍能够经受住各种风浪和考验的基石。

习近平总书记指出“思想政治工作只可加强，不可削弱”。十九大报告中强调，把党的政治建设摆在首位。党的政治建设，在全面从严治党的大背景下，有其历史传承，更有“新时代”鲜明特征。对检察人员来说，讲政治，意味着更重的责任和担当。

“全国模范检察官”“中国十大法治人物”河南省检察院蒋汉生同志为盘锦市两级院授课

盘锦检察机关全面加强思想政治建设，提升队伍整体战斗力、执法力和高效率。把铸牢信念的“魂”摆在思想政治建设的首位，在落实“两个维护”中，凸显政治属性；在深化“三转”中，彰显政治站位；在补足“精神之钙”中，坚定理想信念；在用好选人用人“指挥棒”中，强化政治导向。把激活队伍的“神”作为思想政治建设的出发点和落脚点，把规范队伍的“行”作为思想政治建设的重要抓手和有力武器，用好谈心谈话思想武器，加强检察人员日常监管，着力解决“灯下黑”问题，锻造全面过硬的检察队伍。

盘锦市检察机关举办“第二届十佳检察官颁奖仪式”

盘锦检察以文化育检，加强思想政治工作与检察文化融合，用各种适宜本院特点的检察文化来感召人、引领人，在检察文化熏陶中牢固树立正确的世界观、人生观、价值观，真正让思想政治工作春风化雨。

1. 不断提高检察队伍的政治素质和文化素质。加强理论武装和思想政治教育，进一步打牢检察队伍的思想理论基础。深刻领会和实践“四个意识”、“四个自信”、“四个服从”和“四个坚持”，系统学习习近平总书记系列重要讲话精神，更加自觉地向党中央看齐，向党的理论和路线方针政策看齐，向党中央决策部署看齐。严守政治纪律和政治规矩，对党忠诚，对组织坦诚，做到党中央提倡的坚决响应、党中央决定的坚决执行、党中央禁止的坚决不做。毫不动摇地坚持党对检察工作的绝对领导，坚决贯彻党的路线方针政策，严格执行重大情况、重大问题和重大案件请示报告制度，确保政令检令畅通。通过培育和弘扬检察职业精神，形成献身法治建设、奉献检察事业的强大精神力量，坚定不移地做中国特色社会主义事业的建设者、捍卫者。近年来，通过组织检察人员在“七一”期间开展各式各样活动，参加“道德模范与身边好人”先进事迹报告会、重温入党誓词，通过书画摄影比赛、登山比赛等形式激发了检察人员爱岗敬业、团结协作的精神，有力促进了盘锦检察各项工作的有序开展。

举办“最美女检察官”评选活动

2. 不断改进和完善工作方式方法。思想政治工作，主要是做人的思想教育工作。实践中，着力在启发被教育者自我教育、自我约束、自我管理上下功夫，把法律赋予的职责、党和人民的期望化为自觉意识和激励力量。通过广泛地开展谈心活动，小事着手，细处着眼，和检察人员进行推心置腹的交流，做好检察人员思想教育工作。根据新形势下党员检察人员的思想状况，建立党风廉政建设和队伍思想动态分析制度。2012 年以来，盘锦市院机关建立了平时谈心、信访提醒谈话、诫勉谈话、任职谈话等“四项谈心谈话”制度，取得良好效果。2017 年以来，更是把思想政治工作贯穿于司法体制改革始终，引导广大检察人员更加自觉拥护和参与改革，在改革中发挥带头作用，按照司法责任制运行机制开展工作，切实履职，用好检察权，维护公平正义。

3. 借鉴传统文化打造检察机关新形象。我国传统法文化中，并没有当代意义上的检察制度。然而，文明社会都面临着相同或相似的问题，只是解决的方式不同。中华法系文明曾经作为世界五大法系文明之一存在，基于权力制衡思想的相应文化广泛存在。例如，非常完善的古代监察文化在监督司法权中同样发挥过重要作用。古代中国法文化中的“爱国”、“忠于职守”思想、“公正”思想、“廉洁”思想、“民本”思想等是人类发展中具有共通性的核心价值。尽管在中国传统法文化中由于时代的限制存在过一些糟粕。这些古代法文化中体现的核心价值在今天依然熠熠生辉。中国传统法文化的历史是我们今天法治建设的根基与来源，检察文化核心价值的践行和培育同样离不开我国优秀传统法文化的滋养，充分认识中国传统法文化中的优秀部分价值，使之能在检察文化核心价值的践行和培育中提供借鉴，这正是具有文化自知之明的体现，也即是检察文化自觉。盘锦检察文化建设的一个突出特点，就是依托国学的学习和研究来推动检察官核心价值的形成和精神家园的构筑。在中华传统文化中，精神文化和思想文化可以作为今天的检察官构筑现代司法理念和精神家园的重要营养。为此，市检察院举办了国学研习班，组织广大检察人员系统的学习国学经典著作，通过学习国学思想即以儒家为核心的中华传统文化来汲取营养，不断提升检察官的思想道德、思想修养。国学研习班采取视频授课、课前诵读、研讨座谈、国学大师讲座等形式学习国学经典，每周学习一次。同时，在检察局域网上开设了国学欣赏，从丰厚的中国文化积淀中汲取精神营养，提升检察官人文素养。通过学习国学的体悟和现代检察官核心价值建设的有机结合，从更深层次提高了检察官核心价值观的思想内涵。

“两学一做”学习教育动员大会

（二）加强党建文化建设

检察机关是党领导下的法律监督机关，党的建设是检察队伍建设的灵魂，是检察事业发展的根本保证。切实加强检察机关党的建设，按照全面从严治党和“两学一做”常态化制度化要求，推进党组建设、党支部建设、机关党委建设、党员队伍建设，以党的建设引领检察队伍建设，以党建工作促进检察工作发展。

邴志凯检察长给市院全体检察人员上党课

党的群众路线教育实践活动动员大会

1. 旗帜鲜明讲政治，始终坚持党对检察工作的绝对领导。习总书记指出，党政军民学，东西南北中，党是领导一切的。中国特色社会主义最本质的特征就是中国共产党的领导，中国特色社会主义制度的最大优势也是中国共产党的领导。检察机关是党领导下的司法机关，在大是大非问题上必须始终保持高度的政治清醒和政治自觉，始终坚持正确的政治方向。盘锦检察机关持续抓好习近平新时代中国特色社会主义思想丰富内涵和精神实质的学习，坚定理想信念，增强“四个自信”，牢固树立“四个意识”，始终做到以党的旗帜为旗帜、以党的方向为方向、以党的意志为意志，切实把坚决维护以习近平同志为核心的党中央权威落实到思想追求、党性锻炼、忠诚信仰和行动自觉上。

从 1998 年开始，盘锦市检察院持续开展了以“讲学习、讲政治、讲正气”为主要内容的党性党风教育、“三个代表”重要思想学习教育活动、保持共产党员先进性教育活动、党的群众路线教育实践活动、“三严三实”专题教育活动、“两学一做”学习教育以及“两学一做”学习教育制度化、常态化和“不忘初心、牢记使命”主题教育，等等，培养了检察人员良好的政治修养和鉴别力。充分运用法律文化的独特功能，培育检察人员的价值观念、思维方法和团队精神，提高检察人员的综合素质。同时，强化检察职业道德教育和纪律作风建设。通过组织党课、报告会、参观廉政教育基地，开展向先进人物学习活动，加强检察官职业道德建设，以此塑造新时期检察人员执法公正、品德高尚、情趣健康的良好形象。

观看郭明义先进事迹巡展

2. 加强党组建设，发挥领导核心作用。盘锦市检察院党组切实加强自身建设，着眼观大势、掌全局、议大事、抓大事，提高决策能力和水平。全面从严落实党建责任，认真落实市委《关于建立健全机关党建责任制落实全面从严治党任务的意见》要求，健全组织，强化力量，明确责任，整体推进，确保全面从严治党各项任务要求落在实处。主动带头落实责任。院党组始终把党建工作列入党组会议事日程，带头履行党建工作主体责任，为各支部作出表率。党组书记、检察长以身作则，带头示范，把管党治党责任扛起肩上。及时向党组汇报上级党建会议精神、工作部署，坚持把党建工作与业务工作一起谋划、一起部署、一起落实。各支部认真落实“一岗双责”，自觉强化党建责任意识，定期与所在支部研究工作，把落实党建工作责任和岗位工作责任有机融合、一体推进、一同考核。健全党建工作落实制度。结合检察工作实际，细化党建工作制度，按照党建工作项目化管理要求，及时充实相关资料，完善相关记录，不断加强对各支部开展“党建重点工作”“党建制度建设”“星级党支部”“三会一课”“主题党日”等进展情况进行检查督导，确保党建各项工作环环推进、件件落实。全面落实主体责任，制定《机关党组织落实党风廉政建设责任实施意见》，强化党内监督，强化纪律检查和监督，坚定不移正党风、反腐败、倡清廉。深入开展党性党风党纪教育，学习贯彻落实《廉洁准则》和《处分条例》专题教育，使党员检察人员始终在思想上政治上行动上同以习近平同志为总书记的党中央保持高度一致，全面增强落实党风廉政建设主体责任的政治自觉，实现同部署、同实施、同检查，统一领导、统筹规划、推进落实。

开展向毛丰美同志学习活动

3. 加强党支部建设，发挥战斗堡垒作用。基层党支部的活力，决定了检察机关党建工作的活力；基层党支部的战斗力，决定了整个机关的战斗力。树立党的一切工作到支部的鲜明导向，把支部建好，发挥战斗堡垒作用。落实支部书记“一岗双责”。党支部书记大多担任部门负责人，抓业务必须抓党建，抓党建就是抓业务。牢记自己的党内职务，切实履行“一岗双责”，一手抓业务、一手抓党建，同部署同检查同落实。发挥党支部工作优势，加强党员日常教育管理，坚持和完善“三会一课”制度，认真开展谈心谈话，定期分析和民主评议党员，推动党内组织生活常态化。盘锦市院以支部为单位，以“三会一课”为形式，利用网络党务公开、微信、大屏幕等媒介转发习近平总书记重要论述、理论学习资料等，强化党员学习，营造良好的学习氛围。在内网及时发布“两学一做”学习教育常态化制度化、“习近平新时代中国特色社会主义思想和党的十九大精神最新内容”及相关要求，为广大检察人员第一时间学习掌握提供便利。

党建工作培训

落实党建工作制度，不断夯实组织建设基础。始终坚持把制度建设作为加强组织建设的重要抓手，完善、规范各项工作制度，促使机关党建工作规范科学发展。规范运行机制，推进党建工作项目化。按照《党的建设指标考核实施细则》要求，建立健全机关党委抓党建工作台账、党支部开展党建重点活动台账，逐一明确指标、量化标准。坚持把支部规范建设作为机关党建工作的基础环节抓紧抓好，修订完善《“三会一课”制度》《“主题党日”活动制度》，加强党员检察人员教育管理，积极争创“星级党支部”。严格按照党员交纳党费基数按时、足额交纳党费成为党员检察人员的行动自觉。加强对支部开展活动督导检查力度，使机关党组织行有文本、做有依据。结合组织生活会和年终评议，组织支部书记进行工作述职和民主评议。加强作风建设，推进党建责任具体化。深入开展加强机关作风建设坚决整治“庸、懒、散、慢、乱”专项行动，制定《实施方案》和《整改落实问题清单》，明确责任、整改范围、整改内容和工作要求，注重提高思想教育，把整改落实结果纳入机关绩效考核，促使检察人员主动进行整改落实。建立党建工作责任制，提出明确要求，加强党建工作落实情况的监督检查，真正把机关党建责任立起来、严起来、落下去。对支部学习教育和组织生活开展情况做好日常定期检查，2012 年以来，召开支部书记会议 42 次，开展“党日活动”55 次，对支部党员学习教育情况进行梳理总结，对“三会一课”落实情况及存在的问题进行通报，强化支部书记主体责任意识。

员额检察官宣誓

召开“三严三实”专题教育民主生活会

（三）加强廉政文化建设

廉政文化是崇尚廉洁、祛恶扬善的一种特殊社会文化，它包含了廉洁的物质文化、思想文化和制度文化。是检察文化的重要组成部分，是推进检察工作发展的重要思想保障，是实现社会公平正义的根本前提。

检察廉政文化是以检察官为主体的检察机关群体，在长期的法律监督工作实践和内部管理活动中逐渐形成的具有检察机关特色、以廉政理论为指导、廉政思想为核心、廉政文化阵地为载体并得到共同遵循的价值观念、行为准则以及与之相关联的物质载体的总和。主要表现为倡导廉洁从政，严格自律，维护社会公平正义的公仆形象，倡导“修德尚贤、慎语慎权、执政为民”的思想品格，弘扬清风正气，促进社会和谐发展的人文精神等。检察廉政文化的核心价值观是为民、公正、清廉，其中“为民”是本质特征，“公正”是根本保障，“清廉”是内在要求。检察廉政文化建设是围绕廉政这一主题开展的一系列文化教育活动，其目的在于使广大检察人员树立正确的世界观、人生观、价值观和正确的地位观、权力观、利益观，通过潜移默化的作用和影响，增强检察人员的反腐倡廉意识，切实增强防腐拒变的责任感和紧迫感，自觉抵御各种腐朽落后思想观念的侵蚀，营造以廉为荣、以贪为耻的浓厚氛围，为检察机关反腐败工作提供智力支持和思想保证。

参观反腐倡廉警示教育基地

盘锦市检察院深入推进党风廉政建设，建立了教育、制度、监督并重的惩防体系，结合创建学习型机关，把教育和娱乐结合起来，坚持领导讲廉、教育倡廉、案例警廉、家庭助廉等形式，扎实开展彰显检察特色的廉政文化教育。

集体廉政谈话会议

1. 抓好宣教，强化舆论监督，构筑“预警线”。为增强检察人员遵纪守法的自觉性，本着“因岗施教、因人施教、因知施教、分类指导”的原则，不断拓宽廉政文化建设新领域。建立楼宇廉政走廊文化；利用创办“一报、两网、两刊”，即《盘锦日报·检察专刊》、《盘锦铁圭网》、《检察局域网》、《检徽之光》、《家园》以及“两微一端”新媒体，开展廉政文化宣传；通过“盘锦检察官大讲堂”开设廉政党课，邀请省内外专家学者授课，收到良好的教育效果；每2周发一次廉政信息、设立廉政网络之窗等有效载体；组织全体检察人员每月观看一次警示教育片；组织全体检察人员参观警示教育基地参观，撰写体会文章，进行经常性的廉政教育，在全市检察机关形成了浓厚的廉政文化建设氛围。

开展全员警示教育活动

2. 统筹兼顾，强化多元监督，构筑“防范线”。让廉政文化建设渗透到检察工作的各个环节之中，通过检察工作的成果来检验廉政文化建设的成效，促进廉政文化建设的深入开展。把廉政文化有机地植入各类实践活动之中，注重将廉政文化的精髓引入人的价值培养，充分发挥人的主观能动性，使检察人员的职业道德、执法理念、法律素养、执法能力、品格修养得到全面提升。把廉政文化建设与岗位廉政教育相结合。通过开展岗位廉政教育，提高检察人员自觉接受监督、主动参与监督和积极化解廉政风险的意识；给检察权涂上“防腐剂”，戴上“紧箍咒”；建立健全起用制度管人、管钱、管物、管事、管案件的长效机制，使检察权在制度的“笼子”里阳光运行。把廉政文化建设与“阳光检务工程”相结合。构建了以“案件信息查询制度，申诉案件听证制度，诉讼参与人权利义务告知制度”等 17 项内容为公开目录的“阳光检务”工程。让检察权在阳光下运行，牢固塑造检察官良好执法形象。

3. 着力打造“不敢为”的氛围。“打铁还需自身硬。”检察机关肩负着宪法赋予的法律监督职责，因此，要想监督别人，首先应当强化自身监督，使检察人员始终保持对“检察权”的敬畏之心，牢固树立廉洁意识和自身良好形象，确保检察队伍高度纯洁。

（1）选准节点，强化岗位监督，构筑“高压线”。紧紧围绕领导岗位、具有“人权、财权、案权”的关键中层岗位和热点岗位三个重点层面，梳理工作岗位职责，查找廉政风险节点。明确了在重大事项决策、重要人事任免、重大项目安排和大额资金使用等重要方面的职权；明确了党务、检务、执法等重要环节的职权；明确了个人在履行岗位职责、执行制度，行使自由裁量权、内部管理权等重要范围的职权。并在梳理职责、明确职权、编制岗位职责和权力运行图的基础上，认真查找廉政风险点。通过排查共查找廉政风险点 501 个，针对廉政风险点，制定相应的防范措施 536 条，并制定了“十要”“十不要”的具体措施，使岗位廉政教育进一步明确了标准和目标。全市检察机关形成了“责权分明，风险明晰，防范严密，赏罚严明”的科学完整系统的廉政风险防控体系。

（2）健全机制，强化制度监督，构筑“边缘线”。2012 年以来，市检察院党组为强化内部监督，保证检察队伍纯洁性，提升检察队伍形象。重新修订《检务督察实施办法》，组成了由人大代表、政协委员和社团组织 5 名特约督察员和30名检察人员兼职督察员组成的“五大督察小组”；建立了党务督察、政务督察、业务督察、队务督察、警务督察“五大督察机制”为核心的大督察格局。充分发挥检务督察扫描仪、千里眼、铁拳头和助推器的作用。与此同时，制定完善了《检务督察实施办法》《案件管理年专项活动实施方案》《争创“四个标兵”活动实施方案》《加强对基层检察院领导班子和领导干部队伍建设的意见》《检察长接待日工作规定》《探望、慰问干警制度》《岗位廉政教育实施方案》《宣传、调研成果奖励办法（试行）》《贯彻中央和市委〈八项规定〉改进工作作风，密切联系群众的具体规定》《公务接待暂行规定》《车辆管理办法》12项规章制度，形成了岗位廉政教育长效机制。检察工作靠制度规范和落实，保证了检察队伍建康发展。

（3）凝聚合力，强化过程监督，构筑“整改线”。“五大督察小组”组织开展了对上级重大决策部署贯彻执行、机关办公秩序、案件质量评查、大型活动人员出勤、执行中央“八项规定”等情况进行了重点督察和即时督察。如：“党务督察组”对基层院党的组织建设和贯彻落实全市检察工作会议以及反腐倡廉会议精神进行了专项督察，对传达贯彻不够及时，落实措施不够有力的单位提出了整改要求，保证上级院的工作部署得到落实。“业务督察组”开展了对案件评审督察，重点对市院侦查监督处、公诉处等部门案件从程序审查和诉讼法律文书等方面进行了评查和督察。及时发现和纠正存在的问题，提升了案件质量。“警务督察组”对两级院司法警察履职情况进行了认真的检查。对督察中发现的用警手续填写不够规范、个别警车停放在餐饮场所等问题，做到及时通报，责令立改，深刻检查。

市检察院由“五条线”构成的岗位廉政防控网，为全市检察机关强化执法规范化建设和检察队伍建设起到了重要作用。办案质量日益提升，工作作风日益转变，办案效率日益提高。

（四）加强道德文化建设

习近平总书记强调，领导干部要讲政德。政德是整个社会道德建设的风向标。立政德，就要明大德、守公德、严私德。明大德，就是要铸牢理想信念、锤炼坚强党性，在大是大非面前旗帜鲜明，在风浪考验面前无所畏惧，在各种诱惑面前立场坚定。守公德，就是要强化宗旨意识，全心全意为人民服务，恪守立党为公、执政为民理念，自觉践行人民对美好生活的向往就是我们的奋斗目标的承诺，做到心底无私天地宽。严私德，就是要严格约束自己的操守和行为。人无德不立，官无德不为。立德，就要明大德。养大德者方可成大业。检察人员首先要修好大德，就是铸牢理想信念、锤炼坚强党性，在大是大非面前旗帜鲜明，在风浪考验面前无所畏惧，在各种诱惑面前立场坚定。立德，就要守公德。公德就是公众之德、公权之德和工作之德。守公德就要强化宗旨意识，全心全意为人民服务，恪守立党为公、执政为民理念，自觉践行人民对美好生活的向往就是我们的奋斗目标的承诺，做到心底无私天地宽。立德，就要严私德。百行德为首，品洁人自高。严私德就是要严格约束自己的操守和行为，戒贪止欲、克己奉公，切实把人民赋予的权力用来造福于人民。

“送温暖、献爱心”活动

德是素质的灵魂，要修德在前、立德在先。如何立德修身？习近平总书记强调，要多积尺寸之功。坚持从小事小节上加强修养，从一点一滴中完善自己。慎独慎初慎微慎欲，培养和强化自我约束、自我控制的意识和能力，做到“心不动于微利之诱，目不眩于五色之惑”。管好自己的生活圈、交往圈、娱乐圈，在私底下、无人时、细微处更要如履薄冰、如临深渊，始终不放纵、不越轨、不逾矩，增强拒腐防变的免疫力。

1. 构筑道德文化核心内涵。盘锦市检察院认真贯彻《公民道德建设实施纲要》和《检察官职业道德规范》，始终坚持以人为本、从严治检、以法为本、依法建院和以德治院结合起来，切实加强检察人员的社会公德、职业道德、家庭美德。大力弘扬爱检敬业、奉献社会的职业道德。大力加强理想信念教育，党的基本理论、基本路线、基本纲领的教育，引导检察人员树立正确的人生观、世界观和价值观，自觉立足检察岗位，奉献社会，服务人民。大力弘扬严格执法，公正办案的职业道德。坚决贯彻法律面前人人平等的原则，严格依法办案，规范办案行为，切实做到公正、文明、不枉不纵。大力弘扬遵纪守法、清正廉明的职业道德。正确运用检察权，不徇私情、不谋私利，保持淡泊名利、安于清贫的职业心态，严守检察纪律和工作秘密。大力弘扬刚正不阿、护法为民的职业道德。牢固树立为民执法的信念，不畏权势、不为权色折腰，敢于斗争、敢于胜利。坚持集体主义的价值导向，树立正确的检察文化价值观念。检察文化建设要坚持集体主义的价值观，坚持国家利益、人民利益、集体利益高于个人利益，强调个人对本院、对国家、对社会的义务感和责任心，增强和发扬爱国主义、集体主义和社会主义精神。近年来，先后开办“道德讲堂”“创建文明城、机关做表率”“文明盘锦，从我做起”“文明公约”“文明餐桌行动”“家庭家教家风”等一系列活动。从加强职业道德、社会公德、家庭美德和个人品德建设入手，通过宣传教育、规范管理等途径，引导和督促检察人员从自身做起，从小事做起，自觉克服不良习惯，以个人文明带动社会文明，全面提高检察人员公共文明水平。

邴志凯检察长走访盘锦市民政福利中心

检察人员走访大洼区清水镇敬老院

2. 促进道德文化提升。近年来，先后开展了“敬业标兵”“奉献之星”“书画摄影展”以及乒乓球赛、马拉松健身跑等体育活动；参加市直机关工委组织的“在党爱党，爱岗有为”等演讲比赛；“三八”妇女节组织人员到市福利院看望儿童、清明节组织检察人员“瞻仰烈士陵园”、“七一”参观“盘山第一党支部”和“沙岭战役烈士陵园”，重温入党誓词，永葆共产党员先进性；“八一”建军节，前往黑山阻击战纪念馆、辽沈战役纪念馆开展“寻访先烈足迹，继承光荣传统，敬业担当奉献”爱国主义教育，深化理想信念，不断增强检察人员的道德文化素养，提高政治敏锐性和政治鉴别力。

检察干警慰问福利院儿童

3. 深化文明机关创建。制定了《市检察院文明创建工作实施方案》，开展“交通路况文明协勤站岗活”、“从我做起、文明节约”、“健康教育宣传”、“文明祭祀”、“无烟机关”和“家庭家教家风”等一系列宣传活动。近年来，市院相继举办了“送温暖、献爱心、关注民生、共建和谐”捐赠活动，共向全市中小学校捐赠电脑 100 余台，充分体现了检察人员心系群众、关注民生的高尚情怀。深入推进“走亲戚、在行动”帮扶活动，全院党员干部与 150 户贫困家庭结成帮扶对子，深入农村、社区和福利院、敬老院，积极为困难群众伸出爱心之手，为困难家庭送钱物、送情感、送信息，使检察人员真切感受群众疾苦，密切与群众的血肉联系。通过五年的帮扶帮助，为困难群众送去慰问金 6 万余元，使 125 户贫困群众彻底脱贫。市县两级检察机关全部建立了控告申诉接访大厅，开设了“民生检察服务热线”，已在有关乡镇、企业和学校等设立便民联系点 12 个，建立了解决群众热点、难点和涉法涉诉问题的“绿色通道”，实现了法治与民生的和谐。

资助贫困大学生

4. 加强个人品德修养。德才兼备，以德为先是检察官必须具备的素质修养，检察官的道德水准应该体现在对社会的义务感、责任感上，体现在忠实履行维护法治尊严的职业责任上。加强学习修身。学习是生活之本、工作之本、修身之本，是提高检察官品德修养水平的首要方法。盘锦市检察院不断开展政治、理论学习，引导检察官把个人的追求同检察事业紧密联系在一起。通过开展读书会等形式，从书中吸收营养，潜移默化，塑造自我，见贤思齐，提升自己的道德品质。增强实践修炼。把个人的成才和发展定位在实干上，定位在各自的工作岗位上，不该去的地方坚决不去，不该说的话坚决不说，不该干的事情坚决不干，不该交的朋友坚决不交，不该拿的东西坚决不拿，自觉抵制拜金主义、享乐主义和极端个人主义的侵蚀，保持淡泊名利，安于清贫的职业心态，陶冶职业情操，坚持在各项检察工作中做到对法律负责，对人民群众负责，对自己负责，真正做到权为民所用，情为民所系，利为民所谋。强化思考修正。道德修养是一个不断思考的过程，就是善于分析，自我剖析，对照检查，自觉地进行个人道德观念，道德意识的自我更新，进而达到自我完善。

“忠诚、干净、担当”演讲比赛

二、检察行为文化建设

检察行为文化建设，是指检察群体以先进的检察价值观念为引领，按照一定的法律监督思维方式等校正自己的行为方式，自觉确认和主动遵守检察职业操守，并且把法律法规、制度性文件和群体性规范的刚性要求转化成为每一名检察人员内心的自觉确认与遵守，通过检察人员的行为打造检察人员与检察机关的形象，提高检察机关的执法公信力。①

① 徐汉明:《当代中国检察文化研究》，知识产权出版社 2012 年版，第 250 页。

（一）以制度文化为根本，提升管理水平

盘锦检察文化核心价值体系转化为制度文化模式，需要机制和制度来保障。

1. 建立健全规章制度。盘锦市检察院党组着力构建制度体系，打造科学的管理文化和制度文化。根据形势的发展变化，及时修改完善规章制度，废止不适应新情况的旧制度，建立健全新的规章制度。几年来，对队伍建设、规范管理、创新发展等方面进行了认真讨论和思考，组织相关人员研究制定了盘锦市检察院《案件质量管理规程》和《检务管理规程》。作为检察人员执法办案的操作规程和应知应会的教课书，融汇了检察机关多年的司法实践所形成的成熟经验和作法，对执法行为进行了全面规范，减少了执法的随意性，提高了办案效率，节约了诉讼成本，保证了案件质量的提升。

举办第四届“盘锦法治论坛”

2012 年，院党组对以往各项规章制度又重新进行审查和修订，建立健全了岗位目标绩效考评机制、队伍管理和业务工作运行机制，将工作理念、执法理念落实到各项工作之中，形成符合检察工作发展规律、适应执法办案需要、涵盖检察业务、队伍建设和检务保障各个部位各个环节统一规范的检务管理机制，结合自身工作特点，逐步建立有针对性、可操作性的制度规范，编撰 8 册《司法规程手册》系列丛书以及《队务》《党务》《政务》系列

丛书，指导司法办案活动和队伍建设。同时，建立健全工作考核监督制度。制定了《市检察院机关个人绩效考核办法》《市检察院机关部门绩效考核办法》，明确司法岗位标准，进一步明晰各办案部门以及办案人员的岗位职责、岗位业务标准。2016 年以来，又先后对两个考核办法进行修改完善，与全省“两大考评”有机对接，使各项工作逐步实现制度规范、机制完善、管理科学、持续发展。

盘锦检察系统首届公诉人论辩赛

加大监督执纪问责力度。市院纪检组加大纪律审查力度，以“零容忍”态度惩治腐败。用好“四种形态”，制定了《党组书记、党组班子及成员党风廉政建设主体责任任务分工表》，对“四种形态”进行细化分工。对存在事故苗头的，及时约谈和谈话，时刻提醒。下发《盘锦市检察机关廉政档案实施办法》，进一步规范司法行为和改进司法作风。扎实开展规范司法行为专项整治工作，做到真查、真纠、真改，建立司法档案、廉政档案，深化案件质量日常评查和专项复查，确保规范司法行为专项整治工作常态化、制度化，为检察人员的司法行为拉上警戒线。

2. 创新检察工作机制。盘锦市检察院不断地以先进执法观念为引领，创新工作机制，优化配置资源，实现执法效能的最大化。盘锦市成立较晚，地域较小，市、县区两级检察院司法资源综合配置相差较大，检务保状况参差不齐，由于历史的原因队伍结构不合理，优势资源不足，抗干扰能力差，成为制约盘锦检察工作发展的瓶颈。市检察院党组深入调查研究后认为，盘锦有自己的特点，小有小的优势，推行检察工作一体化机制对于发挥法律监督作用的整体效能，提升整体检察工作水平，推动检察工作科学发展有其特殊的实践意义。侦查监督工作的一体化主要通过案件备案审查，实现两级院对案件证据共同审查把关，统一适用标准，确保案件质量；公诉一体化主要体现全市主诉检察官办案统一调配、学习培训统一安排，实行专业分工；民行工作一体化主要是实行分级受案、统一办理的工作机制；其他业务工作也根据其特点尝试一体化工作机制建设。控申部门建立上访申诉案件预警和举报线索的初查体制；刑罚执行监督一体化重点放在两级院驻所检察室规范化建设和全市监外执行罪犯“五种人”的监管工作；人民监督员工作实行改革，统由市院聘任并进行管理、协调。基层院需要监督的案件，统一由市院人民监督员办公室安排进入审查程序。

青年干警座谈会

在队伍建设方面一体化机制建设也在不断推进。组织人事管理实行全市检察专项编统一实名制管理，检察人员社会招考录用和基层院遴选检察官工作由市院统一组织进行；建立全市两级检察院一级检务督察制度，基层院不再建立督察机构，由市院督察部门对两级院开展全方位的检务督察。

3. 把案件视为社会“法律产品”，加强质量管理。检察机关一切法律监督活动都是通过办理案件来实现的。案件质量决定检察机关的执法水平和执法效果。如同企业产品一样，检察机关办理的每一件案件就是提供给社会的“法律产品”。优良的“法律产品”凝聚着法律的精神和执法人员的心血和智慧，在社会生活中起到维护正常的秩序和国家、社会公众和当事人合法权益

法律宣讲进企业

的作用，反之不合格的“法律产品”则损害了法治的原则和当事人的权益，破坏了社会应有的公平和正义。2009 年以来，盘锦市检察机关加强案件质量管理，逐步建立起一个案件质量管理系统，防止错案和严重瑕疵案件发生。同时借助网络技术强化案件质量管理系统的实际效果，实行办理案件数字化，形成电子卷宗网上调阅、网上质量评查，实现案件质量网上全程监控。案件质量管理监控系统的建立和运行以来，市检察院没有出现错案和严重瑕疵案件，保证案件质量作为检察人员新的执法理念已深入人心，执法随意性明显减少，办案效率明显提高，适用法律准确、法律文书制作规范，案件质量和执法水平明显提升。2016 年，盘锦市检察院相继制定出台了《盘锦市检察机关案件质量评价办法》《盘锦市检察机关司法档案建立管理办法》，目的就是加强对全市检察机关执法办案活动的监督，强化案件质量管理，落实差错案件的责任追究制度，提高办案质量和效率，促进检察业务整体提升。通过常规评查、重点评查、专项评查、随机评查和个案评查等方式，以法律、司法解释和司法工作规范为标准，对全市两级院办结的各类案件进行综合评价，确定案件质量等次，奖优罚劣，促进案件质量提升。

法律宣讲进学校

（二）以素质文化为依托，提升履行职责能力

开展检察文化建设的根本目的是提高人的素质，促进人的全面发展。“工欲善其事，必先利其器。”几年来，在全市检察机关先后开展了提升法律监督能力的各类主题活动，组织全员参与，分专业、分岗位、分类别进行业务培训、技能比武和岗位练兵，把学与用、理论与实践紧密结合，掀起了“大学习、大练兵、大比武、大研讨”的热潮。培养业务骨干，发挥中层干部引领示范作用。采取举办培训班、专题讲座、拓展训练、参观见学、岗位锻炼等形式，加大培训力度，重点突出针对性和实效性，引导全体检察人员树立“工作学习化、学习工作化”的学习理念，形成在工作中学习，在学习中工作的良好风气。市检察院把创新培训工作长效机制、加大教育培训投入、制定鼓励政策、确定培训重点和任务，作为指导教育培训工作开展的主要形式。建立与法学专家学者联系制度，聘请多名国内知名专家学者为教育培训工作顾问；与国家检察官学院、辽宁大学法学院等建立了教学实验基地，与高校师生开展多种形式、相互受益的教学研讨活动，为开展正规化教育培训搭建平台；与省法学会等法律研究机构建立联系，展示研究成果，积极参加各类学术活动，提高理论研究水准和知名度。院党组逐年增加教育培训工作的投入，引导广大检察人员走努力学习，锻炼成才的健康成长之路。教育培训工作取得了丰硕的成果。两级院初步形成了由各类专门人才组成的人才队伍，提高专业技能已在队伍中蔚然成风。

“青少年维权”宣传走进直播间

培育先进执法思想，引领正确执法方向。为了适应现代法治社会对检察工作的要求，解决新的执法理念缺乏的问题，不断地用最新的现代执法思想武装检察人员，一是举办高端论坛。邀请国内省内知名法学专家学者来盘作专题讲座，大量的新思想、新理论和新知识使广大检察人员眼界大开，为转变执法观念、提高认识问题能力打下了基础。开设“检察官大讲堂”，每月一期。扩展了授课人员和范围，增加了系统内领导干部、业务骨干和办案能手授课，提高了教育培训的前瞻性、实用性。2016 年 8 月邀请“全国模范检察官”“中国十大法治人物”河南省检察院蒋汉生同志为全市两级院授课，切实达到了提升检察人员司法能力的目的。这些举措，成为了盘锦检察人员思想启迪、法律监督能力提升的重要途径。二是抓问题研讨，开阔思路。多年来，盘锦市检察机关形成了这样一个思路，对司法实践中出现的倾向性问题和疑难案例抓住不放，从不同角度，通过各种形式组织研究论证，举一反三，运用法学基础理论、法律基本原则、现代法治思想解决现实中的问题，带动整个队伍认识理解问题的能力和思维方式的提高。三是培养理论骨干，建立交流思想研究问题的工作机制。持续抓好检察教育培训，解决新常态下本领恐慌问题，共组织开展各类培训 3000 余人次。盘锦检察机关现已形成一支近 20 人的理论研究骨干队伍，完成国家、省、市检察理论立项课题 22 项。对实践中出现的各类问题和疑难复杂案例进行论证研讨，已成为经常性工作，既提高了自身，又带动整个队伍研究风气的形成。2017 年 8 月，高检院理论研究所检察理论实证研究联系点落户盘锦市检察院，这是辽宁省检察机关首家，这对盘锦检察机关加强对外交流，提升检察理论和实务研究水平起到了积极的推动作用。

（三）以营造和谐文化为抓手，凝聚事业发展整体合力

开展和谐文化建设是增强凝聚力、向心力的源泉。在管理中，一方面加强制度的规范和约束，另一方面，坚持以人为本，实行“温情”管理，注重引导和激励，起到了凝心聚力作用。市检察院党组建立“五必谈五必访”制度，将谈访的对象、内容、程序进行细化，搭建了组织与检察人员的“连心桥”。一是对新进人员必谈。谈话主要围绕检察机关的性质、地位和作用、检察机关的机构设置和主要职责、检察职业道德和检察工作纪律、市检察院的发展史和取得的主要业绩等方面进行谈话，提出要求和期望。二是检察人员晋职晋级必谈。从学习、工作、纪律等方面对晋职晋级人员提出新的更高的要求。三是检察人员岗位调动必谈。谈话以肯定成绩，提出期望为主要内容。四是检察人员取得明显成绩、表彰奖励必谈。谈话主要围绕如何保持荣誉，不骄不躁等内容来进行。鼓励检察人员进一步爱岗敬业，在平凡的工作岗位上，建功立业，再创佳绩。五是发现有苗头、有倾向性问题、不团结现象必谈。采用个别谈话方式。谈话紧扣主题，开门见山，切中要害，严肃认真，帮助剖析产生问题的原因，研究解决问题的办法，提出改进的措施。

法律援助

充分发挥市院机关党组织和机关工会的作用，积极推行“娱乐检察”“休闲检察”。市院建设了乒乓球、羽毛球场馆、台球室、健身房等，成立了篮球队、乒乓球队、羽毛球队及盘锦检察官合唱团等各类兴趣小组。定期举办篮球、乒乓球、羽毛球比赛，开展书画摄影展，演讲比赛，文艺会演等丰富多彩的文体娱乐活动，让检察人员在轻松愉快的氛围中，切磋技艺、交流感情，促进了人与人的和谐。篮球队、乒乓球队等多次大型比赛为盘锦检察系统赢得了声誉，也使得机关团队精神剧增，凝聚力空前高涨，营造出了活泼、健康、向上的氛围。

三、加强检察形象塑造

（一）实施阳光检务工程

阳光下的事业被称为是最美的，公开促公正，将司法活动透明化，置于群众的监督之下，这无疑是一条检察工作的绿色通道。

法律是公开、明示的，是全体社会成员都应当了解并掌握的。因此检察机关的司法活动也必须是公开、透明的，绝不应当自我封闭。法治建设是一个过程。司法制度乃至检察制度中某个层面、某个阶段的程序设计上，存在某种自我运作、制约不力的缺陷是不可避免的，从而为司法随意性留下了隐患。将检察权在阳光下运作，将检察工作更多地置于人民群众监督之下，可以有效地避免制度层面带来的某些弊端，规范检察机关执法行为，不断完善检察制度，促进检察机关提高执法水平。

多年来，盘锦市检察机关认真贯彻落实高检院关于开展“检务公开”的决定，不断探索提高执法透明度，以公开促公正的有效途径，逐步形成了一套具体、规范、可操作的制度机制。首开先河的是控告申诉案件的公开听证。由于司法活动具有比较强的专业特征，群众不具备相应的专业法律知识，实践中经常出现司法机关的执法结果并不能完全被社会公众认知、认同的现象。上访群众属于特殊群体，有其自身的心理特点，加之个别司法人员不规范的执法行为对群众感情的伤害，使他们一开始就对当地司法机关持一种怀疑态度。市检察院大胆尝试建立了一种外部介入、社会监督、让当事人信服的程序——公开听证，解决长期困扰检察机关的越级上访、集体上访和有重大影响的涉法上访案件。1997年7月，双台区居民陈某的妻子张某在公安机关入室查“赌”中，心脏病突发死亡一案，陈要求以非法侵宅、非法搜查罪追究警察陈某军等人的刑事责任。因证据不足，检察机关作出不立案决定。但是陈某不服、缠访不止，长达四年之久，并多次到省院、高检院上访。市检察院控申部门经研究认为，陈某涉法上访主要原因是心态失衡，客观上案件处理不透明，应当通过一种程序，将案情和处理过程公开化，以解决当事人心态不平衡问题。2003年8月，市检察院邀请了申诉人及其律师，案件相关部门和单位代表、人大代表、政协委员以及有关专家，就陈某刑事申诉案件召开盘锦检察历史上第一次公开听证会。听证会上，检察机关办案人员介绍了案情和诉讼过程，对于陈某控告的非法侵宅、非法搜查不立案的理由从事实到法律做出解释说明，陈某及其律师发表了意见，人大代表、政协委员和有关专家对检察机关的决定本案进行了点评，一致认为检察机关决定符合法律标准，建议公安机关给死者家属适当经济补偿，陈某及其律师发表了意见，对检察机关的不立案决定表示信服，与公安机关调解，对其进行经济补偿。就这样，一起当事人情绪激烈、长期越级上访、社会和媒体关注的案件，在公开公正的程序中，在社会公众的参与下很快得到解决。自此，盘锦市检察院共举行数十次这样的公开听证会，都取得了较好的效果。多年来，盘锦检察机关不断探索提高执法透明度，以公开促公正的有效途径，先后推出了诉讼参与人权利义务告知制度、不起诉案件公开审查制度、查办职务犯罪案件中实行“正名制”的规定、检察法律文书说理制度、实名举报公开答复制度、检察长接待日制度、举报奖励制度、与人大代表、政协委员联络制度、人大代表、政协委员视察制度、人大代表、政协委员列席检察委员会制度、人民监督员制度、检察宣传制度、新闻发布制度多项“检务公开”的工作制度，逐步形成了一套具体、规范、可操作的工作机制。

随着“检务公开”的进一步深化，便于人民群众对检察工作的社会监督，全面实施阳光检务工程。阳光检务工程的主要内容，一是对各项“检务公开”的工作制度进一步完善，并抓好贯彻落实。充分发挥案件管理、控申部门在服务人民群众、深化检务公开中的窗口平台作用，提升服务水平，增强服务实效。二是着力提升便捷服务水平。充分利用信息网络技术和平台，开通电话服务、微信服务、网络服务三条服务通道，不断拓宽服务渠道，畅通检察机关案管窗口服务律师、当事人和来访群众的“最后一公里”。对提前预约的律师和查询申请人开通绿色通道，有效提高办案办事效率；利用微信公众号向律师主动提供信息推送服务，在提升便利性的同时保障对检察工作的知情权、参与权和监督权。加强和改进案件信息公开工作，在案件信息公开的广度、时效、规范上下功夫，切实解决不及时公开、不规范公开、该公开不公开的问题。有序扩大案件信息公开的范围，优化公开的方式方法。加快升级完善案件信息公开系统，推动公开工作实现新突破。三是对社会公众开放。市以上各级人大代表、政协委员，各党政机关、人民团体、企事业单位、社区等社会组织和普通公民，可以在正常工作期间或对社会公众开放日时，到市检察院进行视察、考察和参观，同时对检察机关提出意见、建议和法律咨询。为更多的社会公众直接了解检察机关的工作情况，便于对检察机关进行监督开辟了一条绿色通道。通过推行“阳光检务”工程，加强了对检察权的社会监督。使检察工作更多地置于阳光之下，更直接地置于人民群众监督之下。在盘锦市民看来，盘锦检察形象不再是刻板的冰冷和高高在上的强硬，而是成为了接待上访时递到手中的那杯热水，是在倾听民情时的耐心细致，是在法庭上的专业冷静，是在查办职务犯罪时的从容和坚定。

（二）规范职业礼仪

检察职业礼仪，是检察人员按照有关条例规定，在各种场合表现出的风度、礼节、礼貌，以及在处理人际关系和对外交往中正确的言行举止。它是检察精神文化的外在表征，是检察行为文化韵直观体现，是检察文化建设的重要内容之一。良好的职业礼仪包括谦虚恭敬的态度、文明礼貌的语言、优雅得体的举止、规范严整的仪表、执法办案礼仪和日常生活的必要礼节等。检察职业礼仪具有表层可视性、直观可感性，可以赢得公众的亲和感、信赖感和敬佩感，有利于争取更广大社会力量的尊重、理解与支持，有利于更好地开展检察工作。为加强职业礼仪教育，盘锦市检察院以社会主义核心价值体系为指导，按照《公民道德建设实施纲要》和《检察官法》等相关规定，制定出台了《盘锦市人民检察院礼仪规范 50 条》，对检察职业礼仪的指导思想、重要意义礼仪规范等作出详尽规定，受到广大检察人员的欢迎。对提升检察机关和检察人员的新形象，起到了积极的推动作用。

（三）搭建宣传矩阵平台

不断提升检察宣传能力，突出宣传的“八个重点”。一是大力宣传党的方针政策，按照人民群众的新期待加强和改进检察工作的新举措，发挥举旗导向功能。二是大力宣传党委关于检察工作的决定、决议和指示，党委、人大、政府、政协关怀重视和社会各界关心支持检察工作的新动态；发挥鼓舞士气功能。三是大力宣传检察机关自觉服从党和国家工作大局，服务经济社会发展、促进和谐社会建设的新成效，发挥提升美誉功能。四是大力宣传检察机关的重大决策、重大部署、重大活动，以及两级院党组的工作新思路，发挥凝心聚力功能。五是大力宣传检察机关强化诉讼监督、推进执法办案、深化检察改革、强化品牌突破的新业绩，发挥经验推介功能。六是大力宣传检察机关一个时期一个阶段重点工作的新要求，发挥服务推动功能。七是大力宣传检察机关创建学习型检察院、推进检察文化建设，加强队伍建设的新进展，发挥舆论支持功能。八是大力宣传检察机关涌现的先进集体和个人的新典型，发挥教育引导功能。

郡志凯检察长参加“两微一端”启动仪式

扩大宣传阵地。全面建成开通微博、微信和新闻客户端，与传统媒体合力形成宣传矩阵，同时办好检察门户网站外。抓住重点主流媒体，坚持文字（图片）宣传、电视宣传、广播宣传和网络宣传并重，努力做到报刊网络有文、电视有影、广播有声。随时关注《检察日报》、地方党报、电视台、广播电台等受众多、影响大的主流媒体，扩大检察宣传的覆盖面，不仅增加了在老百姓喜闻乐见传媒上的发稿量，而且浓厚的宣传传播氛围也充分展现了检察文化风采。

四、检察物质文化建设

检察物质文化是指特定时期检察文化传承的外在载体与反映，是以物质形态反映出来的价值观念和审美情趣，是由检察建筑设施、设备、装备、服饰、技术器材等具体物质所表征出来的文化。①

实施文化育检，实现以文“化”人，必须营造物质载体氛围、文体活动氛围、公共环境氛围和宣传传播氛围。静态的硬件载体氛围可以全面承载文化信息，动态的文体活动氛围可以持续浸染文化气息，开放的公共环境氛围可以大力提升文化形象。硬件载体是检察文化建设的物质和技术基础。为更好地建设和发展检察文化，盘锦市检察院以坚实的物质基础为保障，对硬件进行文化氛围营造，使之成为检察文化的可视载体。

实践中，盘锦市检察院重点抓好“办公环境、办案环境、学习环境、娱乐环境、庭院环境”建设。坚持营造环境熏陶人，形式多样启发人，潜移默化警示人，用适宜的环境文化引导检察人员规范自己的思想和言行，使先进的检察文化具有强大的凝聚力、推动力和旺盛的生命力。

检察官合唱团参加全市建党 90 周年活动

① 徐汉明:《当代中国检察文化研究》，知识产权出版社 2012 年版，第 268 页。

（一）办公环境建设

市检察院办公楼内的文化理念主要体现了检察思想、司法理念、职业道德以及检察文化、党建文化、廉政文化以及传统文化等内容，实现工作展示、思想教育、审美娱乐三大功能，集观赏性、警示性、启迪性于一体，展示盘锦市检察院机关的精神风貌、职业追求和文化素养。

1. 机关内部环境氛围营造

在办公楼内部，主要利用主体壁雕、文化廊和文化墙、院史馆、图书室、电子阅览室、书画室、检察局域网和门户网站六大载体，进行文化环境氛围的营造。

（1）主体壁画

利用办公楼一楼大厅通透明亮的宽敞空间，正中悬挂长城图案铜制浮雕，中厅四周的墙面以习近平总书记在政法工作会议上提出的“要按照政治过硬、业务过硬、责任过硬、纪律过硬、作风过硬的要求，努力建设一支信念坚定、执法为民、敢于担当、清正廉洁的政法队伍。”精神以及“忠诚、为民、担当、公正、清廉”的检察职业道德和“厚德、尚法、鉴衡、中和、笃行”的盘锦检察精神作为主题进行文化设计。使之踏入其中，给人强烈的视觉冲击和感染。

（2）文化廊和文化墙

对办公楼廊道、挑空区、会议室等墙面进行合理布局，以浮雕、书法、绘画等形式进行装点。通过展示古今中外法学家、法治发展历程，检察队伍的“八种理念”、“八种精神”、“八种价值追求”和“十字文化”，即展现了检察官的高节、清雅、纯洁和坚韧的品格，同时也使检察人员在办公期间随时随地都能感受到文化气息扑面而来，达到耳濡目染、爱岗敬业、励志争先的效果。

（3）院史馆

在办公楼内，专门辟出专用房间作为院史馆，将记录检史、荣誉信息的各种载体档案进行全面收集、整理和存储，深入发掘历史和荣誉背后的故事，多层面地拓展信息量，形成集检察发展史、检察荣誉和检察品牌成果于一体的展示内容，凝练而集中地展示盘锦检察事业创建、奋进、发展的壮阔历程和辉煌成就。院史馆将发挥多个功能：一是发挥教育功能，有利于对检察人员进行检史、检情的教育，激发检察人员的职业归属感、集体荣誉感和神圣使命感；二是发挥借鉴功能，通过回顾过去，揭示规律，承载辉煌，以记录历史、启迪当代、昭示未来；三是发挥传播功能，让院史室成为盘锦检察机关的形象窗口和检察文化对外传播的重要场所。

（4）学习环境建设

精心打造检察书屋、茶室等设施建设，为检察人员创造良好的学习环境，注重提升文化品位，营造“倡导学习、爱好学习”的良好氛围，激发检察人员主动学习的热情，使大家在学习中获得精神上的愉悦，培养高尚的道德情操，造就符合时代要求的检察官。开展读书活动。制定了《盘锦市检察机关领导干部读书制度》，规定了市院党组成员、处室长和基层院检察长为读书会成员，定期调换书籍，交流学习心得体会，汇编成册。提高检察领导干部的综合素质和文化涵养，营造健康文明、积极向上的求知氛围。

市检察院新办公楼

新办公楼启用仪式

（5）图书室和阅览室

书香是一个人一个单位有无文化气质的标志。建设图书室和阅览室，为检察人员读书和查询资料提供了便利，既可以提升专业素质，又可以提升文化素养，是检察文化建设的重要一环。图书室和阅览室内书架林立、门类齐全、分类科学，并固定专人负责管理，及时购置新书充实上架，极大地方便了检察人员获取新知识，开阔新视野。同时，还根据科学技术和形势发展的需要，建立电子阅览室，有效实现信息共享和远程传输，满足全市检察人员多人多点阅览、全天候学习使用的需求。

（6）书画室

检察文化建设需要检察官与社会各界特别是文化届的交流与互动，为此专门设置了书画室。不仅为检察人员提供了在工作之余挥毫泼墨，静心修身，提升传统文化修养的场所，也为各界文化人士来院交流指导提供了空间。

（7）网络文化建设

市检察院以“三位一体”机制建设为核心，即以网上办公、网上办案、网上综合事务管理为主要内容，坚持领导带头、全员参与、强力推动，于2009年全部实现了网上办公、全部启用了网上办案系统，全面实现了办公自动化、办案现代化、管理智能化，检察信息化管理水平大幅度提升，检察人员运用信息技术能力显著提高，为推动检察工作科学发展提供了全方位的技术支持和保障。2017年，新建和改建了中心机房、视频会议室，不断加强网络信息安全体系建设，增设了网管监控、网络测试、环境监控等软硬件设备，实现了语音通信、计算机数据远程网络传输和网络电视电话会议三网合一，检察业务、办公事务和综合管理进人计算机网络化管理。

信息化建设

2. 外部环境营造

对机关办公楼外部空间进行了文化氛围营造。在庭院中，栽种了多种绿色植物，建造了假山、鱼池等，在绿化带内，摆设文化石，同时将盘锦本土文化置于其中，既优化了布景，又丰富了地域内涵，使检察人员在工作间隙通过观景赏花，起到愉悦身心的作用。

（二）办案环境建设

建设好办案工作区是一项为推动现代司法文明发展进程而实施的重要举措。市检察院认真贯彻《人民检察院讯问职务犯罪嫌疑人实行全程同步录音录像的技术规范（试行）》的要求，积极抓好办案工作区基础设施建设，建成了设施齐全、功能完备、相对封闭、监控到位，具有网络化、人性化、专门化、规范化的设施系统，发挥了办案工作区的安全防范效能。同时，通过加强办案基础设施建设，加大侦查办案工作科技含量，整合检察机关人力、物力和技术资源，协调业务人员和司法警察、检察技术干部在办案工作中的相互配合，有效提高了检察机关的办案质量和办案效率。

2012 年以来，在原有基础上，又建立了远程视频接待室、听证评议室、公开约见室、谈话室以及针对未成年人的温馨谈话室、心理咨询室等。通过一体化管理，全面满足刑事检察业务需求。同时，对涉案未成年人进行心理辅导，开展刑事和解、羁押必要性公开审查、法律咨询等工作，既规范了刑事案件办理，又突出了合法权利保障。

（三）文体活动建设

文化的形态，除了静态的硬件载体外，还必须有动态的文化活动来表现，文体活动是检察文化建设的项重要内容。盘锦检察文体活动氛围是通过健康有益的文体活动实践所形成的环境氛围。对检察人员而言，丰富多彩的文体活动、潜移默化的文化熏陶，远胜于空洞的说教，它能够较好地活跃机关气氛，陶冶检察人员情操，激发其工作积极性。

1. 文艺演出

一场精彩的文艺演出既是一次宏大的文化盛宴，也是一次检察队伍风采的集中展示。近年来，盘锦市院高度重视文艺演出活动。根据不同情况，围绕不同主题，组织开展不同类型的文艺演出活动。演出期间，院领导发表热情洋溢的致辞，讲意义、提要求、明任务、鼓斗志。来自不同层面的检察人员，通过歌咏、朗诵、演讲、舞蹈等多种艺术形式，意气风发、精神饱满地回忆风雨历程，歌颂辉煌盛世，倾诉检察衷肠，展望美好明天，激情抒发对党、对祖国、对人民和对检察事业的赤诚情怀，热切表达立足岗位、团结拼搏、开拓奋进的坚强决心，在全体检察人员中引起强烈共鸣。经常性的文艺演出，既激发了生龙活虎的蓬勃朝气，又锻炼了组织管理能力，增强了团队精神。2011 年 12 月，市检察院选派十名合唱团成员赴京参加了在北京人民大会堂举行的由最高人民检察院、中国检察官文联、中央电视台共同主办的纪念人民检察制度创立 80 周年《为了公平正义》文艺晚会，获得了殊荣。2012 年以来开展的“我的岗位我负责、我的工作请放心”“恪守检察职业道德、促进公正廉洁执法”“忠诚、干净、担当”等主题演讲比赛，“歌颂祖国、情系检察”诗歌朗诵会等，提高了检察官文化素养和道德情操，集中展示了全市检察人员热爱祖国、热爱检察事业的情怀。

新进人员文艺汇演

迎国庆诗歌会

2. 书画摄影

书画摄影作品作为视觉艺术是一种无声的文化感知方式。图像虽然不能替代有声的语言，但无声往往胜于有声，可以让人们更便捷地去接受，更深入地去领悟、更持久地去回味。在文化氛围建设中，注重组织书画和摄影活动，通过多姿多彩的书法、绘画、摄影充分展示盘锦检察文化的魅力。其中，“纪念建党九十周年检察官摄影展”，就是检察官们用相机定格的那些闪烁在其内心深处的悸动，是盘锦检察人一次深沉情感的表达，一次丰厚情愫的宣泄。

3. 文学创作

文学对人具有认识作用、教育作用和美感作用。血肉丰满的文学艺术形象可以让人们明是非、辨善恶、分美丑。检察机关也是文学创作的一片沃土。近年来，盘锦检察机关的文学创作利用自身创办的《检徽之光》、《家园》杂志和《盘锦检察专刊》，刊载检察人员的文艺作品，不断地挖掘典型，宣传典型，展现盘锦检察机关群星灿烂的英模人物和辉煌的检察业绩，达到了典型引路弘扬正气的作用。

《检徽之光》编辑工作座谈会

4. 体育活动

体育是力量的象征，也是文化的体现。在检察机关工作任务十分繁重的今天，市检察院党组十分关心检察人员的身心健康。经常开展各种形式的体育活动，不仅增强了检察人员的身体素质，也锻炼了意志，有利于促进思想交流和团队凝聚力。近年来，先后开展了篮球、乒乓球、羽毛球等项目比赛，机关内部组织了登山、拔河、游泳和棋类赛等健康有益的活动，有的基层检察院还开展了“徒步走”活动，活跃了机关氛围，增强了检察人员的体魄。

检察人员参加“红海滩国际马拉松”比赛

第三节　检察文化建设的成果

加强盘锦检察文化建设，是贯彻落实党的十七大、十八大和十九大精神，促进盘锦检察事业科学发展的生动实践。检察文化作为一种新的管理思想和理念，为盘锦检察事业的创新发展提供了一个很好的理论武器和有力支撑。2012 年，最高人民检察院首次命名了 66 个“检察文化建设示范院”，盘锦市检察院名列其中。

一、开展检察文化建设现实意义

（一）树起“风向标”，指引正确政治方向

盘锦检察文化是一个“风向标”。文化犹如一面旗帜，旗帜就是方向，旗帜就是形象，旗帜就是力量。盘锦检察文化符合先进文化的前进方向，体现盘锦检察事业的发展要求，具有鲜明的政治本色、时代气息和检察特色，是实现盘锦检察机关价值目标的思想保证和行动指南。盘锦检察文化有利于引导检察人员坚守政治理想，坚定政治立场，提高政治敏锐性和政治鉴别

力，自觉抵御各种不良社会思潮和法律思潮的侵蚀，确保检察事业始终沿着正确的方向不断发展。

（二）提升“精气神”，凝聚人心激励斗志

盘锦检察文化是一种“精气神”。它来源于盘锦检察工作实践，根植于盘锦检察人员的灵魂，服务于盘锦检察事业的发展，凝聚了盘锦检察机关的精神成果、制度成果、机制成果和物质成果，是盘锦检察人员集体智慧的结晶；文化建设是凝聚人心、激情励志的有力武器。加强盘锦检察文化的构建、培育、实践和发展，使盘锦检察文化为检察人员所认同、接受，成为检察人员共同理想和坚定信念；成为检察人员的共同选择和永恒追求、进而增强检察人员的归属感、光荣感、责任感和使命感，必将进一步激发全体检察人员的积极性和创造性。

（三）确立“衡量尺”，塑造执法公信形象

盘锦检察文化是一把“衡量尺”。执法公信形象从根本上讲来源于法律监督能力，法律监督能力建设不仅依靠专业的培训、实践的磨砺和过程的积累，更需要精神的洗礼、理念的引导和制度的规范。检察文化是法律监督能力的灵魂，没有这个精神支柱，法律监督能力建设就是无源之水、无本之木。在盘锦检察事业正处于改革发展的关键时期，用文化的力量，以文化育人，可以培育高尚的品质、健康的人格、社会的良知、平和的性格、稳定的情绪等综合素养，为检察人员提升专业素质提供精神土壤，注入不竭动力；可以更好地促进检察人员加快从学历型向能力型、从知识型向智慧型、从行政型向职业型、从制度型向文化型的转变；可以用检察文化衍生的标准来检验执法办案活动的效果，衡量执法办案的成效，促使检察人员不断端正执法思想、规范执法行为、改进执法作风、创新执法方式，做到严格公正文明执法，建立应有的职业声望，展示检察机关的文化魅力和检察人员的人格魅力，为检察机关赢得公信形象。

（四）安装“驱动器”，推动检察事业发展

盘锦检察文化是一台“驱动器”。实现检察事业的科学发展，没有检察文化建设是不可想象的。从盘锦检察事业科学发展的核心上讲，坚持以人为本，必然要求加强以检察文化为核心的队伍建设；从盘锦检察事业科学发展的根本要求上讲，强调全面协调可持续，必然要求检察文化建设与其他各方面建设互相协调：互相渗透、齐头并进，在检察事业发展中发挥文化建设长远恒久的作用；从盘锦检察事业科学发展的基本方法上讲，必然要求将包括检察文化建设在内的各项事业统筹兼顾、整体推进。因此，建设盘锦检察文化正是为盘锦检察事业增添新的动力引擎，有利于推动盘锦检察事业快速发展。

二、关注民生、民意，追求执法社会效果

近年以来，盘锦市检察院新一届党组坚持把检察工作置于全市工作大局中来审视和谋划，为经济社会发展提供司法保障。

（一）以维护社会和谐稳定为己任，进一步推进平安建设

1. 认真履行批捕、起诉等职责，促进社会和谐稳定。依法打击各类刑事犯罪。加大对严重暴力犯罪、多发性侵财犯罪、毒品犯罪等犯罪活动的打击力度，有力维护了社会秩序。如依法批捕、起诉了建市以来涉案毒品数量最大的贩卖毒品案件。突出打击严重影响人民群众安居乐业的刑事犯罪，让人民群众获得更多的安全感和幸福感。如，配合公安机关依法办理了以发放高利贷牟利的“苏氏家族”黑社会案件。推行人权保障机制，保障未成年人合法权益。2017 年 2 月成立专门的未检机构，通过听取意见、召开听证会等举措做好未成年犯罪嫌疑人审查起诉工作。

营造优质的营商环境。全面统筹服务保障经济发展，先后制定出台服务“十三五”规划、服务滨海新盘锦建设、服务保障优化营商环境的实施意见，持之以恒抓好落实，赢得了市委及主要领导的充分肯定。建立打击破坏营商环境的“绿色通道”，依法办理了“e 租宝”互联网金融系列案件中涉及盘锦地区负责人宋某非法吸收公众存款 8000 余万元案件。树立效率和服务意识，加强对市场主体的法律咨询和司法救济，听取不同类别企业的声音，实施有针对性的服务举措，真心诚意为企业发展保驾护航。

2. 认真贯彻宽严相济刑事政策。坚持该严则严、当宽则宽、宽严相济、罚当其罪的原则，对涉嫌犯罪但无社会危险性的犯罪嫌疑人不予批准逮捕，

对犯罪情节轻微、依法不需要判处刑罚的犯罪嫌疑人作不起诉处理，促进了社会和谐稳定。

3. 积极开展社会矛盾化解工作。开通 12309 举报电话，坚持检察长接待日制度，落实刑事和解，推进司法救助等多元化解矛盾纠纷机制，最大限度地把矛盾化解在检察环节，连续多年保持“赴省进京零上访”纪录。不断强化刑事申诉检察“一体四翼”工作，积极探索律师化解和代理涉法涉诉信访案件机制，持续完善信、访、网、电诉求渠道，依法妥善解决群众反映的问题，市院连续四届蝉联全国检察机关“文明接待示范窗口”。

（二）以促进社会公平正义为目标，进一步加强诉讼监督

1. 刑事诉讼监督不断增强。加强对刑事立案和侦查活动的监督，加强对刑事审判活动的监督。如，吕某非法吸收公众存款案，提起抗诉后，二审法院采纳抗诉意见，由缓刑改判为实体刑，保证了法律的正确实施。

2. 民行检察监督不断改善。建立健全民事行政检察工作格局，维护民事行政案件当事人的合法权益。圆满完成民事行政诉讼监督案件跟踪问效工作任务，配合法院对已经收取但尚未发放的执行案款进行集中清理，有效保障当事人的合法权益。全面推开民事行政公益诉讼工作，制定出台全面开展公益诉讼工作的实施意见，实现了新增职能的良好开局。

3. 刑事执行监督不断发展。强化刑事强制措施执行检察，其中，监督保障律师会见权的典型案例被高检院在《检察日报》刊发；提出变更强制措施建议，其中，3 起案件分别被评为全省精品案件、优秀案件。进一步强化刑罚执行检察，其中，纠正办案机关财产刑执行不规范案件，被评为全国优秀案件。加大对监管场所职务犯罪侦查力度。

（三）以保证案件质量为目的，全面加强案件管理工作

近年来，全市案件管理工作着力破解难题、补齐短板，扎实有效地履行案件管理各项职能，为推动检察工作的整体发展作出了积极贡献。

1. 通过强化案件流程管理，司法办案全程监督体系进一步完善。通过有效的流程管理对正在办理的案件预警提示、及时纠错、防止偏差、规范司法具有重要作用。一是强调“重”。两级院严格执行《人民检察院案件流程

监控工作规定（试行）》，依托统一业务应用系统加强对办案过程和节点的同步监督，突出重点，在全流程监控中突出对办案期限、强制措施、诉讼权利保障、涉案财物处理等重点环节的监控，加大一类问题通报力度。加强对查封、扣押、冻结、处理涉案财物行为的监督管理，全部做到涉案款物登记明晰，有效防止了款物随意处理、损毁和丢失等现象的发生。五年来，全市共统一受理批捕刑事案件嫌疑人 7333 人，不构成犯罪不捕 40 人；起诉刑事被告人 6525 人、不诉 101 人，其中，证据不足存疑不诉 14 人，情节轻微、刑事和解相对不诉 77 人。法律文书错误、案卷材料不规范等卷宗 115 卷；二是强调“全”。梳理办案程序中常见违法情形，全面把握监督弱点和盲区，增强监控点，认真筹划流程监控工作考核，将 6 类案件纳入流程监控的考核范围，并明确监控案件数量达到全年案件受理数的硬性要求。五年来，运用人工和技术等方法监控案件 3820 件，发现各类问题 86 个，并要求相关部门、人员予以及时纠正；三是强调“准”。借助信息化手段加强案件数据日常监管，确保统计数据准确、完整和及时。提高流程监控通报的精准度，更好的体现通报对规范司法的引导作用。同时，优化预警提示功能，早发现、早预警，实时提出，及时地纠正，体现主动性、准确性、有效性。建立案件承办人直接责任、办案部门负责人指导责任、案管部门监督责任“三责一体”流程监控监管新模式，精准抓住流程中出现的差错，确保办案程序依法规范。

2. 通过深化案件质量评查，有力促进了司法办案质量提高。对全市两级院办结的各类案件进行综合评价，确定案件质量等次，奖优罚劣，促进案件质量提升。一是规范案件质量评查工作。案件质量评查是强化检察权运行内部监督制约的有力保证，是落实检察官办案责任制的重要抓手。建立健全案件质量评查制度，制定了《盘锦市检察机关案件质量评价办法（试行）》，对案件质量评查工作的定义、基本要求、评查方式、评查程序与结果运用等做出规定，为全市两级院开展工作提供了制度依据。把案件质量评查与司法责任制改革有效衔接，把评查结果作为评价检察官办案业绩和能力、水平的重要依据，纳入业绩考核评价体系，记入司法业绩档案。二是优化配置专业评查队伍。充实案件质量评查员人才库，建立了由检察业务专家、资深检察官和业务骨干组成的专项评查小组。加大全市性的案件质量专项评查力度，聚焦评查重点，提高评查案件率，确保评查范围覆盖到每位办案检察官。在此基础上，将评查范围逐步覆盖到所有业务部门，所有员额检察官和办案人员，贯穿司法办案的全过程，以体现对检察官案件质量评查的科学性、均衡性、公平性。三是凸显案件评查成效。市院逐步拓展评查的方式方法，加大上对下评查、交叉评查的力度，组织两级院开展交叉评查，评查结果由市院案管部门进行汇总和集中反馈，以此打破案件评查的地域、院际限制，解决因本位主义、人际关系等因素导致监督不力的问题。五年来，两级院案管部门自行组织案件评查 45 次，与业务部门共同组织案件评查 12 次，交叉评查 2 次，共计评查案件 3650 件。经评查确认，严重瑕疵案件 3 件，一般瑕疵案件 18 件。通过开展点评、通报、通知整改、移交纪检部门追究责任等途径，扩大评查效果，提高了全市检察人员质量意识和责任意识。

3. 通过拓展司法为民服务广度与深度，不断增强司法公开实效。检察机关司法便民的途径主要是通过案件信息公开形式，确保为检察机关的司法办案活动以及便捷人民群众提供实时有效的管理和服务，推动司法办案公开透明、推动依法规范文明办案、彰显司法公正和尊严。一是深入推进案件信息公开工作。2014 年 7 月，全市检察机关案件信息公开系统全面启用，市检察院站在“以公开促公正、以公正树公信”的高度，全面转变观念，将案件信息公开工作作为积极回应社会关切，构建开放、动态、透明、便民阳光检务新机制的重要切入点，作为规范执法行为、提升办案质量的助推器。依托案件信息公开网，认真做好组织、监督、指导工作，及时在互联网上公开案件信息，目前已向社会公开案件程序性信息 6263 件，重要案件信息 31 件，公开法律文书 1842 件，2017 年，全市两级院案件信息公开率达到 85% 以上。二是组织案件信息公开工作督察。根据高检院统一部署，市院开展法律文书公开等工作的自查与检查，督促及时公开必须公开的刑事案件起诉书和抗诉书、不起诉决定书、刑事申诉复查决定书等法律文书。此项督察工作开展以来，法律文书公开率与规范性上升明显。同时有效强化对司法办案活动的外部监督，通过案件信息公开微信平台的推广应用，较好实现了案件信息从被动查询到主动推送、“网上公开”向“掌上公开”的转变，进一步方便了律师及案件当事人，使检察机关的服务更便民、更高效。三是规范律师接待工作。贯彻落实“两高三部”《关于依法保障律师执业权利的规定》，进一步规范律师阅卷等执业权利。全市两级院案管部门向阅卷律师提供电子卷宗光盘，而且比率逐步上升，目前已形成电子卷宗1360份，改进了律师阅卷模式，实现了律师阅卷电子化。五年来，两级院共接待律师阅卷822次，接待群众查询216次，为律师、辩护人、诉讼代理人复印、打印、拍照等法律文书16500余页，提高了律师阅卷效率。

（四）检察队伍稳步向前发展

全市两级检察机关现有4个基层检察院和1个派出检察院，截至2018年5月，共有政法专项编制375个，实有321人。领导班子情况：两级院共有班子成员为48人，检察长6人、副检察长17人，其他25人。队伍年龄结构：30岁以下检察人员66人，占总人数的20.56%；31岁至40岁检察人员73人，占总人数的22.74%；41岁至50岁检察人员99人，占总人数的30.84%；50岁以上检察人员83人，占总人数的25.86%。队伍职业化情况：员额检察官129人，占总人数的40.19%；检察辅助人员146人，占总人数的45.48%，司法行政人员46人，占总人数的14.33%。队伍知识化程度：研究生学历47人，占总人数的14.64%；本科学历239人，占总人数的74.45%；专科及以下学历35人，占总人数的10.9%。

加强两级院党组班子能力建设。不断强化善于观大势、谋全局，善于议大事、抓大事，善于抓班子、带队伍的能力，把好前进方向、谋划工作大局、履行好队伍和业务的两个责任，为队伍建设提供引领，做出表率；加强法律监督能力建设。创新教育培训的方式方法，打造短期培训与中长期培训相结合、单一学习培训与系统全面培训相结合、混合培训与分类培训相结合的培训格局，加快知识更新，优化知识结构，拓宽眼界和视野，着力解决本领不足、本领恐慌、本领落后问题。通过“十佳检察官”“办案标兵”“最美女检察官”评选以及“侦查监督办案能手”“公诉辩论赛”等岗位练兵活动，发现并培养了一批在全市甚至全省叫得响、过得硬的检察业务骨干和先进典型；加快推进了检察人才重点工程，实施品牌战略，建设三级检察人才库，充分发挥检察人才的示范、激励和保障作用，实施检察官遴选制度，共从基层院遴选检察人员16人，为建设一支高素质、专业化的检察队伍发挥了积极作用。加强廉洁建设。加强内部检察人员管理，充分发挥个人绩效考核和检务督察这两只手的作用，认真落实党风廉政建设的主体责任和监督责任，把纪律和规矩挺在前面，以严的标准、严的措施、严的纪律管理约束检察人员；严格执行高检院《检察人员八小时外行为禁令》和市院《检察人员十二个不允许》，为检察人员划定纪律红线；加大办公秩序、个人纪律以及重点办案岗位、办案环节、办案人员的监督力度，消除违法违纪隐患，从根本上解决特权思想、霸道作风、吃拿卡要以及衙门习气重，门难进、脸难看、事难办的现象。

全市检察机关大力提高检察人员专业水平和职业素养，认真组织开展任职资格、领导素能、执政能力、专项业务等分级分类教育培训，受训人员达3000余人次；组织全市检察机关优秀法律文书、案件管理、侦查监督等业务知识竞赛和全市司法警察、计算机操作技能竞赛及全市优秀公诉人选拔赛等岗位练兵活动40余次；组织侦查监督、公诉等10个业务部门开展专项业务培训160余次，受训人员达2400余人次；组织“盘锦检察官大讲堂”48次，受训人员达11000余人次；组织参加高检院调训和省院各类培训，受训人员达360余名。通过不断增强培训工作的力度、广度和深度，切实为检察队伍正规化、专业化、职业化建设打下了坚实基础。

新一届党组带领全市检察人员，认真贯彻上级精神，锐意创新，扎实肯干，各项检察工作取得了长足发展，人民群众满意度和信任度也逐年提升。在2012年以来的五年市人代会上，市院的工作报告都以高票甚至满票获得通过；市院党组连续三年被市委工作实绩考核确定为好班子；市院连续两届被评为“辽宁省文明机关”，并先后被高检院、省院、市委、市政府和有关部门授予“全国检察文化建设示范院”“全国文明接待示范窗口”“优秀市级检察院”“先进市级检察院”“争创全国综治优秀市夺取长安杯先进集体”“市直机关先进党委”等荣誉称号。全市5个基层院分别被授予全省先进基层检察院、全省优秀基层检察院荣誉称号，共有21名同志荣获二等功，75名同志荣获三等功，并涌现出“辽宁省检察业务专家”、“辽宁省十大杰出检察官”、“辽宁省人民满意政法干警”、辽宁省检察机关先进个人等一批先进典型，风清气正、干事创业的检察生态得到有效保护和发扬，以优良的团队形象赢得了人民群众和社会各界的广泛认同。

（五）检察保障工作扎率在实推进

一是坚持党的领导，自觉接受人大监督。始终坚持重大事项和办理重大案件和重要改革创新措施，及时向市委请示、报告工作制度。主动向人大常委会报告重要工作，并严格落实审议意见，不断改进自身工作。加强与人大代表的联系。诚意邀请人大代表参加阳光检务、检务督查、评议庭审等活动，不断增强接受监督的实效性。认真办理人大代表的意见和建议及关注的案件。通过召开代表座谈会和通报会的形式，对代表的意见和建议及关注的案件予以反馈，做到了事事有结果，件件有答复。强化主动接受民主监督和社会监督。主动接受政协的民主监督。坚持定期通报工作情况，认真听取监督意见。主动接受人民群众的社会监督。主动接受新闻媒体的舆论监督。提高与媒体打交道的能力，使媒体成为传递检察正能量的主要渠道。二是深化检察改革。相继推行了人民监督员制度、主诉主侦主办检察官、派驻检察室制度、轻微刑事案件快速办理、检察官遴选、涉法涉诉信访、“五位一体”检务督察、个人绩效考核等机制以及“大部制”“大案管”“大一体”“大公开”“大监督”等项改革，检察事业焕发出生机与活力。三是强化基层基础建设。经过两级院共同努力，极大地改善了办公办案条件和环境，“两房”建设面积达到43000平方米，各基层院都以崭新的面貌和形象展现在人民群众面前，办公办案车辆、通讯工具、人均办案经费已完全满足工作需求。继续扩大检察室规模，不断丰富检察室职能，提高重点乡镇、街道、国有企业的覆盖面，成立了辽东湾新区检察室，为辽东湾新区又好又快又优发展创造了良好的司法环境。加强检察信息化建设。率先在全省建立三级专线网和无纸化办公，现在两级院基本实现了一人一机配备，实现了网上办公网上办案。案件讨论、案件质量监控、视频会议、法规法律查询、公文传输、电子邮件收发以及信息发布等各类办案办公系统被广泛使用，逐步完善检察信息化基础网络平台建设，2013年9月，远程提讯正式开通并上线运行，2016年10月，远程接访系统正式连通并上线运行，同年11月，市检察院荣获全省科技强检示范院。检察服务大厅已经建成，逐步把接待等候、业务咨询、受理举报控告申诉、律师接待、视频接访、行贿犯罪档案查询、案件信息查询、12309举报电话等工作整合在检察服务大厅；加强新媒体建设，完善了新闻发布会制度，“两微一端”已经全面使用，已成为检察新闻宣传的“新高地”；更加重视运用互联网思维，探索构建“互联网＋检察”的工作模式，大力推进电子检务工程建设，以信息化引领检察工作现代化。

（六）司法改革工作取得初步成果

作为辽宁省检察机关首批司法体制改革试点单位，盘锦市检察院牢固树立政治意识、大局意识、核心意识、看齐意识，深刻认识司法体制改革试点工作的重要性、必要性和紧迫性，不断树立对司法改革的坚定信心，用自己的自觉行动融入改革、投身改革，践行改革，确保改革效果达到预期。一是完善检察人员分类管理。开展员额制改革摸底，核定入额人数，设定员额岗位，切实把员额内检察官配置在办案岗位，回归办案一线；组织实施员额个人申报、资格审查、统一考试、考核等一系列选任工作，两级院共有 133 名综合素质优秀的检察人员遴选入额。进行员额内检察官、检察辅助人员、司法行政人员定岗分流，确保各归其位、各展其才、各得其所。二是完善司法责任制。制定检察官权力清单，科学划分不同部类、不同层级办案权限，切实做到“谁办案谁决定、谁决定谁负责”，进一步建立健全随机分案为主、指定分案为辅的案件承办确定机制。两级院通过设置独任检察官和检察官办案组两种办案组织形式，实行专业化分工，实现办案组织的扁平化、专业化，淡化司法办案的行政化色彩，将办案的决定权落实到检察官，使检察官真正成为办案主体；试行“大部制”改革，分别将双台子区院、兴隆台区院原有内设机构整合为四个工作部门，实行扁平化管理，全面提升办案质效；建立检察官司法档案，全面记录检察官办案数量、质量、效率、效果等指标，客观公正评价检察官业务绩效。三是健全完善检察人员职业保障。实施检察官职务等级套改，打破检察官职务等级与行政职级挂钩的樊篱，确保员额内检察官的政治待遇显著提高，共有 205 名检察官进行职务套改；落实薪酬制度改革，配合人社部门进行工资测算摸底，确保员额内检察官、检察辅助人员和司法行政人员薪资保障政策高效执行；制定干预插手案件情况报告制度和过问案件情况报告制度，确保检察人员依法办案、独立办案。

三、为开启盘锦全面转型新航程的服务举措

（一）在推进依法治市过程中有所作为

贯彻落实依法治市的实施意见，紧紧扭住立法、执法、司法、守法等法治建设重点环节，充分发挥检察职能，不断推进法治盘锦建设各项重点任务，努力在全面推进依法治市伟大进程和建设国际化中等发达城市中作出应有贡献。一是推动科学立法。建设社会主义法治体系，必须有完备的法律规范体系作为前提。从有法可依到科学立法，这不仅是话语的转换，更是立法理念的更新，从重视法律的“有”“无”，到强调法律的“良”“恶”，既充分肯定了我国历史以来立法取得的重大成就，又体现了在立法领域的升级，为立法提出了更高的要求。法治是依良法而治，作为法治建设的一支生力军，推动科学立法是我们的重要任务之一。要立足检察职能和检察工作实践，充分发挥基层在立法领域的自身优势，认真总结执法办案经验，深入研究法律适用中遇到的新情况、新问题，做好立法和司法解释建议报送工作；要重视各类法律规范出台之前的征求意见，真正把自己摆进去，主动建言献策，使国家出台的与自身有关的法律更科学，更有针对性和可操作性；维护立法权威，尊重立法，不能以司法的形式突破或废止有效立法。二是有效促进严格执法。法律的生命力在于实施，法律的权威也在于实施。政府是实施法律的主体，保障各级政府严格执法，推进依法行政、建设法治政府，是全面推进依法治国的重点。检察机关按照依法治市实施意见的要求，充分发挥职能作用，促进廉洁从政、严格执法，助推法治政府建设。主动适应反腐败斗争的新常态，着力提高运用法治思维和法治方式惩治腐败的能力。探索对一些行政机关违法行使职权或者不作为造成对国家和社会公共利益侵害或者有侵害危险的案件，如国有资产保护、国有土地使用权转让、生态环境和资源保护等，探索提起公益诉讼，对行政行为进行有效司法监督，加强对公共利益的保护。三是努力维护公正司法。公正是法治的生命线，司法是社会公正的最后一道防线。司法公正对社会公正具有重要引领作用，司法不公对社会公正具有致命破坏作用。必须完善司法管理体制和司法权力运行机制，规范司法行为，加强对司法活动的监督，努力让人民群众在每一个司法案件中感受到公平正义。检察机关既是司法活动的参与者，也是司法活动是否公正的监督

者，双重身份要求它必须坚持法律监督与自身监督一个标准，决不允许强化法律监督的同时放松对自身的监督。充分利用检察自媒体和社会媒体进一步深化检务公开，坚持“依法能够公开的一律公开”，将公开的重点向执法办案信息和结果公开延伸，自觉接受外部监督；建立检察官司法档案，对有故意或者重大过失的执法办案人员进行终身追责、严肃处理，确保自身司法公正；强化对刑事诉讼、民事诉讼、行政诉讼的监督，落实各项监督措施，加大监督力度，坚决纠正司法不公，以“零容忍”坚决清除害群之马，维护司法公正，提高司法公信力。同时，做好示范引领全民守法工作。作为承担普法责任的检察机关，通过依法严惩各类刑事犯罪，让人民群众看到法律的惩戒和保护作用，让国家工作人员敬畏法律、奉公守法，并自觉运用法治思维和法治方式解决问题，做自觉遵法的表率；要认真落实检察环节社会管理综合治理措施，探索建立涉法涉诉涉检信访执法错误纠正和瑕疵补正机制，引导和支持信访群众理性表达诉求、依法维护权益，保障合理合法诉求依照法律规定和程序就能得到合理合法的结果，增强群众对法治的信心；加强“法律五进”宣讲活动与通过执法办案普及法律知识相结合，建立普法宣讲团成员档案制度，拓展普法宣传渠道、丰富宣传模式，充分利用媒体对典型案例进行解读，增强人民群众的法治观念和法律意识，形成遇事找法、解决问题用法、化解矛盾靠法的良好法治环境。

（二）在推动司法改革过程中有所作为

盘锦市检察院在司法体制改革中顺利完成试点工作任务，形成了一批可复制、可推广的成功经验。一是发扬解放思想的精神。司法体制改革就是破旧立新，不能抱残守缺、固步自封，阻碍司法体制改革，充分认识司法体制改革的重大意义，进一步解放思想，舍得打破坛坛罐罐，坚决拆除篱笆围栏，充分发挥基层摸着石头过河的精神，按照顶层设计稳步推进司法改革，真正发挥引领示范作用。二是发扬实事求是的精神。在调研、学习、论证的基础上，积极向第一批、第二批试点院进行学习，同时尊重司法规律和检察规律，结合盘锦检察工作实际，制定符合盘锦自己的司法改革试点工作方案，确保方案接地气、好操作、见实效。三是发扬敢于担当和真抓实干的精神。司法体制改革，牵一发而动全身，涉及每一名检察人员的切身利益，在员额制严格控制为39%以下的大背景下，有一部分检察官可能进不了员额，思想上可能会出现一些波动，市院党组在这种情况下敢于担当，主动做思想工作，将思想工作贯穿整个司法体制改革的全过程，努力使每一名检察人员理解、拥护、支持、参与改革，形成改革共识。司法体制改革不是一阵风，是真刀真枪的改，市院党组摒弃观望瞭望的心态，早部署、早落实，早日让检察人员享受到司法体制改革带来的红利。

（三）在建设过硬队伍过程中有所作为

紧紧围绕“五个过硬”的要求，带头做到信念坚定、执法为民、敢于担当、清正廉洁。一是进一步转变司法理念。加强社会主义核心价值观教育，深入贯彻“三严三实”要求，认真学习领会新修改的刑事、民事、行政诉讼法的相关规定，树立严格规范公正文明的司法理念。二是进一步提升司法能力。准确把握、及时研判以审判为中心诉讼制度改革带来的各方面影响，积极构建新型的诉侦、诉审、诉辩关系，全面贯彻证据裁判规则，更好发挥诉前主导、审前过滤、庭审指控、人权保障等作用，推动实现繁简分流，确保办案质量和效率。三是进一步规范司法行为和改进司法作风。扎实开展规范司法行为专项整治工作，做到真查、真纠、真改，同时建立司法档案、廉政档案等制度，深化案件质量日常评查和专项复查，确保规范司法行为专项整治工作常态化、制度化，为检察人员的司法行为拉上警戒线。严格落实党风廉政建设的“两个责任”，发挥个人绩效考核和检务督察两只手作用，加大对党务、政务、队务、检务、警务的督察力度，确保队务实现无投诉、无违纪、无处分的工作目标。

检察文化建设是一个长期、渐进的过程，检察文化建设又是一个新生事物，需要不断地探索和实践。检察文化建设代表着检察队伍建设的方向，必须持之以恒地坚持下去，不断发展创新，不断地朝着检察官全面发展这个检察队伍建设的终极目标迈进。

第九章　新时代中国特色社会主义检察文化建设的展望与路径

当前，中国特色社会主义进入了新时代，“新时代要有新气象，更要有新作为”，文化领域也是如此。习近平总书记在十九大报告中指出，没有高度的文化自信，没有文化的繁荣兴盛，就没有中华民族伟大复兴。要坚持中国特色社会主义文化发展道路，激发全民族文化创新创造活力，建设社会主义文化强国。习近平总书记的这一科学论断，将我国社会主义文化建设提升到了全新的高度。检察机关作为全面推进依法治国的实践者、推动者、实施者，理应顺应新时代、新要求，在总结以往经验的基础上，及时将检察文化建设摆在更加突出的位置，不断提升自身公信力、软实力、战斗力，在丰富和传播中国特色法治文化、凝结法治共识等方面发挥更加重要的作用。

第一节　新时代加强检察文化建设的意义与挑战

我国检察文化建设有着悠久的历史，检察机关恢复重建四十年来，随着全社会对文化建设的日益重视，检察文化迈进了大发展、大繁荣阶段。但是，我们也认识到，检察文化的发展是一项长期而又艰巨的工程，特别是在十九大的引领下，更应弘扬检察人员社会主义核心价值观，以建设新时代中国特色社会主义检察文化为目标，加强检察队伍建设，拓展检察文化载体，强化司法规范化建设，努力发挥检察文化作用，实现检察文化的深度发展。

一、检察文化建设对于新时代检察机关发挥法律监督职责具有重要意义

“文化是一个国家、一个民族的灵魂。文化兴国运兴，文化强民族强。”习近平总书记在十九大报告中的这一论断，对于检察机关同样具有指导意义。检察文化和检察事业就像土壤和树木，检察事业的发展离不开文化土壤的滋养。检察文化，是检察事业的发展之基、动力之源、队伍之魂。

（一）加强检察文化建设有利于新时代强化检察机关党的绝对领导

当今思想意识领域内的交锋非常尖锐，西方“颜色革命”一些有害的法治观念、法律思想不断向我国渗透。要巩固党对检察工作的绝对领导地位，就必须通过加强检察文化建设，用习近平新时代中国特色社会主义思想，用中国特色社会主义法治理论武装检察人员头脑，把着眼于将实现“两个一百年”奋斗目标，立足推进国家治理体系和治理能力现代化，实现全面依法治国融入检察文化建设的全过程。最高人民检察院张军检察长也要求全国检察机关要“讲政治、顾大局、谋发展、重自强”，使全体检察人员真正在学深悟透上下功夫，切实把思想和行动统一到习近平总书记系列重要讲话精神上来。

加强检察文化建设，可以帮助各级检察机关检察工作人员进一步掌握党的先进思想，大力弘扬优良传统和作风，提高检察工作效率、水平，从而提高检察人员的思想境界、文化修养和道德情操，保持检察队伍的先进性。检察文化昭示着检察职业群体崇尚什么，追求什么，反对什么，决定着检察队伍的价值取向和先进理念，引导检察官积极向上。通过推进新时代检察文化建设，用“中国梦”共同理想凝聚力量，用民族精神和时代精神鼓舞斗志，用社会主义核心价值观引领风尚，把“讲政治、顾大局、谋发展、重自强”转化为检察人员的自觉追求，自觉为经济建设发展和社会大局稳定服务。

（二）加强检察文化建设有利于服务新时代社会主义文化大发展大繁荣

文化是一个民族、一个国家的灵魂所在，也是实现民族振兴、国家发展的强大助推力量。检察机关是国家法律监督机关，在新时代推动经济发展、社会进步和文化繁荣等方面肩负着重要职责。检察文化是社会主义文化的重

要组成部分，检察文化熏陶着每一个检察人员，潜移默化到检察工作的每个环节，有利于实现社会主义民主法治，促进社会实现公平、正义、诚信。

要实现中华民族伟大复兴的“中国梦”，需要不断增强国家文化“软实力”，文化“软实力”是硬实力的无形延伸，是国家意识形态、文化、政策、制度等重要影响力的重要部分，是国家综合实力的重要部分，检察文化便是国家文化“软实力”的重要一环。检察机关办公自动化、信息化、装备现代化等硬实力不断发展，软实力建设也必须有实质性的进步。检察机关的软实力是检察综合实力的重要组成部分，是检察机关在长期工作实践中形成的各种精神力量的总和。因此，加强文化育检和文化强检，建设公正执法、文明执法、业务精通、素质优良的检察官队伍，是实现社会主义法治，提升国家软实力的一个重要组成部分。

（三）加强检察文化建设有利于新时代检察机关聚焦法律监督主责主业

习近平总书记指出:“一项没有文化支撑的事业难以持续长久。”当前，我国正处于社会转型期和改革攻坚期，社会结构的变动、利益格局的调整不断地对检察工作提出新的期待。尤其在监察体制改革之后，全国检察机关都在聚焦如何谋划主责主业。我们认为，加强检察文化建设无疑将有利于新时代检察机关强化法律监督的主责主业。检察文化建设是检察事业不可或缺的重要组成部分，其目的是为检察工作服务。服务党和国家工作大局，服务检察中心工作，是检察文化建设必须始终坚持的基本原则。各级检察机关的生动实践充分证明，检察文化建设只有与各项检察业务工作有机融合，才具有可持续生命力。当前，随着司法责任制的不断完善，检察官员额制的逐步到位，办案责任更加重大，更要处理好文化建设与业务工作的关系。

检察文化与法律监督工作同存于检察机关，两者相辅相成，互为依存。检察文化是一种意识形态，它依附于检察业务之中，没有检察业务，也就无所谓检察文化。看待检察文化，不能单独、孤立地分析认识构成检察文化的内涵、形态或特征。事实上，构成检察文化内涵、形态或特征的不是行为、观念和价值的随机拼凑和任意组合，而是相互适应和谐统一的。检察文化总是在检察业务中、在理论与实践的发展中，通过“大学习大讨论”等活动，逐步形成检察人员共享的价值观念——加强法律监督，聚焦主责主业，从而达到“文化立检”的目的，以适应新时代检察工作的需要。在实践中，由于各项检察业务具有丰富性和多样性，所以检察事业才呈不断发展之势。同时，也正是因为检察工作为检察文化提供了众多的研究课题，因而需要我们一代代检察人不断地进行检察文化的完善和改革，以呼应新时代对检察主责主业的期待。

（四）加强检察文化建设有利于新时代应对司法体制改革带来的挑战

司法改革的不断推进和检察业务的创新发展，为检察文化建设带来新的挑战和新的机遇，既需要检察文化提供保障、规范和引领，又要求检察文化建设与业务建设虚实融合更加重“本”。[①] 确立司法责任制是本轮司法体制改革的核心，原有的行政化运作模式被打破，习惯性的工作理念、思维、格局、能力等都将接受前所未有的挑战和考验，矛盾、冲突在所难免。同时，司法责任制使员额制检察官主体地位大大提升，相对独立性大大增强。显然，确立司法责任制，需要根据问题导向加强和改进检察文化建设，为改革提供精神、素养支撑。

同样，推进以审判为中心的诉讼制度改革和认罪认罚从宽制度，对检察官的执法理念、综合素养、执法水平、清廉要求等方面，都提出了更高要求。尤其是检察官在认罪认罚中的弹性权力大幅扩张，如何保证检察权正确行使，迫切需要加强和改进检察文化建设，通过文化建设的潜移默化，不断强化检察官的内心自律和外在规范制约。司法职业化的推进也迫切需要文化引领，全面推进各项改革，意味着司法职业化渐行渐近。职业化要求我们全力以赴专注于自己的职业和职责，超越于谋生的层次，升华为完善自我、实现人生价值的路径。显然，在检察机关工作一辈子并不等同于职业化；只有具备崇高的职业品质，才能达到职业化的境界，胜任其所承担的社会责任和义务。检察职业化，需要培养一大批检察职业认同深刻、检察职业理想崇高、检察职业信念坚定，孜孜不倦为检察事业奋斗一生的“自觉、自信、自强、自律”的检察官，并伴随实践和经验的积累成为职业精英。而推进检察

① 杨堰宁：《司法改革视野下检察文化与检察业务融合发展的几点思考》，载 http://www.jcrb.com/xztpd/2017/201711/JCWHLLZW/201711/t20171122_1818777.html2018 年 5 月 13 日访问。

职业化，也迫切需要检察文化发挥引领作用。

（五）加强检察文化建设有利于推动新时代检察队伍建设

我们可以从检察机关恢复重建四十年来队伍建设取得的成绩中看出，检察文化以它所规定的行为准则影响着检察人员的人格，促进着检察人员的成长，支配着检察人员的行动，塑造着检察人员的角色，对检察人员的言行举止、品性修养、执法活动有着很强的约束力。所以，“文化育检”造就了一批批理想坚定、业务精通、作风优良、执法公正的检察队伍。一个不可否认的事实是，检察文化是对检察工作在归纳、升华基础上的客观反映，它真实地反映着检察事业的发展历程。它所形成的制度、规范和机制对检察人员起着导向、和谐、凝聚、激励、实现和创新作用。检察机关是国家的法律监督机关，检察官是国家“法律栋梁”，执法活动与社会发展和稳定大局息息相关，检察文化建设的教育引导功能、指导约束功能、激励协调功能等功能，不仅对于提升检察机关自身的形象具有重要意义，而且通过检察队伍端正执法思想、转变执法作风、规范执法行为，对全社会产生巨大影响。检察队伍公正执法的形象一方面影响公民法治理念的形成，另一方面影响国家的法治秩序，体现法治文明，彰显检察软实力。

腹有诗书气自华。文化培育一个人的自信，培育一个人的气质，培养一个人的情怀，培养一个人的品格。文化提升个人的能力，检察官从事执法活动其实也是一种广义上的文化，和文化建设也是一种良性互动。在提高文化素养的同时，执法素养和执法水平也会有相应的提高。检察文化通过培育检察人员爱国主义、集体主义思想，无私奉献的雷锋精神，创新发展理念等，把理想、信念和价值趋向融会贯通，使整个检察机关在良性循环和不断发展的同时，形成巨大的凝聚力和向心力。检察文化把尊重人、理解人、关心人作为中心内容，通过培养、弘扬先进典型来带动检察人员。树立各种类型的榜样会使检察人员内心产生一种高昂情绪和比、学、赶、超的奋发进取的精神。它虽然表现为外在的宣传，实质是一种内在的导向。

（六）加强检察文化建设有利于新时代提高检察机关公信力

加强检察公信力建设是一项综合性的系统工程，既需要检察机关内部的不懈努力，也需要社会公众的良性互动；既需要构建科学完善的工作机制，也需要良好的法治环境。当前，应充分考虑影响检察公信力的各种因素，全方位、多角度采取各种有效措施，坚持“以人为本”的总体要求，牢固树立“执法为民”的法治理念，以实实在在的成绩赢得人民群众的最大信任。

检察文化以其独特的宣传作用，扩大了人民群众对检察机关、检察工作的了解，为检察工作开创新局面创造了良好的外部条件。尤其是检务公开宣传、检察官释法、检察开放日等检察活动，增进了人民群众对检察机关、检察工作的了解和支持。四十年来检察机关在“文化兴检”活动中多专栏、全方位、多角度地运用检察文化所固有的阵地来展示检察机关和检察人员价值追求、思想情操和精神面貌，已经取得了可喜的成果：法治理念深入人心，公正执法、文明执法、廉洁执法成为每个检察人员的自觉行动。当前，党的十九大对检察工作提出了新的更高要求，全国各级检察机关要以提高法律监督能力，建设公正、高效、权威的社会主义检察制度，保障在全社会实现公平正义为目标，在进一步深化改革、大力推进体制创新、机制创新和工作创新的基础上，加大检察文化创新，以推动检察机关在民主与法制的轨道上走向崭新的阶段。

二、当前检察文化建设面临的问题

从我国检察文化建设的生动实践来看，全国各级检察机关对检察文化建设的理论探索和积极实践，已经取得显著成绩，“文化兴检”初见成效。但是纵观检察事业发展全局，当前我国的检察文化建设仍处于萌芽期，与十九大提出的战略目标和新时期检察工作的发展要求相比，仍然存在着不小的差距。特别是在检察文化建设的实际操作中，存在着对检察文化理论研究不足、重视不够，忽视了检察文化所依托的基础及环境，最终导致实践中存在检察文化建设形式化、短期化、功利化等情况的出现。

（一）对检察文化建设的认识不全面，缺乏主动性

目前，对于加强检察文化建设的重要性和必要性，部分检察人员和社会公众仍然缺乏正确的认知，表现在：认为检察机关工作的重点就是执法办案，检察文化是务虚的东西，是形象工程，没有必要在检察文化上浪费时

间，花费了时间、资金和精力却看不到什么显著效果；认为检察文化建设就是组织一些读书、歌唱、摄影、体育等活动，即把检察文化等同于检察机关的文体活动；认为检察文化与己无关，检察文化的好坏都是领导的事、相关政工部门的事，检察文化无非就是提炼几种精神，总结几条经验，制定几条制度，缺乏参与的积极性，而没有意识到检察文化建设是全体检察人员共同的心理认同、共同的价值观念，导致缺乏参与的积极性和主人翁意识，不利于检察文化建设中检察人员主体性的发挥。

（二）忽视检察文化的精神实质，有流于形式的倾向

检察文化包括精神文化、行为文化、物质文化三个层面，其中精神文化是核心层面，行为文化是精神文化的动态反映，而物质文化是精神文化的最外层，是精神文化的有形表现。物质文化建设的目的是为检察文化建设提供基础，并使它成为承担精神文化的载体，但在检察文化建设实践中，少数检察机关把检察文化建设简单等同于基础设施建设，为搞活动而搞活动，每项活动都是孤立的，没有一个检察文化范畴的内在逻辑联系和共同的建设目标贯穿始终，使检察文化建设趋于表面化、简单化，未能发挥检察文化的独特功能和作用。

（三）检察文化忽视地方特色，方法措施简单

检察文化既具有社会文化的共性，又因其法律监督的内涵而具有主体的特殊性，即特殊主体的共性，由于不同地区的文化、历史、民俗、经济发展水平不同，因此各地的检察文化具有显著的共性特征也在情理之中。具有鲜明的地方特色，这正是检察文化具有无限生命力，对检察人员具有巨大的号召力、感召力的根源所在。目前，有些检察机关在检察文化建设中，缺乏创新精神，忽视了检察文化所依托的地域环境、文化传统、队伍特点等具体情况，尚未能根据本院及本院检察人员的自身特点和历史地理优势，挖掘出体现自身特色的价值观和文化理念。造成检察文化建设只是低端模仿，没有使文化建设内涵本土化，文化建设的形式单一、内容枯燥，趋于一般化，特色不明显，使检察文化建设千篇一律，毫无特色和新意可言，进而也导致了检察文化无法深入人心，无法发挥其特有的引导、教育、激励等作用。

（四）检察文化建设与主责主业脱节，联系不够紧密

检察文化建设基于其特殊性，提升的是人的思想境界，陶冶人的情操，进而在检察业务活动得以体现。检察文化建设来源于实践并服务实践，只有紧紧围绕检察中心工作，坚持把检察文化建设置于社会发展全局来思考和谋划，才能实现服务检察事业发展和服务社会经济发展的目的。从实践来看，检察文化建设流于形式，没有植根于检察业务。众所周知，任何文化的生成是依赖于一定的基础的，检察文化亦然，它需要在检察业务中汲取养料，这样才能感召检察人员，指引检察业务。检察文化建设单纯追求形式多样化、复杂化，为了建设而“建设”，没有充分考虑检察机关法律监督的主责主业需要什么样的检察文化，其建设现状与检察人员的工作，与人民群众的期待和要求还有一定的差距。检察文化只有贴近检察实际，贴近社会需求，贴近人民群众，把聚焦主责主业的丰富实践作为检察文化建设的不竭源泉，才能促进检察事业科学发展。

（五）检察文化建设呈现不平衡性

受到外部环境诸如经济发展状况、检察人员对新事物接受程度等的影响，检察文化建设并没有达到同步，呈现出极大的不平衡性。这种不平衡性的出现与整个检察系统对文化建设思想认识、地方整体社会经济发展的不统一密切相关，导致出现了不平衡性，各地区建设步伐不一。纵向上的不平衡，表现在越是上级检察机关建设举措越多，越是重视，越到基层，越是存在一定程度上的滞后。在地区上的不平衡，表现在东部地区由于经济条件优越，财力物力人力的投入能够得以充分保障，检察文化活动开展的丰富多彩，中西部由于经济条件限制，普遍不如东部地区。

三、当前制约我国检察文化建设的主要因素

当前，检察文化建设存在诸多问题，需要我们将检察文化揣摩透、理解通，拂去表面文章，赋予它真正内涵，将其精髓融入检察工作之中，使之不断升华，成为驱动法律监督工作创新发展的内在动力，不断推动检察事业奋进。我们认为，当前制约我国检察文化建设的因素主要有以下几个方面。

（一）对检察文化的理论研究不足

近年来，国内公开发表的检察文化相关的研究文章数量相当可观，但真正有深度、有见地的理论文章并不多，大多仅仅停留在表层，相关的理论专著更是少之又少。而在检察机关内部，一般都倾向于研究业务相关问题，专门研究检察文化建设的文章更是屈指可数。即便是发表检察文化的文章，也多是局限于基础设施建设的成就、文体活动的成果、教育培训情况、装备配置提升的概要性陈述，以信息、简报的形式发表，缺乏从深层次、多视角对检察文化分析研究，使检察文化建设缺乏坚实的理论支撑。尤其是对检察文化精神实质的理解方面，由于缺乏相关理论研究，对检察文化的内涵和外延理解不全面，导致少数检察人员对检察文化的认识只停留在肤浅认知层面，对其实质理解不深。

（二）受传统和现实影响，对检察文化的意义领会不深

检察文化建设过程中许多检察人员对检察文化建设重视不够，这与传统的观念和现实的环境有关。宏观来讲，在传统观念中，人们长期以来对文化的理解不够深入，狭义地认为文化就是知识、文学、艺术等的总称，而实际上，文化是经过人们长期积累而成，蕴含在精神、物质、行为等各个层面，对人们产生潜移默化的影响。就检察工作而言，人们在观念上认为检察权是有别于行政权和立法权的一种监督权，检察机关是宪法定位的法律监督机关，做到依法办事，公正不阿即可，与文化无关可有可无。综上，导致对检察文化普遍认识不全面，粗浅地将检察文化理解为一些文体活动、宣传活动等等内容，没能看到检察文化有其深刻内涵、现实意义。同时，受现实环境的影响，对检察文化的重视不够，片面追求物质方面的建设，形式地进行精神层面、文化层面的建设，办公楼雄伟大气、硬件设施配套齐全，而忽视了检察机关凝聚力的加强和检察机关价值体系的构建。

（三）检察文化建设尚处于萌芽阶段

如前所述，少数检察机关在观念上并没有足够重视检察文化建设，而且在认识上出现诸多偏差。之所以出现这种情况，主要是因为对检察文化建设的重要性尚未达成共识，既没有刚性要求，也没有较为统一的标准，各地都

在摸着石头过河。大家对需不需要建设检察文化尚且存在疑义，更遑论如何建设好检察文化，这些都表明，当前检察文化的建设处于萌芽状态。同时，有人对检察文化建设会不会影响检察机关其他日常工作持有怀疑。许多干警认为，业务工作才是检察工作的重要内容，开展检察文化建设会加重广大检察人员日常工作的负担，而且很难取得成效。此外，检察文化建设的萌芽阶段还表现在，检察文化建设的实际操作处在摸索、学习的状态。在一定程度上，当前各地检察机关所开展的活动是分散的，各地根据各自的理解进行，也可以说是一种“运动式”的，没有形成常规性机制，特别是在基层检察院层面，有些检察机关甚至不知如何开展检察文化建设。

（四）检察文化建设的投入不足

检察文化建设在人力物力财力的投入上处于不足状态，究其原因，是存在着一个内在矛盾。检察文化建设本来并不是一项单独的工作，其蕴含于所有检察法律监督的业务活动当中，起着指引检察业务活动，凝聚检察人心的作用。所以，开展检察文化活动本来不需要多少额外的投入，是自然进行的，只需在检察业务活动中贯彻即可。然而，事实操作中并没有这样做。这主要是检察文化建设中没把文化建设置于检察业务活动中来。同时，实践中大多把检察文化单独来看，认为它只是一种思想层面的工作，与常规性的具有实际影响的工作不相关联。基于上述原因，导致没有专门的资金和人力方面投入到检察文化建设，即使有也是临时性的，而且只有少数部门和人员参与，在岗位职责上也没有具体明确。其实质上即是对检察文化建设没有明确的职责定位，没有将其当成检察系统的一项日常性工作，所以理所当然受不到应有的重视，那么对其投入也是可有可无的，配套的资金和人员安排就更是无从谈起了。

第二节　新时代中国特色社会主义检察文化的构建与展望

2017 年 5 月，中共中央办公厅、国务院办公厅印发了《国家“十三五”时期文化发展改革规划纲要》，这是宣传文化领域贯彻《中共中央关于制定国民经济和社会发展第十三个五年规划的建议》和《中华人民共和国国民经济和社会发展第十三个五年规划纲要》的专项规划，也是指导“十三五”时期文化发展改革的重要纲领和遵循。2016 年 12 月，最高人民检察院印发了《“十三五”时期检察文化建设规划纲要》，描绘了检察文化建设的宏伟蓝图，要求全国各级检察院深入推进检察文化建设，努力建设中国特色社会主义先进检察文化，《“十三五”时期检察文化建设规划纲要》成为各地检察文化建设中长期改革和发展的战略规划，是今后一个时期指导检察文化建设的纲领性文件。之后，最高人民检察院又印发了《关于深化“全国检察文化建设示范院”创建工作的指导意见》，明确以“全国检察文化建设示范院”“省级检察文化建设示范院”“基层检察机关和一线检察人员”为基础，努力打造“以上率下、由高到低、点面结合、一院一品”的立体化发展格局，推动检察文化建设整体蓬勃发展。

2016 年 3 月 16 日，十二届全国人大四次会议审查通过了《中华人民共和国国民经济和社会发展第十三个五年规划纲要》。

我们认为，上述文件的出台，为新时代检察文化的发展提供了思想保障和智力支持，将不断满足广大检察人员的文化需求，实现维护社会主义文化大发展大繁荣的战略目标。

一、新时代中国检察文化建设的指导思想和基本目标

检察文化源自依法治国进程所孕育的优秀法治文化，熔铸于党领导各级检察机关和人员创造的检察文化和社会主义先进文化，植根于检察工作具体实践，体现了中国文化传统、民族精神和时代风貌。各级检察机关应站在讲政治的高度，围绕检察工作大局，把握检察文化基本功能，发挥检察文化基本效用，以检察文化建设促进检察事业健康发展。我们认为，新时代中国检察文化建设应遵循以下指导思想和原则。

（一）新时代检察文化建设的指导思想

所谓思想，是指一系列的信息输入人的大脑后，形成的一种可以用来指导人的行为的意识，人们常说“思想决定行动，思路决定出路”，便是此意。所谓指导，就是指示、引导。有人问路，指给人朝哪个方向走，走什么样的路，应该怎么走，就是指导。那么，所谓指导思想就是一种指方向、指路径的思想。

我们认为，新时代检察文化建设的指导思想，其核心内容可以概括为：高举“一面旗帜”，即高举中国特色社会主义伟大旗帜，坚持以马克思列宁主义、毛泽东思想、邓小平理论、“三个代表”重要思想、科学发展观和习近平新时代中国特色社会主义思想为指导，增强“四个意识”，坚持党的事业至上、人民利益至上、宪法法律至上，以社会主义核心价值观为指导，围绕“两个布局”，即紧紧围绕统筹推进“五位一体”总体布局和协调推进“四个全面”战略布局，着眼于培育检察精神、提升职业素养、规范执法行为、塑造良好形象、陶冶高尚道德情操；以群众性文化活动为载体，以改革创新为动力，坚持以人为本，求真务实，勇于开拓，全面推进检察文化建设，深入开展检察文化特色院创建活动，为推动检察事业科学发展提供坚强思想保证、强大精神动力、有力舆论支持、良好文化条件。

（二）新时代检察文化建设的基本目标

明确使命、确立目标是管理学的基本范畴，也是检察文化的基本内容。习近平总书记在十九大上作出“中国特色社会主义进入新时代，我国社会主要矛盾已经转化为人民日益增长的美好生活需要和不平衡不充分的发展之间

的矛盾”的重大政治论断。就文化建设领域而言，新时代文化建设的根本任务和目标，就是要创造出先进的、健康的社会主义崭新文化，以不断繁荣的社会主义文化事业，来满足人民群众日益增长的精神文化需求，进而形成有利于建设新时代中国特色社会主义事业，有利于深入改革开放的价值观念、精神风貌。作为社会主义文化事业的重要组成部分，检察文化的目标就是明确检察文化建设的宗旨、前景和长远发展方向。要向社会明确回答“检察文化是做什么的、要怎样做”？我们认为，要坚持用马克思主义中国化最新成果武装头脑，用习近平新时代中国特色社会主义思想为指引，用以爱国主义为核心的民族精神和以改革创新为核心的时代精神鼓舞斗志，用社会主义核心价值观引领风尚，真正使马克思主义价值观成为检察人员的主导意识和精神支柱，巩固检察人员共同奋斗的思想基础。

具体而言，检察文化建设的目标就是使检察文化建设认识更加深刻，思路更加清晰，载体更加丰富，设施更加齐备，机制更加健全；进一步坚定检察人员职业信仰，进一步弘扬职业精神，进一步提高职业素质，职业行为进一步规范，职业形象进一步提升；培养一批具有鲜明时代特点、浓郁文化气息的特色检察院；逐步确立起与法律规范相协调、与经济发展相适应、与本地特色文化相传承的检察文化体系，为推进社会主义文化大发展大繁荣，促进各项检察工作科学发展发挥积极作用。

（三）新时代检察文化建设的基本原则

基本原则，是行事所依据的、根本的准则。检察文化建设的基本原则，就是整个检察文化建设过程中所适用的、遵循的基本价值的原则。

1. 以人为本，全员参与。检察文化建设应当始终坚持以人为本的原则，围绕检察人员的发展开展教育活动。检察文化把尊重人作为中心内容，崇尚以人为本。[①]要坚持以人为本，充分尊重检察机关工作人员的主体地位，充分发挥检察机关工作人员在检察文化建设中的主观能动性，用科学理论引导人、先进文化熏陶人、高尚精神鼓舞人，促进检察人员的全面发展；强调尊重人、理解人、关心人，倡导激励人、造就人、凝聚人，坚持全员参与，强

① 郑斌:《以社会主义先进文化引领检察工作》，载《中国检察官》2013年第11期。

化检察机关工作人员的主人翁意识，动员和鼓励广大人员积极参与，充分发挥才智为检察文化建设和创建活动作出贡献。

2. 因地制宜，突出特色。文化建设要因地制宜，坚持从实际出发，以特色为主导，尊重首创精神，充分发挥基层检察机关文化建设的主观能动性；注重各地文化的差异性，避免照抄照搬、跟风模仿。在设施建设、品牌打造过程中，要围绕本地的实际情况，提炼地域文化精神，保持和发扬本地文化特色，整合历史文化、革命文化、民族民俗文化、自然生态文化等各类特色文化资源和各方面力量。通过充分挖掘当地历史文化资源，使检察文化与区域文化有机整合，实现检察文化的创造性转化，打造特色品牌文化。

3. 改革创新，务求实效。坚持继承创新，注重发扬中华民族优秀传统文化，开放地吸收各地检察机关检察文化建设的有益经验，积极创新形式、丰富载体、完善手段，使文化建设更体现时代性、把握规律性、富于创造性，更具吸引力、号召力、影响力。要坚持务求实效，按照贴近检察业务、贴近检察人员、贴近基层需要的要求，把文化建设落实到检察工作的各个方面，圆满完成各项工作任务。

4. 持续推进，形成常态。检察文化建设要坚持常抓不懈，各级检察检察机关要高度重视检察文化建设，持之以恒推进文化建设工作。通过实践，不断总结完善经验方法，并有效处理好文化建设与检察机关主责主业的关系，逐步将检察文化建设作为一种长效机制来建立，切实把文化建设融入检察工作的各个方面，推动检察文化、检察业务各项工作的长远发展。

二、新时代检察文化的创新

党的十八大以来，以习近平同志为核心的党中央全面推进依法治国，并推出多项司法体制改革举措，以实现“让人民群众在每一个司法案件中感受到公平正义”的目标。检察机关在中央的部署下，也开展了司法责任制、检察权运行机制、职业保障制度、公益诉讼、阳光司法等诸多改革探索，取得了初步的成果。同时，配合监察体制改革，全国 4.4 万余名检察人员整体平稳顺利转隶。国家监察体制改革、司法体制改革、诉讼制度改革叠加聚合的伟大实践，必然为检察文化的创新发展提供新的源泉和动力，也提出了新的要求。我们认为，应该与时俱进和抓住机遇，积极围绕全面深化改革而创新检察文化建设，使之更好地服务改革和推动检察事业的蓬勃发展。

（一）创新组织与目标

检察文化建设应遵循检察文化自身的规律要求，形成院党组统一领导、一把手负总责，各部门齐抓共管，政工部门通盘协调，全体检察人员积极参与的工作组织格局。院领导班子首先应当成为建设检察文化的典范，不断加强自身素质和道德修养，以健康向上的检察文化，影响每一个检察人员的精神和灵魂，从而塑造一支具有凝聚力、战斗力的高素质检察队伍。

要坚持学习型文化和绩效文化的导向作用。学习型文化是强调作为检察人员自觉行为，通过整个检察机关学习能力、学习意愿的培养，在学习中不断实现变革；绩效文化则是指检察机关文化的落脚点突出强调绩效，具体体现在检察机关绩效、部门绩效和人员绩效上。应以司法公正为核心、以培育高素质人才为目的、以创新机关管理体制为手段、以营造机关良好人文环境为形式，通过学习型文化和绩效文化的引导推动，形成一个以精神文化、行为文化和物质文化为核心的先进检察文化体系，坚持用先进的理论指导检察文化建设。

（二）创新模式与标准

按照学习型组织理论的要求，在检察机关树立终身学习和团体学习理念，不断提高检察人员的学习能力；在形成共同理想的基础上，不断提高检察人员的凝聚力；形成学习加激励的管理模式，不断提高检察人员的战斗力；形成工作学习化、学习工作化，不断提高检察人员的创造力。通过模式创新，检察文化不断繁荣壮大，树立以人为本的管理理念，实行人性化管理，培养检察人员工作的积极性和创造性。不断提高检察人员的综合素质和业务技能，通过具体的学习考核、评比标准等学习激励机制，激发检察人员的学习热情，努力营造学习的氛围。

检察文化建设在完善以主责主业为主体的显性创新路径的同时，还应注重以系统为主体的隐性创新路径，前者可以帮助检察机关为公平而生存，后者能帮助检察机关打下长期发展的基础，并通过未来显性效益的增长得以实现。创新更深层次的内容是管理的创新、制度的创新、文化的创新，这些可持续的、全面的创新举措，使检察文化永远处于螺旋上升、自我完善、动态进步的发展中。

（三）创新平台与方式

创新检察文化，应着力搭建三个平台：一是学术研究的平台。有意识地把文化建设融入业务研究之中，建立业务研究课题制、论坛制等机制，通过广大检察人员的积极参与，提高检察人员的研究水平和业务素质。二是文艺活动的平台。创作出更多的优秀检察文学作品，发展检察文化产业，繁荣检察文化。三是体育活动的平台。创造条件举办检察系统的体育赛事，有条件的检察机关可安排跨地区、跨部门的竞赛、联谊活动，并组织检察人员参加全民健身运动。

在检察文化建设的方式上，应该培育检察人员全局观念，增强队伍协调性。通过各种形式，激发检察人员竞争意识，并建立严格的工作目标，增强检察人员的紧迫感。有计划地调配有潜质的检察人员到不同岗位锻炼，以增强全局观念，还应着力营造创新气氛，维护内部和谐。经常组织全机关性的活动，用符合新时代发展要求和历史进步潮流的司法理念、价值观念来规范、协调检察人员的思想认识，营造活跃气氛。

党的十八大以来，全国各级检察机关将“弘扬法治文化、传播检察声音、凝聚精神力量”作为检察文化建设工作者的神圣职责，认真贯彻落实党中央关于繁荣发展社会主义文艺的指示，坚持以人民为中心的创作导向，找准检察文化建设的切入点，采取有力措施，大力培育检察职业精神、繁荣检察文艺创作、推动检察文化建设，取得了丰硕的成果，有力推动了检察事业的全面发展，先后拍摄了以李六如、张飚、李宪中、彭少勇等为原型的检察题材电影《反腐枪声》《无罪》《春归》《即将批捕》，向社会推出了以电影《十二公民》、电视剧《人民的名义》、《人民检察官》为代表的一批体现时代精神、具有检察特色的精品力作。

2015 年播映的电影《十二公民》改编自 1957 年的美国影片《十二怒汉》，由聚本传媒、中国检察官文联、辽宁检察官文联、北京检察官文联等单位联合组织拍摄。

2017 年由最高人民检察院影视中心等单位联合出品的电视连续剧《人民的名义》，创造了近年国内电视剧收视最高纪录，被国家新闻出版广电总局、文艺界专家和主流媒体誉为年度现象级作品，获得了口碑收视双丰收。

三、检察文化建设需要准确把握的三种关系

新时代为检察机关的文化建设提出了更高要求，要科学推进检察文化建设，要处理好检察文化中的三种关系[①]：

① 参考自吴金喜:《把握检察文化关系，发挥文化强检作用》，载《检察日报》2017 年 2 月 26 日第 3 版。

（一）准确把握检察文化与文化的关系

检察文化是中国特色社会主义文化的组成部分，具有一般先进文化“教育、约束、规范、激励”等功能特点。因此，在检察文化建设中有必要汲取中华传统文化的精髓，夯实检察文化根基，厚培检察文化土壤，不断增加检察文化的广度和厚度。同时，检察文化还是一种法律文化，集中体现检察职业特征，在检察文化建设中也要注意吸收古今中外法文化的内容。人民检察为人民的宗旨，决定了检察文化建设要以实现公平正义为追求，以模范遵守执行宪法法律为忠诚本色，用先进文化教化检察人员，把社会主义核心价值观融入血脉，引领检察人员把为民司法的本质要求，成为根植于内心的修养和无须提醒的自觉，彰显人民检察以人为本的人民性。

（二）准确把握检察与文化的关系

没有文化支撑的事业难以持续长久。同样，检察事业行稳致远离不开文化滋养。检察文化，不是一般意义上的文化知识，也不单是检察人员履行职责应知应会的法律知识、检察实务、专业技能，而是更具人文情怀、高尚情操、更高道德标准和思想境界的文化素养。具备这种素养的检察人员，同是司法办案，却能让法律充满温情与亲和，让群众从内心尊重和接受检察机关的意见决定。实践中，要把体现检察机关立身之本、发展之基的理念、观念、思想、行为形成相应的制度文化，使之内化于心、外践于行；要用文化艺术形式反映检察，展示检察机关在强化法律监督中的亲和之美、公信之美，用思想性、艺术性俱佳的文艺作品塑造检察形象，让人民群众了解、支持和监督检察工作，让检察工作有更广泛的群众基础，促进检察事业健康长远发展。由此，检察文化建设既要立足检察以文化人、以文育检、以文强检，又要着力丰富表现检察特性的文化形式，使检察与文化相辅相成、相互促进、相得益彰。

（三）准确把握检察文化载体与内容的关系

来源于实践、发展于实践的检察文化，要被检察人员所接受，进而为广大群众普遍接受，不论从载体还是内容上，都要贴近群众、贴近生活、贴近实际。检察人员是检察文化建设的主体，要用书法绘画、音乐舞蹈、文艺创作等大众化的合适的载体，让更多的检察人员参与到检察文化建设中来，在文化建设过程中展示才华，体现自身多元价值。在内容上，应聚焦检察主责主业，反映检察为民，讲述检察故事，塑造检察形象。目前，反映检察题材的内容还不够丰富，形式也不够多样，有思想、有品质、有温度的检察故事有待深度挖掘。同时，检察文化人才还很欠缺，要进一步创新检察文化建设载体，夯实检察文化繁荣发展的软硬件基础，才能不断增强文化艺术表现形式，提升检察文化的传播力、感染力和影响力。

第三节　新时代检察文化建设的路径选择

新时代意味着新起点新要求，新时代呼唤新气象新作为。全国检察机关要在党的十九大精神指引下，紧紧围绕《中共中央关于推动文化大繁荣大发展的决定》和最高人民检察院《十三五时期检察文化建设规划纲要》要求，扎根检察实践，服务检察大局，按照张军检察长提出的“讲政治、顾大局、谋发展、重自强”的要求，围绕主责主业，努力推动检察文化实现创造性转化、创新性发展，不断铸就新时代中国特色社会主义检察文化新的辉煌。

一、塑造检察精神，新时代中新作为

文化是国家和民族的命脉，积淀着一个民族最深层次的精神追求和行为准则。检察文化是增强队伍素质、引领检察事业科学发展的强大精神力量。我们要按照中央、高检院的战略部署，把检察文化建设摆在重要位置，加大探索实践力度，增强检察机关的软实力。

（一）以习近平新时代中国特色社会主义思想为检察文化发展的指引

建设新时代检察文化，要讲政治、顾大局，做信念坚定、对党忠诚的楷模，最根本的是要坚持以习近平新时代中国特色社会主义思想为指导。习近平新时代文化思想，是我们党对新时代中国特色社会主义文化的新认识新概

括，也是指导新时代中国特色社会主义文化发展的新思想新理论。这在十九大报告“坚定文化自信，推动社会主义文化繁荣兴盛”部分中得到集中体现。具体而言，就是要始终胸怀远大理想，铸牢政治信仰，自觉用习近平新时代中国特色社会主义思想武装头脑、指导实践，进一步强化“四个意识”，坚定“四个自信”。切实加强党的政治建设，保持政治定力，真正把对党忠诚体现在立言立行上，体现在推动检察工作创新实践上，使“讲政治”与“顾大局、谋发展、重自强”有机结合，把讲政治付诸行动、落到实处，不断增强高举旗帜、维护核心、忠诚履职的自觉性坚定性。

2018 年 3 月 11 日，第十三届全国人民代表大会第一次会议通过《中华人民共和国宪法修正案》，习近平新时代中国特色社会主义思想载入《中华人民共和国宪法》。

怎样发展中国特色社会主义文化，习近平总书记在十九大报告中讲了两个重要的思想：一是提出发展中国特色社会主义文化的总体要求，“就是以马克思主义为指导，坚守中华文化立场，立足当代中国现实，结合当今时代条件，发展面向现代化、面向世界、面向未来的，民族的科学的大众的社会主义文化，推动社会主义精神文明和物质文明协调发展”。这一总要求明确了发展中国特色社会主义文化的指导思想，明确了发展中国特色社会主义文化的途径，明确了发展中国特色社会主义文化的性质，明确了发展中国特色社会主义文化的目的。二是提出发展中国特色社会主义文化要三个“坚持”的重大原则，“要坚持为人民服务、为社会主义服务，坚持百花齐放、百家争鸣，坚持创造性转化、创新性发展，不断铸就中华文化新辉煌”。这三个“坚持”构成了发展中国特色社会主义文化的大政方针和方法途径，也构成了新时代发展中国检察文化的根本指引和路径选择。

（二）塑造检察精神和检察形象构筑检察文化灵魂

无论是国家民族还是组织个人，如果失去了精神支柱，就等于失去了灵魂主宰，也就失去了凝聚力、生命力。中华民族独立自主、自强不息的民族精神是五千年来生生不息、发展壮大的精神动力；不怕牺牲、一往无前的民族英雄激励着无数中华儿女奋发图强、不断进步。同理，检察精神是检察文化的灵魂，检察形象是检察文化灵魂的外在表现。检察机关以什么样的精神风貌、检察人员以什么样的执法形象履行法律监督职责，事关新时代检察文化的传承，也事关新时代检察工作的发展。这种检察文化的灵魂决定着检察文化前进的方向，成为检察文化建设的动力源泉。对此，我们认为，“司法严明、廉洁高效、团结协作、争创一流”应当成为新时代的检察精神，“政治坚定、业务精通、作风过硬、仪表端庄”应当成为新时代的检察形象。各级检察机关应当在检察文化建设中弘扬这种检察精神和检察形象，并将这一精神和形象贯穿于自己的核心价值观、职业道德规范、机关管理制度、工作发展战略之中。如果没有这样一个精神主线和形象支撑，检察文化就难以形成自己的个性和特点。

（三）运用社会主义核心价值观和职业道德标准铺筑检察文化基石

在建设有中国特色社会主义的伟大实践中，践行社会主义核心价值观与恪守职业道德标准决定着一个组织、一个机关能否取得长期成功。社会主义核心价值观是检察文化建设的基石，解决的是思想认识问题、理想信念问题。检察机关的核心价值应当反映为：法律监督，公平正义；打击罪犯，保护人民；公正执法，严格执法；忠于法律，忠于人民；不畏权势，刚正不阿；案件质量，工作创新；党的领导，服从组织；等等。检察机关的职业道德标准应当反映：对待法律、事实的态度，对待权力的态度，对待利益冲突的态度，行为的合法性，如何处理检民关系，如何廉洁奉公；等等。在检察文化建设中加入社会主义核心价值观和职业道德标准的内容，将丰富检察文化的内容，使社会主义核心价值观和检察职业道德在检察机关检察人员中内化于心、外践于行。可以说，检察文化就是建立在检察机关的社会主义核心价值观和职业道德规范之上的精神文明成果。如果没有一定的核心价值体系和职业道德规范做基石，检察文化无疑就将成为无本之木、无源之水。

二、传承传统文化，汲取中华文化养分

习近平总书记指出，中国特色社会主义文化，源自于中华民族五千多年文明历史所孕育的中华优秀传统文化，熔铸于党领导人民在革命、建设、改革中创造的革命文化和社会主义先进文化，根植于中国特色社会主义伟大实践。中华传统文化沉淀着中华民族最深层的精神追求，代表着中华民族独特的精神标识，检察文化中的精神文化、行为文化和物质文化等，都能在中华传统文化中寻根溯源，汲取养分。

（一）中国传统文化的丰富内涵和深厚底蕴滋养了中国检察文化

一个民族区别于其他民族而特点鲜明地被世人认知，不是因为他的肤色、体格等这些表露于外的东西，而是因为他独有的生活方式、行为规范和价值理念。我们习惯于将这些特有的深刻印入血脉中的方式、规范、情趣和理念被称为传统文化。习近平总书记曾多次指出，“不忘历史才能开辟未来，善于继承才能善于创新。优秀传统文化是一个国家、一个民族传承和发展的根本，如果丢掉了，就割断了精神命脉”。中华传统文化已经成为中华民族的基因，深植于中国人内心，潜移默化影响着每个中国人的思维和行为方式。在博大精深的中华优秀传统文化中，法文化是其重要组成部分。中国法律体系的发展和完善，不仅仅是借鉴外国司法制度优秀经验的过程，更是通过在中华民族优秀传统文化中吸收营养、汲取智慧、寻找方法的基础上，结合中国国情而独创的具有中国特色的社会主义法治文化。检察文化作为中国特色社会主义法治文化的重要组成部分，不仅应当具备社会主义特征，更应传承中华传统文化的精华部分，检察文化中的法治理想、职业道德、行为规范等核心要素，都可以在中华优秀传统文化中找到源泉。传统文化中的仁政、德治、民本、无讼、忠诚、清廉等价值，对我们检察文化建设都可以发挥积极的导向作用，值得关注。

（二）中国传统文化的核心和特点融合在中国检察文化中

在五千多年文明发展进程中，中华民族创造了博大精深的灿烂文化，要使中华民族最基本的文化基因与新时代检察文化相适应、与法律监督的主责主业相协调，需要把继承传统优秀文化与弘扬当代检察精神结合起来。我们从几个方面来看：行为文化方面，行为文化是中国检察文化的重要组成部分，是检察人员良好的品德和修养的外在表现形式；以职业道德养成行为，培养检察人员特有的职业品性和职业操守；通过基本礼仪表现行为，这些都是中国传统文化重“德”“仁”“义”的体现；制度文化方面，制度文化是中国检察文化建设的中坚和桥梁，它如同一双无形的手，发挥着检察文化的管理作用，这与中国传统文化“崇尚统一，追求稳定，贵中尚和”的特点是相互契合的；廉政文化方面，廉政文化是以廉政为思想内涵、以文化为表现形式的一种文化，中国检察文化中的廉政文化是以先进的廉政制度为基础，以先进的廉政理论为统领，以先进的廉政思想为核心，以先进的廉政文学艺术为载体，具有深厚的历史渊源、广博的文化知识和丰富的社会实践。可以说中国检察文化是在中国传统文化这片广袤肥沃的土地上滋生和成长的。

（三）检察文化与传统文化相得益彰

检察文化具有对检察队伍的凝聚功能，能够凝聚人心、团结检察人员，使全体检察人员具有共同的理想信念、共同的价值取向。事业兴，则文化兴，检察机关恢复重建四十年来，检察事业迎来了大发展、大繁荣的历史机遇，检察文化也从自发走向自觉。毋庸置疑的是，中国检察文化的发展在汲取现代先进法律理念、检察理念的同时，必须着眼于弘扬中国传统文化，这是中国检察文化的特点，也是中国检察文化的优势。检察文化通过对传统文化的继承和发扬，对检察队伍的凝聚功能，能够团结检察人员，使全体检察人员具有共同的理想信念、共同的价值取向。因此，各级检察机关在检察文化建设中，都要汲取传统文化的养分，通过传统文化的影响，不断提高检察人员的认识层次和人生境界，促进个人和集体共同发展，促进国家和社会共同进步。

三、加强理论研究，夯实检察文化基础

张军检察长指出，要谋新时代检察工作新发展，就要有中国特色社会主义检察道路自信、检察理论自信、检察制度自信和检察文化自信。检察道路、理论、制度、文化自信都需要有相应的理论作为支撑。新时代加强检察文化理论研究，就要始终用习近平新时代中国特色社会主义思想来规范、指导和引领，同时善于吸收借鉴其他文化研究成果，发展完善中国特色社会主义检察文化。

近年来，检察文化理论研究蓬勃发展，一系列专题著作文章的出版和发行，有力推动了检察文化的深入开展。

（一）深化检察文化理论研究，为检察文化建设提供理论支持

检察文化建设理论研究是整个检察文化建设的基础，是推进检察文化繁荣发展的理论武器。当前检察文化建设的短板之一就是对理论重视不够，没有专门针对其进行系统地研究。所以，各级检察机关应确定检察文化相关的调研课题，在调研时间、研究力量和经费支持上予以充分保障，结合各地检察工作实际，紧密联系新时代文化改革发展的生动实践，不断地总结检察文化建设的新规律。从法学、哲学、政治学、管理学、社会学、心理学等多学科维度，从历史与现实、理论与实践、现状与趋势等多个层面，紧紧围绕检察文化的内涵与特征、基本范畴、渊源、比较借鉴、价值功能、实现形式、实践模式、建设路径，以及检察文化建设与检察法律监督职责有机联系等基本理论和现实问题，展开广泛深入的理论研究。回答好“什么是检察文化、为什么建设检察文化、怎样建设检察文化”的问题，及时把实践经验升华为理论成果，为检察文化建设工作提供理论支撑和科学指导。业务部门要积极参与检察文化的活动，并结合主责主业践行好检察文化，政工部门更要通过新闻媒体等形式，采用丰富多样的形式，加强对检察文化建设理论的宣传阐释，不断增进检察人员以及人民群众对检察文化建设工作的理解与支持，不断密切检察机关与群众的关系，为推动检察文化繁荣营造良好的舆论氛围。

（二）创新文化载体和机制，培育检察文化人才

在检察文化建设中，要在巩固好原有文化阵地的基础上，不断创新检察文化的载体和机制。创新文化载体，就是创造不受环境条件和时间限制，便于检察人员参与、适合机关工作特点的文化活动，发挥检察文化在陶冶情操、舒缓压力等方面的重要作用，进而营造有利于培养检察人员良好的生活作风和健康的生活情趣的良好氛围。广泛开展形式活泼、寓教于乐、深受检察人员喜爱的经常性读书研讨、演讲竞赛、主题征文、歌咏比赛、书画摄影展、文艺会演等活动；组织成立各类文体协会、兴趣小组，通过举办“检察艺术节”“主题会演”“文化建设巡礼”“文化沙龙”等形式，推动群众性文化活动蓬勃开展；结合传统节日开展“廉政灯谜竞猜”等，激发检察人员思考的积极性，增强检察人员的廉政意识，使廉政文化内化于心；开通检察文

化微博、公众号等，展示检察文化建设的重要成果，及时传递检察机关的重要信息，探讨交流检察文化建设的经验做法，铸造检察人员共同的网上精神家园，为社会各界对检察工作的认可、理解和支持创造良好的舆论环境。

检察文化人才是检察文化长远发展的重要条件，要注重挖掘和培养一批检察文化人才，在招录人员时关注具有文化特长的人才，建立健全检察文化工作者队伍，发挥专长推动群众性文化活动蓬勃开展；要不断鼓励检察文艺创作，采用征稿、笔会、采风等形式，广泛开展基层行、文化论坛等活动，邀请和组织检察文艺创作者深入基层、深入业务部门一线，体验生活，吸取养分，组织创作更多广大检察人员和人民群众喜闻乐见的检察文化产品；要把握正确的创作方向，坚持贴近检察生活、贴近检察业务、贴近检察人员，增强精品意识，打造思想性、艺术性、观赏性兼备的文化精品，热情讴歌检察人员的先进事迹，增进人民群众对检察工作的理解与支持，密切检察机关与人民群众的血肉关系。

（三）提炼检察文化理念

构建检察人员共同价值体系，是检察文化建设的核心与根本。我们认为，检察人员共同的价值体系是社会主义核心价值观的重要组成部分，是社会主义核心价值观在检察工作中的具体体现。所谓检察人员共同价值体系，是指检察机关工作人员在履行法律监督职责的过程中形成的，群体共同认可的价值观念有机统一的体系。这个体系不是单一价值观的简单结合，而是一个内涵丰富、相互联系的多层次的有机整体。构建检察人员共同价值体系，是提升检察文化建设的迫切需要，检察文化建设要取得长足发展，必须培养共同核心价值认知，构建共同的价值体系。经过长期的理论探索和积极实践，检察文化建设已经在精神文化、行为文化以及物质文化的建设方面取得了显著成效，但在检察文化最核心、最本质的精神文化建设方面还需要在更高层次上进一步整合、提炼和升华。

新时代加强检察文化建设，已经逐渐成为检察机关的共识。通过逐渐构建检察人员共同价值体系，科学提炼检察文化理念，进而促进检察人员主流意识形态的形成，使检察群体逐渐形成共同的价值观念、理想追求，从而激励广大检察人员创新进取、凝心聚力，为检察文化建设注入新的动力，为检察机关适应新形势、应对新挑战、解决新问题，落实“转隶就是转机”提供了强大的思想武器。我们认为，检察人员共同价值体系，应该是以社会主义核心价值观为基本遵循和行动指南，统摄和支配检察文化体系整体构建，把社会主义核心价值观融入检察文化建设的全过程，使社会主义核心价值观成为检察人员的主导意识和精神支柱，形成团结向上的精神合力，并将其融入渗透到检察文化建设的每个细节，贯穿于检察工作的每个环节，使检察文化建设转化为检察人员的自觉追求。

四、坚持以人为本，发挥检察人员能动性

检察文化的精髓是发挥人的作用、重视人的价值。包括检察官、检察辅助人员、司法行政人员在内的全体检察人员既是检察文化的践行者、推动者，同时也是检察文化的基本载体和建设对象。因此，在新时代检察文化建设中要充分尊重检察人员的主体地位，把培养高素能检察队伍作为文化建设的落脚点，调动检察人员参与文化建设的积极性，激发文化创造的潜能，让检察人员在文化建设中充当主角，更加自觉、主动地推动检察文化的创新发展。

（一）全面提高检察队伍综合素质

以人为本应该是检察文化贯穿始终的原则，加强检察文化建设，要全面提升检察人员职业素养和人文修养，满足检察人员的精神需求和发展需求，实现检察人员个人与检察事业同发展共进步。

1. 强化检察人员业务素养的提升。过硬的业务素质是检察人员行使法律监督职权的基础。各级检察机关和全体检察人员要追求极致的专业精神，以多种方式加强学习培训，通过多种途径强化检察实践，不断提升自身的专业素养，为有力有效履行法定职责打好坚实基础；要拓宽新型疑难复杂案件研讨渠道，加强检察业务交流和工作指导，促进办案能力的提升；要重视干部交流，不仅要在政法系统间开展有序交流学习，也要逐步向外系统开展双向挂职交流，进一步激发干警潜能，增强检察人员的干事创业活力；各级院检察长要切实发挥“领头雁”作用，带头学思践悟，带头提升专业素养，给广大检察人员释放出重能力重实绩的强烈信号，在全院营造出重学习实践、重

能力提升的良好氛围。[①]

2. 强化检察人员职业形象的提升。检察人员的职业形象是检察机关对外的展示窗口，是检察人员内在素质的外在表现。职业形象的提升能够促使检察人员自觉约束自己的言行习惯，强化其司法品性和人权意识，有利于规范执法行为，提升司法公信力。要加强检察礼仪方面的培训，外在形象上要仪表端庄，穿着得体，打扮适当，举止大方，言行有度，文明礼貌；工作时要按规定穿制服，平时穿便服时，亦应做到整洁、庄重；以礼貌、文明、平和的态度对待，相关当事人，依法使用规范的语言讯问犯罪嫌疑人和被告人；在出庭支持公诉中模范地遵守法庭纪律。此外，要拓展检察文化的宣传载体，密切与主流新闻媒体的联系，充分运用报纸、杂志、电视等传统媒体以及微信、微博、新闻客户端等新媒体，通过设立专栏、制作专题片或专访等节目，搭建检察宣传平台，大力宣传检察机关的职能、作用和文化建设工作的新成绩、检察队伍的新面貌、检察改革的新进展，营造良好的社会舆论环境。

3. 强化检察人员文化素养提升。文化素养的养成是一个长期积淀的过程，要通过不断的理论学习与实践积累而逐渐吸收。目前，全国检察人员整体学历水平正在不断上升，但仍有很大改进空间，要积极鼓励检察人员进行学历继续教育，在时间、政策上给予倾斜，鼓励其通过函授班、在职研究生等形式进行继续深造；对参加国家统一法律职业资格考试的检察人员，要在制定相关政策，在时间上给予保障，对考试通过的检察人员给予奖励；定期及时购置图书室书籍，组织读书沙龙兴趣小组，规定固定时间为检察人员集体阅读时间，鼓励检察人员多读文化、哲学、历史、法学等方面的经典名著，使广大检察人员的业务素质不断提高，文化结构不断改善，个人涵养不断提升；还要开展检察人员心理健康教育，及时疏导检察人员的心理问题，倡导快乐检察的理念；要鼓励检察人员充分从中国传统文化中蕴含着丰富的人格思想中吸取精华，继承和发扬中华民族优秀的传统文化，汲取其自强不息、厚德载物的民族精神，勤劳简朴、艰苦奋斗的生活态度。

---

① 《补齐短板锻造过硬检察队伍——四论深入学习贯彻大检察官研讨班精神》，载《检察日报》2018 年 8 月 2 日第 1 版。

（二）建立全方位的激励机制

激励是一个心理学术语，是指激发人行为的过程中，在管理学中指的是激发员工工作的动机，将员工潜在的内驱力量释放出来，让其付出更多的时间与精力为企业的发展作出贡献，具体包括物质激励与精神激励、正激励与负激励、内激励与外激励等。检察文化建设中，也要引入激励机制，充分调动检察人员积极性、主动性和创造性，使其在最大限度地在检察文化建设总发挥聪明才智。具体而言，可以包括以下几个方面：第一，参与激励，促进认同。激励机制能获得检察人员的广泛参与和认同，同时能提升检察人员的成就感和归属感，“一把手”的地位和力量不可代替，检察文化建设只能是“一把手”工程。第二，偶像激励，表率作用。榜样的力量是无穷的，检察机关实际发生的故事最为亲切、可感、具有传播效果，通过树立检察文化典型，号召广泛参与。第三，兴趣激励，寓教于乐。通过系列性的、周期性的、专题性的文体活动、文化事件来让文化落地过程有声有色、深入人心，例如团体拓展、集体旅游、知识竞赛、周年庆典、体育竞赛等。第四，精神激励，声誉引导。在检察机关内部开展检察文化相关优秀评选活动，除给予一定的物质奖励外，重点通过网站、内刊等渠道充分宣传，以鼓励更多的检察人员实践检察文化。第五，反向激励，批评后进。建设检察文化，既要对符合检察文化的行为进行鼓励表扬，又要对不符合检察文化的行为进行批评惩罚，彰显态度，以弱化不良行为的动机。

（三）注重人文关怀，从优待检

在文化建设中，要注重人文关怀，用和谐包容感化人，要把检察机关整体价值的实现和检察人员个人价值的实现有机统一。既要充分重视个人因素在检察工作中的决定性作用，充分调动检察人员的积极性、主动性和创造性，又要从理解、尊重、培养人的角度出发，关心每个检察人员的个人生活，激发检察人员的进取精神，满足他们的物质需求和精神需求。要完善领导干部联系检察人员、日常交流谈心等制度，畅通交流渠道，通过队伍思想状况定期分析，及时掌握检察人员的思想动态，实现检察人员内心和谐和检察机关内部和谐；每年组织检察人员定期体检，并聘请专业人士进行健康知识讲座，建立健全健康档案；过年过节走访离退休检察人员，送去新春祝福及节日慰问品，向老检察人员介绍近年单位的发展和成绩，让离退休检察人员能继续感受到组织的温暖；政工部门要注意登记每位检察人员的出生日期，检察人员生日的当天送上贺卡，表达检察工作作出贡献的感谢；给予检察人员及家庭更多的关怀和帮助，让检察人员感受到组织的温暖，引导检察人员正确认识自己、正确对待困难和挫折，保持内心和谐身心健康，不断增强检察人员的归属感和自豪感，不断增强工作的进取心和责任感，为实现检察工作平衡、充分、全面发展贡献力量。

五、加强学习交流，持续推进办出特色

他山之石，可以攻玉，己身之玉，弥足珍贵。各级检察机关在注重吸取其他行业、其他地区文化建设经验的同时，还要结合本地区、本单位实际情况，办出本地特色的检察文化。

（一）加强示范引领作用

由于经济状况、地理条件、观念意识等因素的影响，当前检察文化建设在横向和纵向上的发展都呈现出明显的不平衡。在全国范围内树立检察文化建设的典型，树立旗帜和标杆，供各级检察机关学习和借鉴已成为趋势。要进一步健全完善树立和推广检察文化建设典型的工作机制，积极探索新时代培育、总结、宣传检察机关先进典型的新思路、新方法；上级检察机关要加强对下指导，及时总结推广检察文化建设的好经验好做法，树立榜样，以点带面，以先进带动后进，推动检察文化建设在各地区间的平衡发展；要适时推出一批检察文化建设示范单位，在全国范围内推出若干个检察文化建设示范单位，通过文化长廊的展示、巡回演讲的方式、座谈会的形式等推广好的经验和做法，开放吸收全国全区检察系统文化建设的有益经验，充分发挥先进典型在推进检察工作科学发展中的引领、示范作用。

党的十八大以来，全国检察机关充分发挥文化的凝聚力、推动力、辐射力，坚持把创新载体、培育检察文化品牌作为检察文化建设的重要目标和关键环节，以创建“全国检察文化建设示范院”为载体，不断培育、发展、繁荣检察文化。2012 年，最高人民检察院首次命名确定了 66 个“全国检察文化建设

示范院”。2017 年，最高人民检察院再次启动“全国检察文化建设示范院”创建评定工作，又命名确定了 99 个“全国检察文化建设示范院”。2017 年，最高人民检察院印发《关于深化“全国检察文化建设示范院”创建工作的指导意见》，明确以“全国检察文化建设示范院”“省级检察文化建设示范院”“基层检察机关和一线检察人员”为基础，努力打造“以上率下、由高到低、点面结合、一院一品”的立体化发展格局，推动检察文化建设整体蓬勃发展。

（二）持续推进形成常态

中国特色社会主义检察文化的建设是一项复杂、系统而又长期的工程，不可能一蹴而就，需要检察人坚持不懈地努力，需要长时间的积累与沉淀，在实践中探索，在继承中发展。各地检察机关必须树立长期积累和长期建设的思想，处理好长远和近期的关系，结合当前实际，围绕工作重心，规划制定文化建设目标，逐步完善、依次推进文化建设工作。制度需要文化做支撑，文化离不开制度的保证，要建立健全检察文化建设的长效机制，建立检察文化的培训制度，文化成果的展示制度，检察文化考核评价制度，形成常态，保持检察文化建设的持久性和延续性。

检察文化品牌的形成不是一朝一夕的事，要经过创立、实践、总结和不断完善的过程，有其自身的复合体。英国学者泰勒认为：“文化是包括全部的知识、信仰、艺术、道德、法律、风俗以及作为社会成员的人所掌握和接受的任何其他的才能和习惯的复合体。”我们要在长期的探索实践中，以中国检察文化的发展历程为主线，探究中国的传统文化和西方的舶来文化对于检察文化的影响和冲击，同时客观看待新时代我国检察文化发展中的成绩和不足，结合理论和实际，探索我国中国检察文化发展的新路径，希翼中国检察文化的发展能为检察事业的发展提供不竭动力和持久生命力。[①]

（三）因地制宜突出本地特色

我国幅员辽阔、民族众多，不同地区、不同民族由于生产方式、生活方式、地域特点、文化背景的不同，形成了各具特色的地方文化。检察文化在法律监督机关主责主业的定位下，必然以检察职能及其价值功能为本质特征，但具体落实到某个地区的检察文化，同样也会打上当地的地域文化烙印。新时代建设检察文化，既应准确把握和体现检察文化的主要精神，又应坚持因地制宜，深入挖掘和积极培育具有浓郁地方特色和民族特色的检察文化形态。

各级检察机关应在文化建设中，要立足于本地区的文化实际，求真务实、注重实效，结合本单位实际制定切实可行的工作措施，找准自身文化建设的着力点，构建具有本地区特色的检察文化体系；要把握本地区的文化、地域特点，充分发挥地域文化优势，挖掘传统优秀文化的价值和人文根脉，寻求地域文化和检察文化相生共荣的结合点，注重以史化人、以文化人，使检察人员在传统文化熏陶中不断强化法治思维、民本意识、文明风尚；要吸收当地主流精神文化，结合本院的历史传统和人文特点，努力挖掘实现本院检察工作目标所需要的文化支撑点，形成具有本地区、本单位特色的检察文化成果，积极打造具有本单位鲜明特点的检察文化品牌；坚持实事求是、因地制宜加强具有检察特色的院史陈列室、图书室、办公墙等文化设施建设，充分发挥检察文化独特的精神感召力、思想引导力和内心驱动力，增强检察文化软实力。

---

① 张春宜:《坚定文化自信，坚定政治定力，着力打造新时代特色检察品牌文化》，载 http://www.sdjcy.gov.cn/html/2018/jcwhyj_0330/16368.html，2018 年 6 月 26 日访问。

参考文献

1. 徐汉明:《当代中国检察文化研究》，知识产权出版社 2013 年版。

2. 张耕:《检察文化初论》，中国检察出版社 2013 年版。

3. 叶亚玲:《检察文化核心价值研究》，中国检察出版社 2017 年版。

4. 王汉武:《检察文化自觉研究》，中国检察出版社 2017 年版。

5. 徐安:《检察文化比较研究》，中国检察出版社 2017 年版。

6. 高保京:《当代中国检察文化建设途径研究》，中国检察出版社 2017 年版。

7. 李江发:《中国检察文化的历史演进与当代建构》，湘潭大学博士学位论文，2012 年。

8. 陈茜倩:《我国检察文化建设现状及完善建议》，广西师范大学硕士学位论文，2012 年。

9. 王秀平:《双鸭山地区检察文化建设实证研究》，黑龙江大学硕士学位论文，2010 年。

10. 刘巧生:《论法治视域下的中国检察文化建设》，内蒙古大学硕士学位论文，2010 年。

11. 陈论双:《我国西部地区检察文化建设研究》，西南大学硕士学位论文，2010 年。

12. 王崇:《我国检察文化建设若干问题研究》，郑州大学硕士学位论文，2016 年。

图书在版编目（CIP）数据

检察文化理论与实践 / 邴志凯主编 . — 北京 : 中国检察出版社 , 2018.12
ISBN 978-7-5102-2229-0

Ⅰ . ①检…　Ⅱ . ①邴…　Ⅲ . ①检察机关—工作—研究—中国
Ⅳ . ① D926.3

中国版本图书馆 CIP 数据核字（2018）第 277341 号

检察文化理论与实践

邴志凯　主编

出版发行：中国检察出版社
社　　址：北京市石景山区香山南路 109 号（100144）
网　　址：中国检察出版社（www.zgjccbs.com）
编辑电话：（010）86423703
发行电话：（010）86423726　86423727　86423728
（010）86423730　68650016
经　　销：新华书店
印　　刷：北京玺诚印务有限公司
开　　本：710mm × 960mm　16 开
印　　张：18.75
字　　数：292 千字
版　　次：2018 年 12 月第一版　　2018 年 12 月第一次印刷
书　　号：ISBN 978-7-5102-2229-0
定　　价：60.00 元